青少年
心理健康教育

北京蒲公英中学教育研究中心　著

清华大学出版社
北京

图书在版编目 (CIP) 数据

青少年心理健康教育 / 北京蒲公英中学教育研究中心著 . -- 北京：清华大学出版社，2025.1. -- ISBN 978-7-302-67863-2

Ⅰ . G444

中国国家版本馆 CIP 数据核字第 2025SV3073 号

责任编辑：张立红
封面设计：钟　达
版式设计：方加青
责任校对：卢　嫣
责任印制：杨　艳

出版发行：清华大学出版社
　　　　　网　　　址：https://www.tup.com.cn, https://www.wqxuetang.com
　　　　　地　　　址：北京清华大学学研大厦 A 座　　　　邮　　编：100084
　　　　　社　总　机：010-83470000　　　　　　　　　邮　　购：010-62786544
　　　　　投稿与读者服务：010-62776969，c-service@tup.tsinghua.edu.cn
　　　　　质　量　反　馈：010-62772015，zhiliang@tup.tsinghua.edu.cn
印　装　者：河北鹏润印刷有限公司
经　　　销：全国新华书店
开　　　本：170mm×240mm　　　　印　　张：20.25　　　字　　数：318 千字
版　　　次：2025 年 2 月第 1 版　　　印　　次：2025 年 2 月第 1 次印刷
定　　　价：88.00 元

产品编号：103141-01

儿童青少年的心理健康是全社会高度关注的议题。眼下，我国儿童青少年的孤独感、无意义感、焦虑和抑郁指数在不断攀升，这与孩子眼下所面临的学业压力、学习环境不利和家长的过度期盼密切相关。据此，家庭、学校和社会三方如何通过行之有效的方法来支持儿童青少年的健康成长是一个挑战。

本书作者是北京蒲公英中学教育研究中心的一线社会工作者和心理咨询师团队。北京蒲公英中学成立于 2005 年，是北京市第一所也是唯一一所专门为流动儿童创办的公益学校。在过去 20 年的发展中，学校汇集了众多社会人士的爱心和支持。学校从创办之初就一直非常关注学生的心理健康，并做了大量的实践和尝试，成效显著。近几年来，蒲公英中学又把学校心理健康教育的实践经验和方法分享给乡村教师，来支持乡村儿童青少年的心理健康，收到了很好的社会反响。

本书的作者了解学生的学情，无论是心理教学还是个案咨询和辅导实践，都有丰富的经验。他们在进行教学实践的同时，从事课题行动研究，将理论与实践高度结合。本书就是他们多年实践和行动研究成果的结晶。

本书有望能够成为青少年心理健康教育教师的参考书或工具书，同时也涉及了一些对家庭教育的启发。在结构上，本书也是匠心巧具，将心理学的理论和操作巧妙地加以结合，不仅为老师们提供相关的心理学知识点，也提供了大量的案例。还有许多经过检验的互动活动，以及蒲公英的教学案例，令人深受启发。

在实用方面，全书共提供了四十个贴近学生需求的互动活动，主题涵盖认识自我、交友、亲师、与父母相处、学习、媒介信息素养和职业启蒙等。这些活动可操作性很强，相信很多心理健康教育工作者翻阅此书的时候会发现它是一本很实用的书。

本书另一大特点是在中西结合方面做了较大的努力。这不仅仅是把相关的传统智慧罗列在每章的经典标题下面，也尽力统筹思考中国传统文化与西方积极心理学的互补性和结合点。在全书中渗透传统文化，为儿童青少年的成长提供积极正向的引导，滋养学生的心灵发展。

是为序！

首都师范大学
特聘教授 岳晓东

人性与现代性

有这样一个由社会工作者和心理咨询师组成的团队，在一所以促进"教育公平和优质教育合一"为己任的中学躬身耕耘，他们用火一样的青春温暖着少年们的心田。为了孩子们身心健康地成长，他们担任"心理健康教育"老师，担任"道德与法治"老师；他们担任班主任，担任年级组长；他们主持着"爱心小屋""倾听小屋""心理能量舱""职业路径规划工作室"；他们推动与深化"从环境到心灵"大型校园艺术工程；他们开展对全校教职员工的心理工作能力培训；他们指导各班级"心理班会"的举行；他们为家长送去各种贴心的"亲子乐快报"；他们还在寒暑假中先后到陕西、天津、北京、甘肃、湖南、河北等地，为二百多所乡村学校的老师们举办了"青少年心理健康教育教师研修坊"。他们自己在大学读书时，是乐学的学习者；毕业后选择了到非营利性的教育机构工作后，他们又成为念兹在兹的行动研究者和终身学习者。本书的写作过程占用了他们大量日常工作之余的时间，同时也成为他们走向成熟的加速器。这个团队一起经历曲折的心路历程，生成了相促激发、相扶克难、相互陪伴的气场。现在，他们扬起挂着汗水与泪水的年轻的脸庞，带着灿烂的笑容向教育界的同仁们捧出了这本书。

这本书是这个团队"教学做合一"的产物，在"加强学生心理健康教育"这一国家战略[1]指引下，他们在一线努力探索与践行，为青少年心理成长全心服务。在专家的指导下，直面现实，群创共创，承载着思考与方法，传递着希望与能量。自然而然地，一本基础教育一线实践者的教学参考工具书应运而生。

当前，全社会、学校、家长对于青少年心理健康的重视程度已经达到了前所未有的高度，而且这几乎是一个世界性的话题。团队对这种迫切的需求感同身受，为了能够尽量达到本书的初衷，在编写时尤其注重以下三个方面的努力。

一、植根于需求的内容体系

基于大量与学生面对面的第一手经验，我们梳理了学生在初中阶段会陆续遇到的主要挑战，通过共计十一章的内容，以"修身养性、修心养德、修行养智"为基调，循序渐进地引导学生思考自身成长中的大话题，比如自我意识、情绪管理、人际交往、学习心理、生活适应、生涯规划等，以此更好地激发学生的善意和潜能。全书十一章围绕以下主题展开，内容不仅适合学校的心理健康教育课程，在一定程度上也为家校共育提供了参考。

本书章节体系如下。

第一章　少年乐相交——有朋自远方来
第二章　亦师亦友——亲其师，信其道
第三章　孝亲敬长——老者安之
第四章　从环境到心灵——仁者乐山，智者乐水
第五章　我是谁？——自知者明
第六章　最美的青春——文质彬彬，然后君子
第七章　做情绪的主人——致中和
第八章　友谊从此开始——与人为善
第九章　学习有法——知之、好之、乐之
第十章　慧眼辨网——是非之心，智之端也
第十一章　成长的生涯规划——人无远虑，必有近忧

1　随着全面推进青少年心理健康的需求日益增长，健康中国行动——儿童青少年心理健康行动方案（2019—2022 年）——从国家政策层面部署了儿童青少年心理健康促进工作。2023 年，教育部联合 17 个部门发布《全面加强和改进新时代学生心理健康工作专项行动计划（2023—2025 年）》，标志着我国加强学生心理健康工作上升为一项国家战略。

二、知行合一的方法论

作为义务教育阶段青少年心理健康教育的教学参考工具书，全书各章节展开的思路力求遵循"学习心理学"理论提供的方法论，知行合一。每章都有经过反复推敲的一致的基本结构。基本结构的设置基于三个主要原则。

（1）符合青少年心理发展阶段的特点；

（2）遵循认知科学对学校教育提出的建议；

（3）具有经过实践检验的可操作性。

在全书 40 个互动活动中，学生的学习体验将会非常丰富，包括访谈、观影、阅读、收集信息、回忆、独自思考、小组合作、讨论、提炼、绘画、演绎、聆听、语言表达、文字表达、静心沉淀等。每一章的学习绝非把孩子们的心智当作容器往里灌东西，而是通过师生、生生和亲子之间一系列相辅相成的互动产生情感的交融，学生在具有情感的知识的引领下，缓缓走入人生的一片崭新天地。老师怀着对学生的无条件的积极关注，陪伴、接纳、启发；学生带着对未来的向往与对现实的困惑，学习、体验、思考，将点点滴滴的感悟转化为心智的成长。

下面这张图表非常重要，可以作为老师备课的路线图。图表显示了本书每一章的内部结构，依据主要是教育心理学和学习心理学的认知逻辑。可以把这个逻辑系统想象为构建一个建筑的脚手架。当建筑完成以后，脚手架会被拆除，然而正是这套符合建筑学逻辑的脚手架使得建筑物成型。这张图表通过四级标题表现了本书每章的架构。在"老师的行动"一栏，对架构组成部分的功能做了简要的说明，意在帮助老师们在备课时能够理解结构所基于的认知逻辑，除了了解"做什么"和"怎样做"，也理解内在的"为什么"。

一级标题：各章的标题（心理学术语＋中华经典表达）

二级标题	三级标题	四级标题	老师的行动
访古探今	现实中的困惑	（无）	把握青少年的真实困惑是备课的起点之处，也就是备课中常说的"备学生"
	值得思考的问题	（无）	学生的困惑思考是现象，老师通过分析揭示困惑背后的实质层面进行备课
	经典永流传	（无）	国学中有很多经世不表的真知灼见，这里选取了一些回应本章话题的传统智慧。老师可以先深入学习领会
	相关心理学知识	知识名称	这里选取的是一些适用于青少年心理健康教育阶段的心理学基础知识，都是与本章主题密切相关的。而且与本书共计60个心理学基础知识形成体系，共同辅垫青少年心理健康教育的内容。在这些基础知识中，本书还重点介绍了一些出自国学相关的与心理学相关的内容。这些都是后后面的"主题思辨"与"互动活动"的理论前提
主题思辨	思辨小标题	（无）	这是备课的重头戏之一。老师围绕该章主题"是什么？为什么？怎么办。""展开学习，将现实与理论结合，进行必要地思辨和论证，促发老师自己的认知。只有经历这个过程，老师才可能针对学生的困惑形成合情合理的互动活动方案。这个阶段对于老师本身的理论水平提升和学以致用是非常必要的
延伸阅读	推荐书籍	书名	作为学习与备课的延伸，推荐了一些相关优秀书籍和视频资料。内容适合老师自己看，有的也适合在课堂上使用，还有一些也适合家长参考
	推荐影视	影视名称	
传道授业解惑	序号＋活动名称（每章互动活动的数量为3—6个，全书共有40个。）	活动目标	帮助学生明晰本活动的目的，提高学生的主动性和效果
		引领问题	老师逐步抛出引领学习方向、提高学生学而思的问题
		活动准备	老师准备上课所需的物料，包括活动卡、材料、场地等
		活动过程	这是互动活动的主要内容。老师引领学习过程中进行一系列的学习和体验，在经历分析、观察、理解、记忆、讨论和表达等学习过程中，润物细无声地促进学生构建价值观体系，进行社会情感学习，并静心沉淀以智和学习的收获
		活动反思	活动之后，老师把关于如何保证互动活动的质量的一些体会和特殊说明记录在这里
家校共育——"家长课堂"小活动	小活动名称	（无）	基于家校共育的必要性，这里提出一些可以陪该章内容相关的适于家庭场景的小活动方案，本书共计32个。学校在举办"家长课堂"时可以陪续引介，请家长长会或在日常生活中为家师为家庭教育建议时的资源，而且可以将其作为拓展活动，打印出来让学生带回家，成为家庭自主开展的亲子活动
蒲公英的教学做	案例名称	（无）	简介浦公英中学的实践案例，本书共计24个，作为老师备课的参考

三、中西互补的基本思辨

德国心理学家赫尔曼·艾宾浩斯曾说过："心理学有一个漫长的过去，但只有短暂的历史。"编写这本书的过程，就是一个持续地发现中国几千年的经典传统智慧与西方近代发展起来的心理学如何有意义地互动与互补的过程。

这是一场重要的学习。本书借力西方心理学的几个重要分支，主要是普通心理学、积极心理学、社会心理学、教育心理学、发展心理学和学习心理学等。西方实证的理论和方法构建出认知过程的脚手架系统。同时，我们也惊奇地发现在理解本书涉及的西方心理学相关理念时，中国国学[1]的一些内容及时地澄清了我们遇到的困惑，更为我们的思辨注入了灵魂，使得之后的活动设计更加贴心、更加落地。我们对《论语》的学习相对更多一些。最令我们受益的是，儒家的"道"与西方现代心理学的"术"之间的有力互补，这让我们体会到"儒家的世界观从来都是普世的，是'天下'观，而不是专门为'中国人'设计的学说"。[2]事实上，这不仅令我们第一次从心理学角度理解国学，也深化了我们对西方心理学的审视与思考。

令人惊喜的是从中西互补的角度，我们从文字和心灵层面接触了一些近现代思想大师，并受教于这些大师的卓越思考与雄辩，比如辜鸿铭、蔡元培、梅贻琦、林语堂、陶行知、钱穆、金岳霖、卫礼贤、荣格、罗杰斯、阿德勒、马斯洛等。我们也从当代致力于在东西方思想之间构建桥梁的学者的思想中受到启发，他们对待中西文化的角度虽然各持特点，但是他们此番努力的轨迹共同为我们揭示了一个重要的道理，"各国都是世界人文思想共和国的一员"[2]。这使我们能够尝试从心理学的视角出发，去拓宽对人性、文化、哲学、社会的理解，这些理解又都反过来指引着我们，以更和谐的身心状态沉浸在青少年心理健康教育的研修中。

我们年轻的团队成员接受心理学的专业教育时，读的基本都是西方的教科书。恰恰是在这个以现代性为特征的时代，很多西方的教科书在工具理性与价值

1　关于"国学"一词的使用有不同的理解。但是我们认为一般读者对这个词的理解大同小异，使用起来既方便，也能够起到沟通的作用。

2　钱锁桥.中国文化通识[M].沈阳：辽宁人民出版社，2021：1-18.

理性的天平上已经严重倾斜。对于西方的现代性，辜鸿铭直截了当地指出是心脑脱节，即灵与理智的脱节。荣格则说："人们已经厌倦了科学的专业化以及理性主义的唯理智论。"[1] 辜鸿铭还说："要判断一个文明的价值，我们必须问的问题是：它造就了怎样的人性、怎样的男人和女人。"[2] 荣格曾这样写到他本人的东方文化启蒙人："他（指卫礼贤）感到了这一文化使命的召唤，意识到东方可以在多大程度上治愈我们的精神匮乏。"[3] 人性与现代性这两个属性，就这样在心理学领域相遇，清晰地看到了彼此。而我们的团队在编写本书的过程中，阅读和学习了许多东方智慧的书籍，思绪也始终没有离开这个话题，努力实现"中西互补"，也成为本书的一个特点。

青少年心理健康教育的"三修三养"

金岳霖先生曾经陈述过他的心得："中国的思想我也没有研究过，但生于中国，长于中国，于不知不觉之中，也许得到了一点子中国思想的意味与顺于此意味的情感。中国思想中最崇高的概念似乎是道。所谓行道、修道、得道，都是以道为最终目标。思想与情感两方面的最基本的原动力似乎也是道。"[4] 这种心得我们也有幸略获同感。在对道的追求中，聚焦于青少年的心理健康教育，我们提出了"三修三养"的基调，即修身养性、修心养德、修行养智。

我们走在探索青少年心理健康教育的路上。这本书既是蒲公英中学十九年一线经验的阶段性回顾，也是编写过程中困而学之的阶段性收获。这番行与知的征途如同穿过了一道宽阔的闸门，继续探索的热情如滔滔之水涌流奔腾。我们渴望与同仁们切磋琢磨，携手前行，不亦说乎！

北京蒲公英中学教育研究中心

2024 年 4 月

1　荣格，卫礼贤 . 金花的秘密 [M]. 张卜天，译 . 北京：商务印书馆，2016：8.

2　辜鸿铭 . 中国人的精神 [M]. 李晨曦，译 . 上海：上海三联书店，2010.

3　（瑞士）荣格，（德）卫礼贤 . 金花的秘密 [M]. 张卜天，译 . 北京：商务印书馆，2016：9.

4　金岳霖 . 论道 [M]. 北京：中国人民大学出版社，2005.

目 录

CONTENTS

第一章

少年乐相交——
有朋自远方来

~❤~ 访古探今 ~❤~

♥ 现实中的困惑

❖ 刚上初一的我来到了新学校，感觉又新鲜又激动，不过也感到陌生。我该怎样适应新环境呢？

❖ 在新学校里，没有人跟我是同一个小学的，我感到孤孤单单。

❖ 很多同学刚开学就交到了新朋友，看着他们一起吃饭、运动、开心地说笑，我很羡慕。我想主动一些，又担心被拒绝，有些不知所措。

❖ 想到和新同学们要朝夕相处至少三年，我真想掌握相处之道呀！

♥ 值得思考的问题

❖ 人生中会经历很多变化，如何自信地迎接这些变化呢？

❖ 为什么有些同学能快速适应新环境和新集体，而有些同学却在融入时遇到困难？

❖ 什么是良好的社会适应？这对我们的学习和成长会产生什么影响呢？

❖ 如果暂时没有结交到新朋友，是一种错吗？

❖ 人为什么需要朋友？

❖ 交友的智慧和准则有什么呢？

♥ 经典永流传

❖ 有朋自远方来，不亦乐乎？ ——《论语·学而》

❖ 曾子曰："君子以文会友，以友辅仁。" ——《论语·颜渊》

❖ 夫仁者，己欲立而立人，己欲达而达人。 ——《论语·雍也》

❖ 不挟长，不挟贵，不挟兄弟而友；友也者，友其德也，不可以有挟也。 ——《孟子·万章下》

❖ 子曰："益者三友，损者三友。友直，友谅，友多闻，益矣。友便辟，友善柔，友便佞，损矣。" ——《论语·季氏》

❖ 子曰："见贤思齐焉，见不贤而内自省也。" ——《论语·里仁》

❖ 子曰："君子喻于义，小人喻于利。"——《论语·里仁》

❖ 子贡问友，子曰："忠告而善道之，不可则止，毋自辱焉。"——《论语·颜渊》

❖ 一乡之善士，斯友一乡之善士；一国之善士，斯友一国之善士；天下之善士，斯友天下之善士。以友天下之善士为未足，又尚论古之人。颂其诗，读其书，不知其人，可乎？是以论其世也。是尚友也。——《孟子·万章下》

❖ 莫愁前路无知己，天下谁人不识君。——高适《别董大》

♥ 相关心理学知识

1. 社会适应（social adaptation）

社会适应是指个体在与社会环境的交互作用中，通过顺应环境、调控自我或改变环境，最终达到与社会环境保持和谐、平衡的动态关系，是个体在社会生活中的心理、社会协调状态的综合反映。[1]

青少年社会适应能力是其健康成长的基础之一，不仅关系到个体的生存质量，也关系到整体国民素质的水平。一个人的社会适应能力越强，就越能较好地发挥自身情感和社交功能，能够更顺利地成长，获得更幸福的人生，并更多地为家庭和社区做出贡献。

2. 心理环境（mental environment）

心理环境是德国心理学家库尔特·勒温提出的概念，指对个体的心理事件产生实际影响的环境。具体可以理解为人们所感知到的、理解到的环境，也是可以被人的心理创造和把握的环境。行为主义者认为，心理环境特征基本上是物理的、客观方面的。格式塔理论家认为，它包括意象、想象和记忆方面的因素。精神分析思想家认为，它包括潜意识元素、动机等。[2]存在主义心理学关注每个人与基本生活处境、人生重大问题之间的关系，认为心理环境包括很多元素，比较重要的有：美学的、感官的、人际关系的、文化的、价值观体系的，

---

1 邹泓，刘艳，张文娟，蒋索，周晖，余益兵.青少年社会适应的保护性与危险性因素的评估 [J].心理发展与教育，2015，31（01）：29-36.

2 林崇德.心理学大辞典（下卷）[M].上海：上海教育出版社，2003.

以及能够引起联想的熟悉的事物等。[1]

对于求学阶段的青少年，班集体是其成长中非常重要的心理环境。心理环境良好的班集体更能悦纳每位学生，使学生有更强烈的归属感、关爱感、能力感和期望感。学生也乐于为班集体服务，乐于参加集体的各项活动，对其他同学也更能包容、尊重、悦纳和互助。同时在班集体活动中，学生也表现出更主动的求知和自我发展欲望，更自尊自爱、自信自强、合作互助。[2]

3. 心理适应（mental adaptation）

心理适应是社会适应的一个重要方面。人的心理适应是指当个体反复地经历同样的情绪刺激后，对这种情绪的感受会出现弱化的倾向。这种在进化过程中出现的特点使人在功能、认知和行为方面能够从环境变化中获得益处。心理适应使得人在面对变化和经历新的体验时能够积极主动地趋向某些新的行为或思维模式，做出与变化相适应的恰当的行为反应。对变化了的环境适应不良容易导致心理失衡，出现行为偏差。不重视心理调适，不提高心理素质，不增进心理健康，就难以实现人的现代化。[3]

增强心理适应可以尝试以下几点。

（1）认识个人的社会角色，了解自己，接受自己，有自知之明；

（2）认识并面对现实环境，有乐于改变的心态；

（3）重视社会交往，建立良好的人际关系；

（4）主动参与社会，使自己在社会生活中获得学习与表现的机会；

（5）发展友好平等的性格，尊重他人，欣赏他人，取他人之长，补自己之短。

4. 闭锁心理（closed psychology）

闭锁心理是青少年发育过程中普遍存在而又特殊的一种阶段性的心理现象。青少年时期是人的生理发育的第二个高峰期，由于此阶段其生理成熟和心理成熟不同步——生理上发育突飞猛进，而心理成熟相对滞后，因而产生种种思想上的

---

1 叶浩生. 存在主义心理学的理论及其特征 [J]. 南京师大学报（社会科学版），1991 年第 01 期.
2 邵华，葛鲁嘉，吕晓峰. 应对研究中的生态学思想述评 [J]. 心理与行为研究，2012，10（1）：74-79.
3 克里斯托弗·彼得森. 打开积极心理学之门 [M]. 侯玉波，王非译. 北京：机械工业出版社，2016.

焦虑、情绪上的烦躁、行为上的封闭等状况。[1] 其主要表现是不愿与外界接触，也不愿与他人沟通，常把自己封闭在一个小小的个人空间内，但又常常无法抑制对友情等人际关系的渴求，总是幻想他人主动接近、关心自己。因而，青春期学生容易处于一种矛盾的心理状态中，影响到学习与生活。[2] 积极向上、热情温暖的校园文化有利于帮助学生走出这种状态。

5. "乐"的幸福观

"乐"是一种重要的心理体验，在中国语言里使用非常广泛，比如助人为乐、安居乐业、乐此不疲、知足常乐、乐善好施等。古人很少用"幸福"这个词，"乐"表达的就是一种基于经验的愉悦感，也表达内在的幸福感。"乐"代表了中国传统文化中的一种幸福观。[3]

儒家思想追求的是"因仁而乐"。"有朋自远方来，不亦乐乎？""乐节礼乐，乐道人之善，乐多贤友，益矣。"孔子形容自己"发愤忘食，乐以忘忧，不知老之将至"，又称赞颜回"一箪食一瓢饮，在陋巷，人不堪其忧，回也不改其乐"，更有范仲淹的"先天下之忧而忧，后天下之乐而乐"。这些语言表达的都是关于持久性的精神层面的感受。

亚伯拉罕·马斯洛对幸福有着这样的思考："我们也许应该把幸福重新定义为攻坚克难时真实的情感体验。"[4] 因而，"因仁而乐"的内涵将"乐"转化为一种构建人生意义感的积极的心理品质，这种品质在体验交友、助人、安贫、好学、克难、敬祖、谋事、问道、审美等人生内容时都可能得到提升，是幸福感的来源。

1 孙志刚.青少年闭锁心理浅谈 [J].教育理论与实践，1998，18（2）：55-55.

2 秦宜.青春期的闭锁心理 [J].心理科学，1996（01）：59-60.

3 曾红，郭斯萍."乐"——中国人的主观幸福感与传统文化中的幸福观 [J].心理学报，2012，44（7）：986-994.

4 亚伯拉罕·马斯洛.寻找内在的自我——马斯洛谈幸福 [M].北京：机械工业出版社，2021，P8.

主题思辨

1. 社会适应与全人发展的和声

进入初中的新生首先面临的课题就是适应。适应与发展也正是个体生命历程的基本任务。孩子从出生就进入了社会适应的学习过程，初中则是一个较大的坎。初中心理健康教育的具体目标强调增强学生适应环境的能力，包括自我认知、生活自理、自主调节、自我控制、构建人际关系、发展道德自律等，以更好地回应中学阶段对学业与心智成长方面提出的新的要求。[1]青少年的社会适应水平反映出这个阶段的综合素质水平，对青少年的未来、提高全社会的人口素质水平都有着重要的影响。

青少年带有各种纯真的和对未来的美好憧憬，但是也有迎合各种社会潮流的倾向。社会现象的复杂导致青少年在社会适应过程中容易出现困惑甚至偏差。目前不少家庭对青少年常常仅限于"养"而忽于"教"，很多学校教育也把主要精力用在应对升学考试上。当家、校、社会都忽略了学生全人发展的目标时，青少年的社会适应就形成了混乱的特点，以致出现是非不分、焦虑、抑郁、厌学、空心化、网络成瘾等心理和行为问题。

进入初中后的社会适应这一关，应当与达成学校全人教育目标形成和声。初一开学后心理课的首要任务就是让学生开启愉快、有效地适应新环境的乐章。

2. 人际关系在社会适应中的乐章

建立有意义的人际关系是人类这种社会性动物一辈子的课题。人也只有在各种关系中才能够充分地认识自我、定义自我、进化自我。人际交往是社会适应中的行为表现，本质上却是人类追求归属感的心理需求弹拨出来的乐章。

在新环境中尽快找到归属感成了新生入校时的一种行为动力，这就给教育者提供了因势利导的机会。理解学生的这种心理需求，在满足需求时引导青少年心智的成长，是设计本章互动活动的基调。

1　中华人民共和国教育部.中小学心理健康教育指导纲要（2012年修订）[Z]. 2012.

3. 学校是发展同伴关系的天然舞台

在《论语》开篇的第一句孔子讲了"学而时习之,不亦说乎?有朋自远方来,不亦乐乎?",一句讲学习,一句讲交友。学习和交友是青少年成长中的两项重心内容,而学校正是学生学习交友的主要场所。

在青少年的交友中,同伴关系具有独特的重要性。研究表明,青少年的归属感在很大程度上是从同伴那里获得的。他们对同伴关系的重视程度会逐渐高于对家庭、对学业的重视程度,尤其希望被同伴接纳,更渴望得到同伴的肯定。与其他年龄段的人际关系相比,青少年之间的同伴关系更为亲密,更为单纯地基于共同的兴趣爱好,相互之间产生的影响也更大。

学校恰恰是青少年演奏同伴奏鸣曲的舞台。当良好的同伴关系成为青少年积极行为的动力时,学校的引导工作就要跟上学生这样的心理节奏。比如,如何向初识的学伴做一个积极的自我介绍?如何在结交同伴时做到自主、主动、真诚?如何发现与自己志趣相投的伙伴?如何在交友过程中见贤思齐?这些都是需要通过活动来体验的。老师需要开诚布公地和学生讨论在同伴交往中可能存在的矛盾,认真讨论交友需要遵循的原则也是必要的。

4. 价值观是交友的主旋律

在论述交友这个适用性非常广泛的人生话题时,中华经典传统文化中的思想丰富多彩,人文理性的特征极为突出。这些智慧启发我们对社会适应、心理环境、同伴关系等从西方引进的心理学术语进一步展开思辨,引领我们得到这样一个重要的认知,即交友是一个修身养德的过程,价值观是交友的主旋律。

交友是处理宗亲以外的人际关系,是与没有血缘关系的人进行人际交往,在中华经典的思辨中不受家庭伦理的指导,而受道德的指引,强调要"信",要"诚",要"恕"。"己所不欲,勿施于人"教导我们在人际关系中要有推己及人的思维方式,"己欲立而立人,己欲达而达人"教导我们在人际关系中要有与人为善的心态,"三人行,必有吾师焉"教导我们在人际交往中修心养德的机会处处有,"忠告而善道之,不可则止,毋自辱焉"则教导我们得体沟通的方法,"见贤思齐焉,见不贤而内自省也"可以说是把交友与修身的关系完美地表述出来。

交友在中华传统文化中举足轻重，诗歌辞赋中与之相关的美言美句不胜枚举，很多经典朗朗上口，表达了友谊的重要性、将心比心的哲理、善恶交织中的是与非、完善自我的格物致知等。这些正是当代青少年在交友过程中要学习弹拨出来的旋律。

综上所述，本章设计了"你好，同学！""流动的朋友圈""我想和你做朋友"三个互动活动，帮助学生在轻松的氛围中开始熟悉新环境，结识新学伴，继而获得融入感和归属感；然后引导学生主动构建新的人际关系圈，并逐步明晰自己选择朋友的准则，体验友谊的美好。

延伸阅读

♥ 推荐书籍

《青少年受益一生的名人交友之道》
汤吉夫，九州出版社，2008 年

本书精选了全球各界名人关于交友之道的精彩文章，每篇都是切身体悟，有不少良语箴言。内容包括：何为真正的友谊；朋友都有哪几种，如何辨别和结交真正的朋友；怎样与朋友相处，以及与朋友相处之乐。本书强调朋友可以影响我们的人生，好朋友能温暖心灵，坏朋友会使我们偏离正确的方向。

《人际关系心理学》
埃伦·伯斯奇德，帕梅拉·丽甘，上海教育出版社，2019 年

本书是一本对人类关系的总体面貌、局部特征和影响因素进行分析的著作。作者详尽地介绍了人际关系领域的各个主题，包括关系的概念、种类、产生和发展、机制、情感过程，同时讨论了重要的人际关系，如友谊、家庭等，为读者清晰地勾勒出关系科学的概念演化和方法更新的历史过程，其中不乏对一些重大事

件和经典研究的精彩描述。

> ### 《核心心理学》
> 申荷永，中国人民大学出版社，2020 年

作者提出"心的意义"是中国文化与中国心理学的核心。本书由三部分组成：第一部分为"缘起：核心、种与心"，以生动的具身体验，呈现核心心理学的播种、萌芽与发展；第二部分为"心法：核心智慧"，从《易经》、儒家传统、道家思想、佛家觉悟和中医与五行中，提炼出感应心法等基本原则；第三部分为"原型心意：心之意象"，侧重于核心心理学的方法和技术，如主动倾听、治愈与心上之舟，以及慈悲疗法。这部著作是中国文化"心"之智慧的体现，强调为心理学立心，致力于东方与西方的理解与沟通。

> ### 《美好生活方法论：改善亲密、家庭和人际关系的 21 堂萨提亚课》
> 邱丽娃，徐一博，中国人民大学出版社，2021 年

作者认为人活在关系里。和自己的关系改善了，内在就和谐了；内在和谐了，人际关系就容易和睦；当人际和睦时，与家庭、爱人和孩子甚至全世界的关系也都能和谐了。这是萨提亚的期望与初衷，也是每个人一生都需要修炼的功课。

♥ 推荐影视

> ### 《奇迹男孩》

该片于 2018 年在中国上映。片中天生面部有缺陷的小男孩奥吉，从小由母亲在家里教导。五年级时，他终于有机会进入普通的学校学习。初进学校的奥吉因为自己的长相受到同学们的嘲笑和欺负，但是在父母、姐姐、老师以及好友的帮助下，他最终找到了自信，并用自己的行动改变了其他人的看法，而且收获了友谊。

传道授业解惑

互动活动一：你好，同学！

一、活动目标

1. 我愿意积极主动参与活动，在此过程中熟悉新环境。

2. 我能在活动中开始了解新同伴，尝试主动融入新集体。

二、引领问题

1. 人的生活中总是会发生变化，这是好事还是麻烦呢？

2. 升入初一，面对新环境和新集体，我有哪些期待呢？

3. 在一个陌生的新环境里，我有些担忧，这是正常的吗？

4. 有什么方法可以帮助我认识新的朋友？

5. 怎样才能尽快融入新集体呢？

三、活动准备

❖ 选择便于行走和互动的开阔场地

❖ 扩音器

❖ 预估分组办法

❖ 活动卡"交友方法大讨论"

四、活动过程

第一步：马兰花开

1. 全班同学随意分散在一个场地内，老师讲解规则并提醒同学们注意安全。

2. 老师开始组织游戏。当老师喊出"开 N 朵"，同学们迅速通过自由选择组成人数为该数字的小组，并围成一圈。

3. 当有小组围成了圈但是人数不对时，其成员就集体表演一项才艺。

游戏示例

老师：马兰花，马兰花。

学生：勤劳的人们热爱它。

老师：马兰花，要开花。

学生：开几朵？

老师：开 5 朵。

现在，5 名同学要迅速自由组合在一起。

4. 未能加入任何一个小组的同学也获得机会表演才艺。

经过几轮组合之后，同学们会逐渐打破在新环境里的陌生感，拘谨感也会慢慢淡化。

此时老师通过询问以下几个问题，引发同学们的进一步思考：

❖ 你有什么围圈成功的经验吗？

❖ 当和同学成功围圈时，你有什么感受？

❖ 当没有和大家围在一起，被排除在圈外时，你有什么感受？

❖ 你为什么会选择主动退出圈外？

第二步：前方有难，后方支援

1. 老师说明活动目的，提醒同学们注意安全。

2. 根据班级人数分成若干小组，各小组选出一名同学或由同学自荐成为"前方有难"者，其余同学成为"后方支援"者。

3. "前方有难"者与"后方支援"者保持大约 20 米距离。

4. 老师提示安静后，开始发出警报："前方有难。"

5. 每组扮演"前方有难"者的同学发出号召："后方支援。"

6. 各组扮演"后方支援"者的同学们发问："支援什么？"

7. 老师已提前观察了同学身上易于拿取或脱卸的小件衣物，如手环、发带、发圈、外套、鞋带、红领巾等，然后快速发出指令，要求支援其中某一种物品，数量酌情确定，比如"支援一条红领巾""两个发卡"等。

8. "后方支援"者要快速从本组成员那里物色到需要支援的东西，然后由拥有该物品的成员快速跑去送给本组的"前方有难"者。

9. 以上活动可以进行 3—5 次。

10. 现在，跨组支援开始。过程与前面相同，只是最后一步时，"后方支援"者要为其他小组的"前方有难"者提供支援，而且可以自主决定是否同时支持不同的小组。此过程可以进行 3—5 次。

第三步：开展讨论

活 动 卡　交友方法大讨论
1. 你在刚才的活动中，感受到了什么样的情绪？
2. 作为"后方支援"者，你在这次救援中为团队贡献了哪些力量？
3. 当你支持他人时，有什么感受？
4. 当你得到支持时，有什么感受？
5. 面对新的班级，你能够想到哪些方法帮助自己与同学快速熟悉起来，融入新集体中？
6. 当别的同学分享自己的交友方法时，请你收集你愿意尝试的交友方法。

小结："一方有难，八方支援"是中华民族的传统美德。我们在活动过程中感受到了小组的齐心合力，也愿意承担支援他人的责任。缘分让我们大家聚在了一起。如果我们放开自己，主动交流，就会体验到彼此帮助的快乐。

第四步：静心沉淀

大量关于记忆的研究表明学习结束之后及时的沉淀和反思能够帮助学生进一步强化学习收获。可以尝试利用以下方法来沉淀收获。

1. 通过静观和深呼吸来静心。

2. 翻看互动活动中的活动卡、学习资料和笔记等，尝试回顾经历的过程和自己的收获。

请同学们用 0—10 分评估自己的收获，0—10 分代表在心智成长和学习状态方面收获的大小。沉淀收获的方法也同样适用于本书的其他互动活动。

收获	自我评价	给自己打个分
心智成长	1. 我愿意积极主动参与活动，在此过程中熟悉新环境。	
	2. 我能在活动中开始了解新同伴，尝试主动融入新集体。	
学习状态	倾听	
	用心参与	
	积极表达	
用我喜欢的方式（文字或绘画）沉淀收获：		

五、活动反思

升入初一需要面对新环境和新集体，同学们会带着好奇与期望，也会有一些不知所措，有的同学甚至会带有一定程度的排斥或者恐惧。老师需要在活动中留心观察，对于看起来手足无措或者已经产生抵触情绪的学生，老师要尽可能地先共情，接纳学生当前的状态，在力所能及的情况下积极地适度引导，避免强行要求学生融入集体。活动结束后，可以单独倾听学生的想法，并适当地给予更多关注。

互动活动二：流动的朋友圈

一、活动目标

1. 我能意识到身边的人际圈子是动态变化的。

2. 我能主动构建新的人际关系圈，在新环境中逐渐获得融入感和归属感。

3. 我能开始思考友谊意味着什么。

二、引领问题

1. 在新的学校环境、新的班级里，我感受到了什么？充满好奇？迫不及待融入？陌生感？还是有点恐惧不安？

2. 我感受到了老师对自己的欢迎、肯定和接纳吗？

3. 以往的朋友在他们的新环境中有了新的人际圈，我对此是怎么看待的？

4. 在新的同伴环境中，我如何建立自己新的人际关系圈？

5. 我希望与什么样的人结为朋友？

6. 我对友谊的期望是什么？

三、活动准备

❖ 音频《朋友》

❖ 活动卡"人际关系树轮图"

四、活动过程

第一步：大风吹

1. 介绍活动规则

老师：大风吹！

学生：吹什么？

老师：吹有共同特点的同学，例如：

❖ 吹"戴眼镜的同学"

❖ 吹"家乡都是河南的同学"

❖ 吹"最喜欢的科目都是体育的同学"

❖ ……

2. 被大风吹到的同学快速起立，离开座位，与其他被吹到的同学凑到一起。

3. 被吹到的同学依次介绍自己最近认识的新伙伴。

4. 根据时间和同学们的状态如此循环若干次。

5. 活动结束后，邀请几位同学分享自己的感受。

小结：通过"大风吹"游戏，我们发现了一些自己与新同学之间的共同点，开始熟悉彼此，不再拘谨了。同学们以前都有较好的伙伴，有的很幸运，现在还能继续一起玩，有的可能因为各种原因分开了。不过，我们刚才开始认识了新伙伴，同时产生了一个很重要的信念："我会有新的伙伴和朋友的！"从今天开始，我们整个班集体的同学之间初步建立了良好的印象。那么如何建立更亲密的关系呢？让我们通过下一个活动来继续探索。

第二步：流动的朋友圈

1. 老师引导：有的玩伴可能成为自己的好朋友！爱因斯坦说："世间最美好的东西，莫过于有几个头脑和心地都很正直的、严正的朋友。"这些朋友会出现在我们生命的不同阶段，也就是说我们在不同的生命阶段会遇见不同的朋友。这说明人际关系圈是会变化的。让我们先从探索自己现在的朋友圈开始吧！

2. 老师出示活动卡"人际关系树轮图"，对人际关系中存在远近亲疏的情况加以解释。

3. 同学们开始使用"人际关系树轮图"对自己的人际圈进行描述。书写过程中播放音频《朋友》。同学们可以用不同的颜色标明图中一同来到或者未能一起来到新学校的人的名字。

4. 老师邀请几位同学展示自己的树轮图，并提出问题进行讨论：

❖ 你在自己的人际圈写了多少人的名字？他们各自在哪一圈？

❖ 人际关系树轮图中不同位置的人对你的重要程度如何？

❖ 处于不同位置的人际关系会对你产生哪些不同的影响？

❖ 你对自己的人际关系状况有什么新发现？

❖ 回顾一下，自己为什么与某些伙伴成为了朋友？以及在与朋友相处的过程中有哪些成功的经验和令自己苦恼的地方？

5. 请几位同学分享，老师在黑板上提炼归纳关键词。

6. 结合同学们在分享时老师提炼在黑板上的关键词，邀请同学们进一步解读人际关系树轮图的奥秘：

❖ 是流动的

❖ 是变化的

❖ 是自然的

❖ 结为朋友的原因常常是基于我们有共同的爱好，或者有过相似的经历，欣赏朋友身上的某些优点，他／她能够成为自己的榜样等。

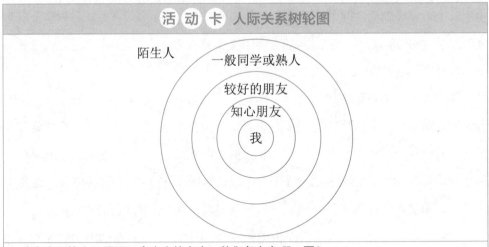

活 动 卡 人际关系树轮图

陌生人

一般同学或熟人

较好的朋友

知心朋友

我

1. 我在自己的人际圈写了多少人的名字？他们各自在哪一圈？

2. 人际关系树轮图中不同位置的人对我有哪些不同影响？

3. 我对自己的人际关系状况有什么新发现？

4.回顾一下，自己为什么与某些伙伴成为了朋友？以及在与朋友相处的过程中有哪些成功的经验和令自己苦恼的地方？

　　成为朋友的原因：
　　　　❖
　　　　❖
　　　　❖

　　与朋友相处的快乐：
　　　　❖
　　　　❖
　　　　❖

　　与朋友相处的苦恼：
　　　　❖
　　　　❖
　　　　❖

　　小结：人生是一条长河。我们会不断地进入新的河道，也就是新的环境。这个过程有人加入，也有人离开，这是随着人生长河的延展而自然发生的。我们应学习坦然面对与朋友的分离，珍惜当下，拥抱变化，与新环境积极融合，这样会使生命之河永葆活力。

第三步：静心沉淀

收获	自我评价	给自己打个分
心智成长	1.我能意识到身边的人际圈子是动态变化的。	
	2.我能主动构建新的人际关系圈，在新环境中逐渐获得融入感、归属感。	
	3.我能开始思考友谊意味着什么。	
学习状态	倾听	
	用心参与	
	积极表达	
用我喜欢的方式（文字或绘画）沉淀收获：		

五、活动反思

　　这个活动适宜在开学一两周后进行，彼时学生与新伙伴的熟悉与友好程度处于不同的阶段，正需要这样的引导。活动中，老师要结合青春期闭锁心理的特点理解学生的分享内容，并进行适当的引导和鼓励。当学生感受到自己被接纳时，他/她的内心是安全的，就会根据自己的判断和需要主动结识新同伴，此时老师要加以顺势引导。活动结束时，请将学生的活动卡收起来，便于老师进一步了解学生，并反思课程设计。

互动活动三：我想和你做朋友

一、活动目标

1. 我知道能够通过主动与他人交流结交新朋友。

2. 我清楚自己选择朋友时最看重什么。

3. 我认真思考了开启友谊应有的实际行动。

二、引领问题

1. 通过前面的活动，你发现自己在接近新伙伴时更善于采取怎样的方式了吗？

2. 你了解自己择友时最看重的是什么了吗？

3. 怎样能够从一般伙伴关系发展出友谊呢？

4. 开启友谊之路有什么需要注意的事项吗？

三、活动准备

❖ 活动卡"我想和你做朋友"

四、活动过程

第一步：谁和我一样

1. 通过击鼓传花的方式选定一位同学，结合自己的一个特点提出邀请：

❖ 可以是自己的外貌特点，例如"谁和我一样，戴眼镜？"

❖ 可以是兴趣爱好特长，例如"谁和我一样，喜欢打乒乓球？"

❖ 也可以是最喜欢的科目，例如"谁和我一样，最喜欢上音乐课？"

2. 其他同学根据自己的情况做出反应，没有对错之分，真实就好。

❖ 不同意：保持原位坐好

❖ 有一点同意：举起一只手

❖ 特别同意：起立

3. 讨论：

❖ 当你看到同学们向你表达同意时，你有什么感受？

❖ 你会对哪位同学提出的事情更感兴趣？为什么？

❖ 现在你感到更愿意和谁交朋友？为什么？

第二步：我想和你做朋友

1. 请按照下面 12 个方格内的提示，把每个格的问题向一位不同的同学询问，并请他 / 她签名。

2. 提醒同学们注意尽量放低声音，让音量保持在刚好两个人能听到的范围。

3. 第 13 个方格留给同学们来自创提问并找同学回答。

活 动 卡 我想和你做朋友			
1. 你的家乡是 （ ） 签名：	2. 你最喜欢的动物是 （ ） 签名：	3. 你最想去的地方是 （ ） 签名：	4. 你最想实现的心愿是（ ） 签名：
5. 你最喜爱的动漫是 （ ） 签名：	6. 你最喜欢的科目是 （ ） 签名：	7. 你最喜欢的体育运动是（ ） 签名：	8. 你最喜欢读的书是 （ ） 签名：
9. 你最喜欢的食物是 （ ） 签名：	10. 你最欣赏的品格是（ ） 签名：	11. 你最大的性格特点是（ ） 签名：	12. 你最想从事的职业是（ ） 签名：
13. 你＿＿＿＿＿＿＿＿？ （ ） 签名：			

第三步：思考

完成活动卡后思考以下问题：

❖ 在上面的小方格中，你最看重的是哪个问题？

❖ 给他人签名时，你对谁的印象最深刻？

❖ 找出和你有相似之处的人，圈出他们的名字。

❖ 选出一个现在还不是你的朋友，但你想和他 / 她成为朋友的人。

❖ 如果要结交这位新朋友，你可以怎样做？

第四步：交朋友，有方法

邀请学生归纳并分享结交新朋友的方法，老师引导学生考虑以下这些方面：

❖ 主动交流

❖ 积极的自我介绍

❖ 行动一小步

❖ 热情回应

❖ 耐心倾听

❖ 发现共同之处

❖ 发现对方值得学习的长处

❖ 坦率

❖ 诚恳

❖ 包容

❖ 尊重

第五步：静心沉淀

收获	自我评价	给自己打个分
心智成长	1. 我知道能够通过主动与他人交流结交新朋友。	
	2. 我清楚自己选择朋友时最看重什么。	
	3. 我认真思考了开启友谊应有的实际行动。	
学习状态	倾听	
	用心参与	
	积极表达	
用我喜欢的方式（文字或绘画）沉淀收获：		

五、活动反思

因为这几节课的互动性特别强，需要留出足够的时间充分交流分享。每个班都会有性格腼腆的同学，老师要关注他们的参与程度，并且进行适当的引导和鼓励。尽量让每一位同学都感受到自己在新环境中被接纳了，体验到主动迈出交友第一步的乐趣。见贤思齐的思想在本章开始铺垫，后面会继续深入。

家校共育——"家长课堂"小活动

♥ 做积极倾听者

孩子进入初中之际，面对环境变化而产生各种喜怒哀乐的感受是自然正常的。家长们也许准备好了一些理论与说教试图帮助孩子适应新环境，然而观察与倾听是这个阶段孩子非常需要的陪伴方式。当孩子感受到被尊重、被倾听时，来自家长的关爱就已经传递到了孩子的心中。这是孩子感到快乐和自信的基础，也是家长能够发挥影响力的基础。

♥ 理解与悦纳

对于中学生来说，同伴逐渐成为他们生活中越来越重要的情感依恋对象。他们的玩乐、倾诉和分享秘密的对象会倾向于将同伴放在首位，这预示着他们生活中的"重要他人"会经历一个由父母转向同伴的过程。在这个属于家长和青少年共同的"心理断乳期"内，家长不宜过度干涉与控制孩子，否则会使孩子产生逆反心理，从而引发亲子矛盾。

理解和悦纳孩子在这个阶段的变化是家长的重要课题。如果家长对此有所学习和思考，就有可能帮助孩子减轻不必要的慌乱与无助感，有利于孩子在安全感中去适应新环境。

♥ 以身教者从

在家里朝朝夕夕发生的一切，都是潜移默化地影响孩子的内容，因此才说"父母是孩子的第一任老师，家庭是孩子的第一个课堂"。当孩子迈入一个新环境时，所运用到的人际交往策略往往来源于已往环境的经验。孩子会用与家庭成员相处时所习得的模式去进行人际交往，家长在人际交往中的价值取向对孩子产生着至关重要的影响。

"以身教者从"是一个易于理解也便于用在日常行为中的普遍准则。如果不仅是学校这样做，家长也这样做，家长就会成为成长型家长，不仅完善自己，亲子关系也会变得和谐，家庭氛围也充满积极能量。

蒲公英的教学做

♥ 我的家乡

蒲公英中学的学生来自全国各地，经历不尽相同。学校的爱生教室建设中有一个传统的板块，称为"我的家乡"，这是学生刚入校时介绍自己和了解他人的一个重要方式。这项活动由政教系统负责引领，由班主任组织。简要的步骤是这样的：

1. 每个班的学生手绘一张幅面较大的中国地图，一般至少 60 厘米 ×90 厘米。学生给地图涂上自己选择的不同颜色。

2. 学生在自己老家的省份上作个标注。

3. 班主任为来自相同省份的学生拍摄合影。

4. 学生环绕着中国地图分别贴好照片，再制作显眼的箭头把照片和老家的省份连接起来。

5. 完成后，这张"我的家乡"就会被贴在班级教室里。

课余时间学生们会在这个自制作品前进行讨论，既可以找到同乡同伴聊天，也可以向其他同学介绍自己的家乡。这就很自然地为学生创造了安全和热烈的沟通氛围，促进学生之间的交流，帮助他们发现交友的基础。

在老师的支持下，各班学生都绘制出各具特色的"我的家乡"

亦师亦友——
亲其师，信其道

～♥ 访古探今 ♥～

♥ 现实中的困惑

❖ 我喜欢这位老师，所以主动快乐地学习这门科目，成绩也好，但是对其他科目就提不起神来，怎么办呢？

❖ 开学两个月了，我和老师之间依然感觉很陌生。

❖ 有的同学与老师称兄道弟，我看不惯。

❖ 老师在班级批评我，我感觉挺没面子的，他讲的大道理我根本听不进去。

❖ 有时老师说话武断，我并不赞同，但不知道该怎样跟他解释。

❖ 我说话有老家口音，在班里不太好意思主动说话，老师也注意不到我。

❖ 我想和老师成为朋友，这个想法现实吗？

♥ 值得思考的问题

❖ 什么是良好的师生关系？

❖ 良好的师生关系能给双方带来哪些积极情绪体验？

❖ 良好的师生关系对学生的学习和成长有什么影响？

❖ 学生尊师的前提包含对老师的哪些要求？

❖ 如何化解学生对老师的不良情绪？

❖ 学生能和老师成为朋友吗？

♥ 经典永流传

❖ 古之学者必有师。师者，所以传道授业解惑也。——韩愈《师说》

❖ 贤师良友在其侧，诗书礼乐陈于前，弃而为不善者，鲜矣。——刘向《说苑·谈丛》

❖ 善之本在教，教之本在师。——李觏《广潜书》

❖ 是故无贱无贵，无长无少，道之所存，师之所存也。——韩愈《师说》

❖ 学者必求师，从师不可不谨也。——程颐《河南程氏粹言》

❖ 疾学在于尊师。——《吕氏春秋·孟夏纪·劝学》

❖ 学贵得师，亦贵得友。师也者，犹行路之有导也；友也者，犹涉险之有助也。——唐甄《潜书·讲学》

❖ 为学莫重于尊师。——谭嗣同《浏阳算学馆增订章程》

❖ 子曰："其身正，不令而行；其身不正，有令不从。"——《论语·子路》

❖ 好雨知时节，当春乃发生。随风潜入夜，润物细无声。——杜甫《春夜喜雨》

❖ 一日为师，终身为父。——罗振玉《鸣沙石室佚书·太公家教》

♥ 相关心理学知识

1. 重要他人（significant others）

重要他人一词由美国社会学家米尔斯提出，是心理学和社会学都关注的概念，指在个体社会化以及心理人格形成的过程中产生重要影响的具体人物。因为"人类是天生的社会性动物"，人类的社会性决定了个体不能脱离群体单独存活。个体时刻受到群体中他人的影响，对我们越重要的人，其影响作用越大。[1]

对于学生而言，重要他人可大致分为两类。

互动性重要他人：是学生在日常交往过程中认同的人。可能是家庭中的父母，或者学校里的老师，也可能是同辈群体中的知心朋友。互动性重要他人的出现往往受学生年龄阶段的影响。父母在早期占优势，然后是老师，后期同辈群体的影响增大。[2]

偶像性重要他人：可能是历史中或当代的伟人、科学家、体育健将、艺术家、作家或者作家笔下的人物，甚至可能是卡通人物等。影响学生认同偶像性重要他人的主要因素是社会中具有某种代表性或一种典型意义的价值取向。

2. 社会支持系统（social support system）

社会支持系统是个体通过与环境中人物的互动所建立的一种关系。个体学会从支持系统中获取来自他人的物质和精神上的支持与帮助，有利于缓解压力，提高对环境的适应性，改善个人的心理状态。

一个完备的社会支持系统包括亲人、朋友、同学、同事、邻里、老师、上下级、合作伙伴等，还包括由陌生人组成的各种社会服务机构。表面上看，每个

---

1 张玲. 论互动性重要他人对小学生社会化的影响[D]. 广西师范大学，2002.
2 华倩. 互动性重要他人对小学生行为规范的积极与消极影响[J]. 亚太教育，2020：188-190.

人的社会关系网都差不多，但深入观察，每个人从中获得的支持却有很大的差异。有的人能够在社会支持系统中与他人共享生活，遇到困难时能获得及时有效的帮助，为生活带来幸福感；而有些人虽然和别人一样也拥有客观存在的关系网络，却与其中的人相处得很糟糕，在陷入困境的同时，也迅速陷入孤立无援的状态。[1]

社会环境是复杂的，里面有正向的，也有一些负向的组成部分。拿短视频举例，短视频作为一种新媒体信息，有很多高质量、内容丰富、信息相对真实和严谨的短视频，但同时也有一些散播谣言和不真实信息的短视频充斥着我们的生活。因此社会支持系统里也有正向和负向的两个侧面。并且因为每个人都有一个跟他人不同的心理结构，一个人的心理结构也有正、负两个侧面。有的人可能偏重正向，有的人也可能偏重负向。这两种情况都需要教师辨识，并加以引导。使得学生学会分辨社会环境中正向和负向的倾向，并且引导学生主动吸收环境中正向的方面，助力其更好地成长和发展。

3. 弟子思师

师生相处的心理基础是什么？荀子有云："师术有四，而博习不与焉。水深而回，树落则粪本，弟子通利则思师。《诗》曰：'无言不雠，无德不报。'此之谓也。"[2]

此文的意思是说，老师引领学生学习的方法有四个方面，而这里谈的并不是知识广博。就像水深了能够形成漩涡，叶落了能够成为根的肥料一样，学生意识到自己受益了的时候就会产生怀念老师的心思。施言总会有回声，施德总会有报答。

由此可见，就学生的角度而言，对老师尊重与否在一定程度上体现出学生心智成熟的程度，也与学生的成长阶段相关。

4. 师严道尊

季羡林先生对于师严道尊有着非常精辟的解释，姑且直接引文如下：

《礼记·学记》说："凡学之道，严师为难。师严，然后道尊；道尊，然后民

1　侯志瑾，林崇德，邹泓.中学生社会支持系统与心理健康关系的研究[C].第八届全国心理学学术会议文摘选集.1997.

2　荀子.荀子[M].北京：中华书局，2011.3.

知敬学。"郑玄注:"严,尊敬也。尊师重道焉。"从那以后,"尊师重道"这句话,就广泛流行于神州大地。这也确实反映了中华民族优秀文化的一个方面,不只是停留在字面上。先师陈寅恪先生在《王观堂先生挽词·序》中说:"吾中国文化之定义,具于《白虎通》三纲六纪之说,其意义为抽象理想最高之境,犹希腊柏拉图所谓 Edos 者。""六纪"中之一纪即为师长。可见尊师也属于抽象理想最高之境,是中华民族优秀文化传统的一个组成部分,绝不可等闲视之。[1]

5. 从游论

著名教育大师梅贻琦对师生的互动关系给出一个深刻而生动的比喻:"学校犹水也,师生犹鱼也,其行动游泳也,大鱼前导,小鱼尾随,是从游也。从游既久,其濡染观摩之效自不求而至,不为而成。反观今日师生关系,直一奏技者与看客之关系耳,去从游之义不綦远哉!"梅先生以"水""大鱼"和"小鱼"分别代表学校、老师和学生。"从游"形容的是在安全亲和的环境中,学生在老师的示范引导下受到潜移默化的影响,耳濡目染,学有所成,师生之间形成一种"学而时习之,不亦说乎?"的双向奔赴的融洽氛围。同时梅先生痛心地指出,近代的师生关系缺失了这种教与学的亲和感,成了老师演艺、学生旁观的状态。[2]

～♥⫷ 主题思辨 ⫸♥～

1. 师生关系是师与生的共修课

梅贻琦先生在"从游论"中对近代的师生关系表达出了显而易见的失望。这应当触发当代学校的反思,在学校里师生关系是不是具有示范引领、生机勃勃、和谐自主、共创共享的特点呢?师生之间的隔阂对于教与学的负面作用是不是应当引起我们的重视呢?

师生关系是一种非常具有中华传统文化特征的关系。如何传承这一优良传统是当代师生共同面对的挑战。面对今天的社会现实,如何不把师生关系工具化、

---

1 童宗盛. 最可敬的人——中国大学校长忆恩师 [M]. 长沙:湖南文艺出版社,1994.
2 梅贻琦. 大学的意义 [M]. 苏州:古吴轩出版社,2016.

庸俗化？如何不使师生关系的功能偏离教育的目的？在这方面中国先贤有着很深刻的见地。在我国古代第一本教育专著《学记》中有这样一段综合性较强的阐述："亲其师，信其道；尊其师，奉其教；敬其师，效其行。"意思是说，学生愿意亲近自己的老师，才会相信他说的道理；学生尊重自己的老师，才能够奉行他的教诲；学生敬佩自己的老师，才能效仿他的行为。[1]这段话阐明了师生关系形成的逻辑，并且明确了师生关系的状态首先源自老师的作为，这是学生对这一关系会如何做出反应的前提条件。

现代的师生关系并不是很容易处好。社会上对教育目的和办学目标有着多元化的理解，家长对师生关系也各有诉求。为了构建好这一关系，每一位老师在教育生涯中都在长期修炼。对初中学生而言，与老师建立良好的师生关系是社会情感学习中必然面对的重要内容。定位准确的师生关系构成学校人际关系网中最基本的结构，这需要老师与学生共修。

2. 良好的师生关系是亦师亦友

学生对老师的心态常常是孩子气的，也天然地要评价和选择老师。从发展心理学的角度看，在不同的年龄阶段，学生对于老师的评价和喜爱的因素也不同。

学龄前、小学低年级教师较容易对学生树立威信，小孩子天然对教师有着崇敬之情。我们经常会从低年级孩子口中听到"我们老师说……"，所以我们要珍惜我们在学生心目中的这份崇敬感。

到了小学高年级，随着学生思维、情感的发展，以及当今网络时代信息复杂多样的影响，学生开始形成评价教师的能力，并要求老师尊重自己。

初高中阶段，随着自我意识的发展和成熟，学生开始对教师的思想觉悟、知识水平、教学水平等有了多维度、更加全面的认识和评价。

在朝夕相处中，亦师亦友成为很多师生梦寐以求的师生关系。明末清初的唐甄有过一段特别生动的描述："学贵得师，亦贵得友。师也者，犹行路之有导也；友也者，犹涉险之有助也。"这段描述难道不是在形容亦师亦友的师生关系吗？它对学生提出了中肯的告诫，告诉学生，那些既是引路者又是陪伴者的老师是多么宝贵。

1　贾效明. 从《学记》到《大学》的师道逻辑 [J]. 教育理论与实践，2009（1）：34-34.

无论处于什么发展阶段，作为未成年人，学生对老师的指引与陪伴都会在心理上产生强烈的反应。感受到被尊重、被信任、被关注、被倾听、被理解，学生的心理戒备放松了，与老师的心理距离拉近了，建立亦师亦友的师生关系就能成为可能。

3. 亦师亦友是一场双向奔赴

在健康的师生关系中，"亲、尊、敬"是学生对老师的感觉，"道、教、行"是老师对学生产生影响的途径，"信、奉、效"是学生对老师传递的影响的反馈。学生如何在长大成人的早期阶段获得"信之，奉之，效之"的益处，尽情地从老师那里汲取成长的引领与陪伴，这就要依赖于师生两个角色是不是主动地双向奔赴。这种双向奔赴的场景令人联想到梅贻琦先生的比喻，在学校这个"水"里，"大鱼"老师和"小鱼"学生之间保持着从游关系。这多么让师生共同向往！

在现实生活中，虽然学生具有向师性，但是随着年龄的增长，自我意识和独立意愿的增强，加之获取信息渠道和内容的多元化，学生会对老师的权威性产生怀疑。有的学生甚至会讨厌某些老师，进而讨厌学习，更有一些师生之间会产生矛盾和冲突，师生关系变得非常紧张。本章面对的核心课题就是如何引导学生用积极的思维方式了解老师，在活动中潜移默化地增进与老师的感情。老师在把好学生心理发展特征的脉的基础上，设计走心的活动，在互动中创造吐槽、分享、倾听、共情、沟通、反思的机会，使得建设性的师生关系得以建立，并成为学生成长历程中的动力来源，学生能够在这一重要的社会情感学习过程中获得幸福因子。

基于以上思考，本章共设计了三个互动活动："我和我的老师"帮助学生通过分析自己喜欢的老师对自己的影响，初步感知不同的师生关系对学习产生的不同影响；"我与老师化心结"帮助学生通过分析日常师生交往冲突情境，思考老师的教育用意，进而增加对老师的理解和接纳，并掌握与老师沟通的方法；"老师，您好！"旨在加深学生与老师的情感联结，建立亦师亦友的师生关系。

延伸阅读

♥ 推荐书籍

《顶好教师：建立良好的师生关系》
托马斯·戈登，知识产权出版社，2002 年

教师与他人（学生、家长以及行政管理人员）之间的沟通技巧，直接影响教学和课堂管理的质量。本书讲解了教师在培养学生合作态度、激发其学习动力、召开有效的家长会以及取得同事和行政人员的信任时所需要的技巧和方法，涉及如何减少课堂上的纪律问题，如何培养孩子们在学习过程中积极参与的态度，如何给教师提供更多的备课时间，如何使学习变得更加有趣、教学变得更加愉快。

《百年来中国师生关系思想史研究（1900—2008）》
邵晓枫，四川大学出版社，2009 年

和谐的师生关系是从人性或人的一般特点出发，使教与学两种因素和两个过程和谐结合，师生双方在这种关系中都处于积极愉快的状态，最终实现促进师生双方特别是学生的发展日趋完美的终极目标。本书提倡的和谐师生关系继承了我国传统的和谐观念，具有历史底蕴，其中体现的民主平等精神又体现了时代的要求，是一种最美好、最协调的状态。

《重建师生关系》
史金霞，中国轻工业出版社，2012 年

本书中史金霞老师结合自己近 20 年的从教经历，对师生关系之爱、理解、对话、尊重等在社会关系中的意义做出了独到的解读："没有爱，便没有一切；但只有爱，是不够的。""记忆是理解的前提，只有保持记忆，才能做到理解学生。""对话的基本原则是信任，而其最终目的是促进师生双方的成长。""要做到尊重学生，首先要反省自身，学生不是活在我们想象中的影子。""对于学生的家庭问题，要适度协调，切不可随意干涉。""教育是开放的，教师、学校与社会应该整合。"

《校园里的有效沟通：如何构建良好师生关系》
崔佳，华东师范大学出版社，2022 年

书中提供了一张师生沟通地图，指导教师从接纳、欣赏、关爱、陪伴学生开始，以培养自我负责式的学生为目标，并在此过程中成为一位受学生尊重和敬仰的老师。书中通过许多案例来具体分析教师如何与学生沟通，如何构建良好的师生关系，同时提供了背后的师生沟通理论支撑。

♥ 推荐影视

《孩子王》

电影于 1987 年上映，讲述了一个在"文化大革命"期间知识青年下乡时发生的故事。插队七年的知青老杆被抽调到农场中学去做"孩子王"。他发现学校师资稀缺，孩子们手里没有教材，识字不多，学校有的只是政治学习资料。"孩子王"被孩子们善良而充满同理心的心灵感动，开始教孩子们识字记事，写真实的作文，做真实的人。后来"孩子王"由于没有按课本教课被撤了职。临走前，他把唯一的一本字典送给了一名异常刻苦又懂事的学生。

《一个都不能少》

在一个偏僻山村的小学校里只有一位老师。白发苍苍的高老师不得不请假处理家事，一名年仅十三岁的小姑娘临时来做代课老师。高老师坚持着通过教育为孩子们带来希望的信念，嘱咐代课老师 28 名学生一个都不能少。于是就发生了代课老师坚守承诺，努力留住全班每一位学生的曲折故事。代课的小姑娘也开始懂得了身为老师的责任。这部 1999 年的影片具有难以抵挡的温情，放映后触发了社会对乡村教育的广泛关注。

《放牛班的春天》

该片于 2004 年在中国首映，2022 年在中国重映。片中一位怀才不遇的音乐老师马修来到辅育院工作。他发现自己面对的不是普通学生，而是一群已经被家庭和社会放弃了的"野男孩"。马修通过教音乐收拢了孩子们的心。孩子们也将自己对音乐的出色的理解和表现力彰显出来，深深地打动了马修老师。他们举办的音乐会震动了社会各界人士，孩子们的歌声唤起了人们对美好世界的信念。

～♥～ 传道授业解惑 ～♥～

互动活动一：我和我的老师

一、活动目标

1. 我了解自己会喜欢和尊敬什么样的老师。

2. 我能初步感知不同的师生关系对学习产生的不同影响。

二、引领问题

1. 什么样的老师会让我感觉亲近？

2. 什么样的老师会令我敬重？

3. 在曾经的学习经历中，我和老师之间有什么故事让我至今难忘？

4. 与老师的关系对我的进步产生了怎样的影响？

5. 怎样和老师相处好呢？

三、活动准备

❖ 彩色笔

❖ 活动卡"我和老师的故事"

四、活动过程

第一步：导入

1. 在我们的学习经历中，会遇到很多风格不同的老师。和老师之间的关系会影响到我们的情绪，进而影响到学习的状态和效果。良好的师生关系对于我们自身的成长至关重要，古人先贤说"亲其师，信其道；尊其师，奉其教；敬其师，效其行"，和老师建立良好的师生关系是我们心智成长的表现。

2. 请学生们背诵"亲其师，信其道；尊其师，奉其教；敬其师，效其行"，并说一说自己对这句话的理解。

第二步：我和老师的故事

1. 在每个人的成长过程中，我们会遇到不同的老师，说起老师，你有哪些美好的回忆？会产生哪些情绪？这些不同的情绪对于你自己的成长和学习产生了哪些影响呢？请思考。

2. 使用活动卡。

活 动 卡　我和老师的故事
《学记》："亲其师，信其道；尊其师，奉其教；敬其师，效其行。"
有这么一位老师，我的印象特别深刻。这是我在_____年级时的_____老师。我们之间的故事：
故事里的你，当时的情绪感受是些什么颜色？如果用图像来表达，又会是什么样子呢？画一画、涂一涂：
这段回忆对我的启发： ❖　如果我喜欢一位老师，常常是因为： ❖　如果我喜欢一位老师，我会这样做： ❖　如果我不喜欢一位老师，常常是因为： ❖　如果我不喜欢一位老师，我会这样做：

第三步：小组讨论

1. 小组讨论以下问题：

❖ 令我喜欢和尊敬的老师有什么特点？

❖ 师生关系对我的学习兴趣和努力程度会有什么样的影响？

❖ 为什么良好的师生关系很重要？

2. 以上三个问题，都需要老师在黑板上提炼学生讨论中的关键词。

第四步：静心沉淀

收获	自我评价	给自己打个分
心智成长	1. 我了解自己会喜欢和尊敬什么样的老师。	
	2. 我能初步感知不同的师生关系对学习产生的不同影响。	
学习状态	倾听	
	用心参与	
	积极表达	
用我喜欢的方式（文字或绘画）沉淀收获：		

五、活动反思

老师要创造机会倾听学生的心声，努力让自己成为学生喜欢的老师，这样"教"和"育"才能够滋润学生。本节课通过学生畅所欲言、多种形式的表达，让师生交往中的情绪在表达中通过被倾听、被接纳、被强化，进而得到疏解，在此基础上引导学生意识到师生关系会对自己的学习产生重要的影响。

对于本节课，营造一种轻松、开放、安全的课堂环境至关重要。只有学生感觉到安全了，才能够将心里的真情实感畅所欲言。因此活动前老师应与学生进行"保密、倾听、接纳、真诚"等约定，并在过程中认真倾听和共情学生的感受。老师也可以适时进行自我暴露，以营造安全的课堂氛围，拉近与学生的心理距离。同时注意搜集学生对某些老师格外尊重或喜欢的原因，以及相反情况的原因。这可以为后续活动"我与老师化心结"提供真实的案例。同时，学生谈到的原因也值得被带到教师会上进行研讨。

互动活动二：我与老师化心结

一、活动目标

1. 我能够通过活动和思考，增加对不同老师的理解和接纳。

2. 我知道可以通过主动沟通化解与老师的误会，并掌握沟通的方法。

二、引领问题

1. 看一下上次讨论后汇总的表，这说明了每个人在观察和评价老师时心中是有标准的。有时，老师没有达到你心里的标准，你是不是就会对这位老师产生疏远甚至对抗情绪呢？

2. 这种疏远和对抗会使你产生什么样的情绪？这对你的学习产生怎样的影响？

3. 换位思考一下，老师会有什么感受呢？

三、活动准备

❖ 活动场地：室外开阔且相对安静的场地或宽敞的能够开展团体活动的教室

❖ 几件简单的道具用于角色扮演，使得情境更加真实有趣。

❖ 活动卡"我与老师化心结"

❖ 学习资料"化解心结小妙招"

四、活动过程

第一步：热身活动——心有千千结

1. 全班同学 8—10 人分成一组，围成圆圈，请每个人记住左右手的同学。

2. 老师喊"解散"，同学们在刚刚围成圈的范围内自由走动。

3. 老师喊"停"，大家站在原地不动，找到刚才自己左右手的同学，重新与其牵手（距离太远可稍微靠拢）。

4. 此时大家的手处于打结状态。请大家在不松开手的情况下恢复之前手牵手的圆圈状态。

小结：在和他人的相处中，我们时常会感觉与他人的矛盾像一团乱麻，难以解开。但是只要耐心梳理，寻找办法，生活中的结就和我们刚刚手牵手形成的"结"一样，都可以被解开。

第二步：我与老师化心结

1. 分发活动卡，请全体同学阅读三个师生交往冲突情境。

2. 小组抽签，进行师生课堂冲突情景扮演准备。

3. 分别演绎情境，讨论与分享如何化解心结。

活 动 卡 我与老师化心结	
师生交往情境	小组讨论与分享
情景一： 小 A 在课上两眼望着窗外发呆。老师看到小 A 走神的样子，于是叫小 A 回答问题。小 A 起立，不知道老师讲到了哪里，自然无法回答问题，于是尴尬地站在那里，老师又叫了另一名同学回答刚才的问题，然后让小 A 再重复一次。小 A 觉得很丢人，认为是老师让自己在班级同学面前出丑，回答问题后气呼呼地坐下了。	1. 请扮演小 A 的同学说说此刻内心的感受和想法。 2. 请扮演老师的同学说说，自己当时内心是如何想的？ 3. 请同学们思考，老师这一行为的用意是什么？ 4. 如果你是小 A 的朋友，此时你想对小 A 说什么？ 5. 如果你是小 A，你打算如何化解自己当时的情绪？自己可以怎么想、怎么做？ 6. 你是否会课后找老师沟通？如果去找老师沟通，你会用什么样的方式？你会怎么表达？需要注意什么？ 7. 邀请同学演一演小 A 去找老师沟通的情境。让同学体会沟通之后小 A 的心情。
情境二： 小 B 是一个内向的孩子，从上学以来一直品学兼优，尤其喜欢上语文课。之前的语文老师说话温柔，轻声细语，举止优雅，在小 B 看来，语文老师就像从古书里走出来的仙子。可是后来换了一位语文老师，这个老师性格特别外向，有点大大咧咧，讲课风格有点豪放，不拘小节。内向的小 B 有点接受不了这样的语文老师，他想念从前的那位老师，课堂上的发言越来越少了，慢慢地上语文课越来越提不起精神。	1. 小 B 不喜欢这位语文老师的原因是什么？ 2. 回忆上节课的内容，小 B 如果一直这样下去，会对自己学习产生哪些影响？ 3. 我们应该如何看待风格不同的老师？ 4. 如果你是小 B 的朋友，你打算如何开导小 B？ 5. 我们在学习生涯中，是否遇到过不喜欢的风格的老师？ 6. 如果遇到不喜欢的风格的老师，你会怎么想，怎么做？
情境三： 小 C 的同桌忘带练习册了，老师讲题时，同桌希望和小 C 一起看练习册。两人说话的这一幕恰巧被老师看到，老师误以为二人不听讲，将小 C 和同桌批评了一番。小 C 内心很委屈，本来是帮助同学的行为，却换来了老师的批评。	1. 请扮演小 C 的同学说一说此时心里的感受。 2. 思考老师这样做的用意是什么？ 3. 想一想，小 C 此时最想要的是什么？ 4. 如果你是小 C 的朋友，请你帮小 C 想一想，他可以做些什么解除老师对自己的误会？ 5. 如果是你，你会主动找老师沟通化解误会吗？你会采用什么样的方式沟通？当面说还是写信？还是网上沟通？ 6. 在与老师沟通的时候需要注意什么呢？

第三步：巧化心结小妙招

组织同学们学习资料"化解心结小妙招"。

学习资料 化解心结小妙招

1. 理解老师教育行为背后的用意

老师教育行为背后的目的是帮助我们成长，当我们做得不够好的时候，我们不可避免会遇到老师的提醒或批评。我们到学校来学习是为了成为更好的自己，没有老师的纠错纠偏，我们何以成长？尝试理解老师批评我们背后的用意，也许可以让我们更容易接受老师的批评和教育。

2. 学习接纳风格不同的老师

每个人都是独一无二的，每位老师也是如此。在我们的学习生涯中，会遇到很多不同风格的老师，有喜欢的也有不喜欢的。我们首先要接纳这个事实。其次，也许我们不喜欢老师的教学和做事风格，但是每一位老师一定有他的优点和过人之处。尝试多角度去了解老师，发现老师的优点，也许会帮助我们更好地接纳不同风格的老师。

3. 学习沟通，做高情商学生

在师生相处中，由于老师把主要时间和精力放在教学上，可能会因为对有些情况了解不全面而对学生产生一些误解。同样的，学生也有可能对老师产生误解。当意识到老师对自己有误解，自己产生了不良情绪时，主动与老师沟通化解误会，是高情商的表现。

可以尝试用自己喜欢的方式与老师主动沟通，写信、网络留言、当面沟通都可以。在沟通时要注意描述事实、表达感受、说清需要、提出希望。例如："老师，上课的时候同桌没带练习册，我是把练习册借给他一起看，您说我们两个扰乱课堂，我感觉很委屈，我希望您消除对我的误会。"

第四步：拓展活动

如果你曾经和哪位老师留下了心结，请你鼓起勇气，尝试用本节课学习的方法给老师写一封信，和老师聊一聊，发生了什么，你的感受是什么，你要澄清的是什么，你希望和老师之间是什么样的师生关系。

第五步：静心沉淀

收获	自我评价	给自己打个分
心智成长	1. 我能够通过活动和思考，增加对不同老师的理解和接纳。	
	2. 我知道可以通过主动沟通化解与老师的误会，并掌握沟通的方法。	
学习状态	倾听	
	用心参与	
	积极表达	
用我喜欢的方式（文字或绘画）沉淀收获：		

五、活动反思

本节课学生表演了三种较常见的师生冲突情境，在学生身心有所感的基础上，通过层层递进的问题引导学生思考如何与老师更好地相处。针对不同情境，再提炼方法与技巧，帮助学生化解与老师的心结。

师生关系是一种双向奔赴，需要彼此理解和尊重。因此，在课堂中老师要营造一种平等的讨论氛围，面对学生分享的一些希望老师做得更好且合理的地方，老师要真诚地表示接纳，传递与学生共同成长的理念。当学生在与老师的互动中，时常感受到老师是善于接纳意见、不断自我完善时，也许会更容易理解和尊重老师。同时，老师也以身示范在面对建议和批评时正确的做法。

互动活动三：老师，您好！

一、活动目标

1. 我能够珍惜老师的传道授业解惑。

2. 我愿意走近老师，与老师建立情感联结，亦师亦友。

二、引领问题

1. 我了解教师这个职业的重要性吗？

2. 中华传统文化中是怎样看待师严道尊的？

3. 和老师建立良好的师生关系对于我的成长会产生什么积极影响？

4. 与老师亦师亦友是什么样的感觉？

三、活动准备

❖ 小记者牌

❖ 老师名单与照片

❖ 采访分工责任单

❖ 采访对象抽签条

❖ 活动卡"小记者采访单"

❖ 活动卡"老师，我想对您说"

❖ 学习资料"师严道尊"

四、活动过程

第一步：我们的老师

1. 学习资料"师严道尊"。

2. 参观学校的"教师风采"专栏。

3. 参观学校的"先进教师"专栏。（如果没有专栏就出示照片，或者视频展示。）

4. 请同学们认真观察照片，分享自己对这些老师的印象，有哪些了解，有什么感觉。

学习资料 师严道尊

原文：凡学之道，严师为难。师严然后道尊，道尊然后民知敬学。

译文：凡学习之道，最难的就是尊敬老师。老师受到尊敬，然后道才会受到尊重，道受到尊重，然后人们才知道尊崇敬重学问。

——《礼记·学记》

第二步：我是小记者

1. 随机分配采访小组，各组深入采访报道一位老师。

2. 小组成员了解岗位责任。进行小组分工，为课下的采访做好充足准备。

❖ 组长——统筹分工，联系老师并确认老师和组员都方便的采访时间

❖ 小记者——主要负责提问

❖ 记录员——记录采访过程

❖ 摄像——捕捉采访时的精彩瞬间

❖ 编辑——整合采访成果和报告

3. 采访对象抽签。

4. 小组内进一步讨论：我们想了解这位老师的哪些方面？在采访单上添加小组成员感兴趣的问题。老师在此过程中注意巡视每个小组，并进行适当引导。

5. 小组成员分工合作，使用活动卡进行采访。

活动卡 小记者采访单

佩戴"小记者证"

我们是小记者组_____，今天是　　　　年　　月　　日

今天的采访计划：采访一位我们想进一步了解的老师！

请先进行自我介绍，简要清晰地说明意图。	
请问老师您的全名？	请问您的老家在哪里？
请问老师，您做老师有多少年了？	您在我们学校工作几年了呢？
您在学生时代是一位怎样的学生呢？	
您在学校工作期间最难忘的是什么呢？	
您是怎样成为一名教师的？	
您对自己所教的学生最大的期望是什么呢？	
我还想问老师的问题： 1. 2. 3.	
今天采访收获不小呀：	

第三步：采访归来

1. 小组整理信息素材。

2. 撰写采访报道材料，主要内容可以包括：

❖　我们的小组成员有……

❖　我们的分工是……

❖　我们采访的老师是……

❖　根据此次采访，我们对老师有了新的发现、新的了解

❖　我们对师严道尊的理解

第四步：亲其师，信其道

1. 各组对采访的老师进行报道。每报道完一位老师，可以邀请一两位同学补充对这位老师的了解。

2. 其他同学边听边感受边记录。

3.通过介绍分享，同学们想必有对老师说的话，请自选五位老师，完成以下活动卡。

活 动 卡 老师，我想对您说	
科目老师	给老师的心里话
	我发现您
	我想对您说
	我发现您
	我想对您说
	我发现您
	我想对您说
	我发现您
	我想对您说

第五步：大合影

以小组为单位，把小组和被采访老师的照片贴到教室的墙上，形成全班同学和所有任课老师的合照。进行情感升华，学生和老师之间的情感联结进一步深化。

小结：通过采访和报道，同学们走近了老师，对师严道尊这一中华文明的重要文化有了新的理解。相信大家能够在与老师的朝夕相处中加深信任感，一起度过美好的初中时光。

第六步：静心沉淀

收获	自我评价	给自己打个分
心智成长	1. 我能够珍惜老师的传道授业解惑。	
	2. 我愿意走近老师，与老师建立情感联结，亦师亦友。	
学习状态	倾听	
	用心参与	
	积极表达	
用我喜欢的方式（文字或绘画）沉淀收获：		

五、活动反思

这个活动创造了学生与老师深入交流的机会，让师严道尊不再抽象。老师在采访中，可以引导学生设置更多的采访话题。

在学生采访活动之前要与被采访老师打招呼，让被采访老师了解活动的内容以及意义，赢得被采访老师的配合，深化采访活动的效果。

家校共育——"家长课堂"小活动

♥ 铁三角

父母、老师、孩子应该形成同一个阵营的铁三角，共同的目标是让学生成长为更好的自己。

家长一般都能够意识到建立良好师生关系的重要性，通常也会明白孩子与老师和谐相处是孩子自身心智成长过程的一部分。在一定程度上父母可以成为老师和学生之间的黏合剂，拉近老师和学生之间的心理距离，逐步建立新时代师严道尊的信念。

♥ 示范尊重

父母要思考并学习正确评价老师，理解和尊重老师。如果父母看不到老师是引导孩子健康成长的主力之一，对老师缺乏尊重，看不到老师的辛劳，时常挑老师毛病，尤其是在孩子面前对老师指指点点，就会影响学生对老师的尊重。只有孩子带着积极愉悦的情绪与老师相处，老师的传道授业解惑才能真正影响到孩子，孩子才能受益。

♥ 同盟军

家长与老师之间需要求同存异，并引导孩子学会和不同风格的老师合作共赢。如果孩子与老师间存在误解，父母可以主动成为沟通的桥梁，尽量避免孩子因不良的师生关系产生不必要的心理与行为方面的负面影响。

蒲公英的教学做

♥ 深度陪伴

蒲公英中学的师生大部分住校。师生朝夕相处，共同生活，住宿同楼，餐饮同样。老师注重随时随地倾听每一位学生的心声和困惑，并通过个人以及学校的支持系统提供及时的关注。在深度陪伴的理念之下，学生们感受到老师带来的安全感，师生关系融洽，学生愿意主动和老师分享生活和学业中的困惑，减少负面情绪的堆积，这对于学生心理健康成长起到了良好的辅助作用。

放学后师生一起解决学习中的困难

♥ 一个都不能少

学校坚持"一个都不能少"的理念，包含两个含义：一是学校的每一位老师、支持人员和行政后勤人员都参与到学生的成长和教育中，在不同的生活场景、学习场景中共同帮助学生进步，鼓励学生迈开健康成长的步伐；二是使学校中的每一个孩子平等地接受教育，要给予全体学生全方位的关注，包括在身体、心理、学业、经济条件、行为等方面有特殊需求的学生。

后勤师傅、学校图书管理员和孩子一起上木工课

♥ 地毯式家访

　　每个学年，学校都会组织全校教师包括行政人员集中家访。老师们分组结伴，走进每一位学生的家，与家长拉家常，了解学生的家庭状况，倾听家长的快乐与苦恼。家访使老师们更加理解自己工作的意义，更加理解学生，更知道如何促进家校合作。学生常常因为目睹了老师非告状式的家访而更加亲近老师。家长也在与老师的畅谈中倾诉心声，交流心得与办法，对孩子、学校都更加理解，为自己成为更好的家长进一步奠定基础。地毯式家访有效地巩固了家校联合，有利于多方位支持学生的成长。

第三章

孝亲敬长——
老者安之

~❤❤ 访古探今 ❤❤~

❤ 现实中的困惑

❖ 人们常常用"代沟"形容子女与父母之间的距离感，"代沟"也常常伤及家庭成员之间的感情。作为子女，我们该怎么办呢？

❖ 我知道父母工作和维持家庭很辛苦，很心疼他们。可是他们总是干涉我的事，不信任我。我去哪儿要管，和谁玩要管，什么时候学习也要管，使得我常常和他们闹别扭。

❖ 我知道父母工作忙，但还是希望他们能多陪陪我。因此我心里对他们有一些意见。

❖ 为什么父母只会叫我好好学习，却从不问我开不开心？

❖ 为什么明明不是我的错，可父母总要护着弟弟（或妹妹）？

❖ 父母总是说我，甚至打我，我为什么还要感恩他们？

❤ 值得思考的问题

❖ 为什么"孝"这么重要，还需要国家立法？

❖ 孝亲敬长和人的品德有什么关系吗？

❖ 父母明明很爱孩子，但为什么孩子感受到的却是"你总是怪我""你不理解我""你不关心我"……？

❖ 为什么父母为了家庭辛苦奔波，却常常换来孩子的不领情？

❖ 当感受到自己总是被干涉时，孩子常常以哭闹、争吵甚至离家出走回应。有没有更积极的解决冲突的方式？

❖ 和父母的观点产生分歧时怎么办？

❖ 什么样的亲子关系状态是值得当代青少年与父母共同追求的？

❤ 经典永流传

❖ 父兮生我，母兮鞠我。拊我畜我，长我育我，顾我复我，出入腹我。欲报之德，昊天罔极！ ——《诗经·小雅·蓼莪》

❖ 亲亲而仁民，仁民而爱物。——《孟子·尽心上》

❖ 人人亲其亲，长其长，而天下平。——《孟子·离娄上》

❖ 老吾老以及人之老，幼吾幼以及人之幼。——《孟子·梁惠王上》

❖ 子曰："弟子入则孝，出则弟，谨而信，泛爱众，而亲仁。"——《论语·学而》

❖ 子曰："事父母几谏，见志不从，又敬不违，劳而不怨。"——《论语·里仁》

❖ 孝有三，大孝尊亲，其次弗辱，其下能养。——《礼记·祭义》

❖ 慈母手中线，游子身上衣。临行密密缝，意恐迟迟归。谁言寸草心，报得三春晖。——孟郊《游子吟》

❖ 百善孝为先。——《围炉夜话》

❖ 父母之爱子，则为之计深远。——《战国策·触龙说赵太后》

♥ 相关心理学知识

1. 亲子关系（relationship of parents and children）

亲子关系指父母与子女间的关系，是儿童最早建立的人际关系，也是父母与子女间的一种双向作用的人际关系。儿童在父母的养育下成长，父母自身的品格、生活态度，对子女的抚养、教育方式以及态度等，都在这种关系中直接影响孩子的身心发展，也将影响其今后的人际交往关系。同时，儿童的身心发展和状态也影响着父母的状态和行为。亲子关系是个体和社会生活中十分重要的部分。在幼儿期，亲子关系几乎是孩子个体全部情感的依赖所在。[1]

2. 孝的心理关联

在深受儒家思想影响的中国文化中，孝对中国人的心理特征产生了很深的影响。从文化心理的角度看，修身的最高境界就是成为君子。由于孝在中国文化中一直被誉为道德和伦理价值观的基石，所以要成为君子，必须要做的第一步就是

---

1 陈会昌，庞丽娟，申继亮，周建达.中国学前教育百科全书（心理发展卷）[M].沈阳：沈阳出版社，1994.

学会如何行孝。[1]

3. 感恩（gratitude）

对于感恩，《说文》曰："恩，惠也。从心，因声。"恩就是恩惠，与仇怨相对。《现代汉语规范词典》这样解读："恩惠：他人给予的好处。""感恩：感激别人对自己的恩德。"因此，感恩是个体意识到被恩赐或被爱，从而产生感谢的意愿，进而对有利于自己生存和发展的因素表示友好并且回报。[2]

马斯洛也专门谈到过"重拾感恩"的必要性："感恩对情绪健康极为重要。既可以防止贬低日常生活的价值，也有助于重新激发高峰体验，'知足常乐'是非常重要的：不要在真的失去之后才懂得珍惜。"[3]

4. 换位思考（perspective taking）

换位思考指个体在认识过程中，为了全面、深刻地认识客体及其与主体的相互关系，将认识立场从主位转换到客位或旁位进行思考的方式。[4]如果我们希望拥有和谐融洽的人际关系，换位思考就是经营这段关系的必经之路。"己所不欲，勿施于人"是中国文化中妇孺皆知的对换位思考的表达，既是原则，也是路径。

主题思辨

1. 孝亲敬长的中国文化底蕴

孝亲敬长是一个文化心理话题，具有家庭伦理、为人之道、社会作用等层面的意义。

孝文化在我国源远流长，始于西周。孝文化首先强调的是以血缘为纽带的代际关系，是家庭关系中最重要的伦理观念。《论语》第一篇《学而》有相关的四条论述。孔子还在《孝经》中谈到："孝子之事亲也，居则致其敬，养则致其乐，病则致其忧，丧则致其哀，祭则致其严，五者备矣，然后能事亲。"在《四

1　孙天伦.中国心理学 [M].北京：中国文史出版社，2016.

2　张桂权.感恩意识与感恩教育 [J].当代教育论坛，2006（01）：30-33.

3　亚伯拉罕·马斯洛.寻找内在的自我——马斯洛谈幸福 [M].北京：机械工业出版社，2021：14.

4　高立胜，毛世英.换位思考：一种重要的思维方式 [J].哲学研究，1994（01）：29-34.

书》中对孝与不孝的行为也有很多阐释，比如在《孟子·离娄下》里就详细地说明了五种不孝的行为。

当我们读到孔子的话"君子务本，本立而道生。孝悌者也，其为仁之本与"，就认识到"孝悌"不仅仅是一种家庭伦理观念，更是做人的标准。朱熹明确地说过，在儒家所提倡的"仁"的要素中，"亲亲"是第一位的。

孔子说"弟子入则孝，出则悌，谨而信，泛爱众，而亲仁"，更进一步启发我们认识到孝悌是有其重要的社会意义的。清代王永彬的《围炉夜话》说"长存仁孝心，则天下凡不可为者，皆不忍为，所以孝居百行之先"，他用平实的语言解释了孝对建设一个稳定和谐的社会的意义。

正因为如此，"孝道"入律也成为我国历代法律的一个特点。[1]

2. 孝亲敬长的当代意义

在孔子时代就得到了深刻论证的孝文化，在随后两千多年的历史进程中，其发展过程并不是一帆风顺的，出现了泛孝主义的异化[2]。进入二十一世纪后的今天，我们一方面要警惕异化的思想与行为，同时也要在教育中恰当地对青少年孝亲敬长的品格形成加以引导，其现实意义包括：

（1）孝亲敬长是普世的美德，学习与长辈沟通与共处，是青少年在形成健康人格的过程中自我修炼的重要组成部分。

（2）在青少年时期，孝可以成为努力奋发的内在驱动力。

（3）孩子懂得如何与父母相处是家庭和谐的重要因素。家庭和谐不仅能提高父母与孩子的幸福感，也有利于社会氛围的和谐与稳定。

（4）在陪伴家长时，青少年能够获得对生命过程的了解，获得敬畏感，珍惜自己和他人的生命。

（5）对孝亲敬长有过认真思考和行动的青少年，更有可能延伸出"老吾老以及人之老，幼吾幼以及人之幼"的心理素养，成为健康社会的维护者和贡献者。

1　高岚. 中国式"孝"文化之法律情思 [Z]. 中国法院网，2015.
2　汪凤炎等. 中国文化心理学 [M]. 广州：暨南大学出版社，2015.

3. 孝亲敬长与心智成长

尽管大部分青少年心里承认父母是爱他们的，他们也爱着父母，但是在具体的生活场景中，双方却可能冲突不断，爆发热战冷战，使彼此产生严重的负面情绪，造成相互的心理伤害，孩子对父母更谈不上感恩。这是孩子心智尚未成熟的表现。

阻碍学生对父母产生感恩之情的因素有个人的、家庭的，也有社会的，比如：

（1）与家长成长环境的不同造成后代在相关认知和习惯方面与家长出现差异。

（2）双向尊重不够造成的误解和伤害。

（3）生活、学习压力带来情绪失控。

（4）学生和父母各自所处的年龄阶段特点也会产生负面影响，比如青春期遇到更年期，导致双方情绪都不稳定，容易起冲突。

因此，本章需要设计有效的活动，引导学生正确面对这样的困境，化解亲子之间的心结，理解并真心承认父母的爱，享受到感恩之心给自己带来的温情与家长的信任，促进心智的成长。

4. 孝亲敬长与换位思考

其实导致孩子和父母之间矛盾难以化解的不只是差异，还有各自在坚守自己的立场和态度时缺乏换位思考，做不到互相尊重、理解和支持。德西·爱德华·L. 和瑞安·理查德·M. 在自我决定理论中提出人的基本心理需求有三种：能力感、关联感和自主感[1]。满足这三种需求对建立良好的亲子关系都非常重要。父母和孩子都是具有独立人格的个体，高度权威式的家长风格不利于孩子的自主感和能力感的发展，也不利于发展孩子对家庭和社会的关联感，还会导致误解、隔阂与冲突。

本章在设计互动活动时，格外强调了通过锻炼青少年换位思考的能力，促进孩子与家长之间关联感的建立和提升。这是一个双向努力的互动过程，学校不仅

1　Ryan R M，Deci L E. Self-Determination Theory and the Facilitation of Intrinsic Motivation[J]. Social Development and Well-Being，2000，55（1）：68-78.

要引导学生，也要把这个内容引入家长课堂。

5. 孝亲敬长让父母心安

让父母心安是最深沉的孝亲敬长的目标。当孔子与弟子们坐在一起畅谈人生志向时，身为伟大的思想家和哲学家的孔子对弟子们娓娓道来："老者安之，朋友信之，少者怀之。"

"老者安之"的意思是让长辈在想到你时感到心安。这一个"安"字给了我们关于孝亲敬长的深刻启迪。有学者解释道，"修身、齐家、治国、平天下"与"亲亲而仁民，仁民而爱物"之间是呼应的。第二句话中的宾语从家人到民众再到万物，是爱的阶梯，达成的正是前者表达的济世理想，揭示了中国的孝道在个人、家庭、社会、天下这几个不同层面的意义。[1]

"老者安之"是一个非常生活化的志向。一个孝亲敬长、使老者心安的社会该是多么和谐！把"让父母心安"作为孝亲敬长的目标，青少年虽然还不能够完全理解其中的悠长意味，但是也能够尽力听懂、感悟、付诸行动。如果青少年树立了使父母心安的目标，内心会产生一种动力，要求自己在很多方面表现出积极的行为，比如：

- ❖ 追求身体健康
- ❖ 心情良好
- ❖ 懂得自我保护
- ❖ 努力增长才干
- ❖ 取得真实的进步
- ❖ ……

当青少年这样做时，中华灿烂文明中的孝亲敬长文化就在青少年的日常生活里落地生根了。

综上所述，本章设计了"父母的身路历程""想和父母聊聊""爱在感恩中"三个互动活动。

---

1 杨立华. 北大杨立华教授讲《论语》[Z]. 喜马拉雅，2023.

延伸阅读

♥ 推荐书籍

《孝经译注》
胡平生，中华书局，1996 年

《孝经》作为儒家十三经之一，是阐述孝道和孝治思想的中国古代儒家经典著作。学者胡平生将《孝经》按照三部分理解：第一部分讲"孝"的基本理论，主要讲"孝"是"德之本"，提出了"孝"由初级至高级的三个阶段，即"始于事亲，中于事君，终于立身"，并分别规定了天子、诸侯、卿大夫、士、庶人的五种不同的"孝"的内涵；第二部分讲"孝道"与政治的关系，主要讲述"以孝治天下"的道理和方法；第三部分讲"孝道"的实行，主要讲实行"孝道"的一些原则和礼法。

《世界上最爱我的人走了》
陈南，地震出版社，2008 年

本书记载了数十个亲情故事，纯洁的亲情令人感动，催人泪下。生命是如此短暂，希望借这些故事能带给你心灵的震撼，能让你领悟到如何珍重自己的人生，珍惜那些深深爱着你的亲人。所有心中有爱的人读完这本书都会受到心灵的震撼。

《中国人的修养》
蔡元培，中国工人出版社，2008 年

本书是蔡元培先生在公民道德修养方面的代表作，充分体现了先生对于现代中国人应当具备的道德素养的总体构想。这不是学术理论著作，而是一本通俗的实践指导书，用浅显的语言和便于操作的方法，为国人提供了一本值得阅读的道德进修手册。

《孝心不能等待》
何庆良，重庆出版社，2008 年

书中的这位母亲在"婚后的 58 年是深入骨髓里赡养和抚育了五辈人"。敬老爱亲的传统教养使这位母亲以柔弱之躯和礼让、宽容的情怀，维系了一个由五辈人组成的和睦家庭。作者诉说了失去父母者内心深沉的哀悼，抒发了深厚充沛的感情。[1]

《感恩日记》
贾尼丝·卡普兰，新世界出版社，2016 年

身为知名杂志女主编，贾尼丝除了事业顺利，还拥有英俊潇洒的医生丈夫和两个杰出的儿子。然而，虽然拥有令人称羡的生活，贾尼丝却总是把焦点放在人生的负面感受上，充满抱怨。直到约翰·邓普顿基金会资助的感恩研究让她知道"不知感恩"使自己的生活失去了幸福感。于是她持续不辍地写下感恩日记，并在一年后发现：内心的感恩让她和丈夫重新珍惜彼此；正向思考让她与孩子们更加亲密；坦诚交流使她与姐姐冰释前嫌；用爱联结使她的工作更加高效；她不仅收获了压力缓解、睡眠改善，还悄然瘦了几公斤。贾尼丝发现生活中许多快乐稍纵即逝，但感恩能够时时刻刻成为支持我们的力量。

♥ 推荐影视

《伴你高飞》

该片于 1999 年在中国大陆上映。片中 13 岁的艾米在一场交通事故中失去了母亲，只好被送到与母亲离异多年的父亲身边，二人最初的相处生疏而充满隔阂。有一次，艾米发现了被遗弃的大雁蛋，并成功孵出一窝小雁。经常琢磨古怪发明的父亲帮艾米制作滑翔机，教她护送小雁们回家。在这个过程中，一对父女的心也开始紧紧连在一起。

1　本页书籍介绍参考的是百度百科以及一些网络影评。

《俺爹俺娘》

摄影师焦波用照相机真实记录了父母在乡村的生活，三十多年里拍摄一万两千多张照片，从中精选一百多张，汇成了一部摄影集，由昆仑出版社 2007 年出版，获得首届国际民俗摄影比赛最高奖"人类贡献奖"。这是一个儿子用镜头留住日渐年迈的父母容颜的温暖过程，也完整记录了一个中国人的家庭生态，呈现了世代相传的中国人的情怀，打动人心。这部作品被改编成同名 24 集纪实连续剧，2007 年登陆央视。[1]

《孝女彩金》

这部 2012 年上映的儿童电影取材于"全国道德模范提名奖""广东十大新闻人物"彭彩金的人生故事。影片围绕一个被抛弃又被收养的女孩的人生展开。小女孩不肯离开双双残疾的养父母，小小年纪就挑起了支撑家庭的重担。她历尽艰辛，为养父母养老送终。这段感人至深的真人真事告诉我们：爱，不能忘；孝，不能等！[2]

《海蒂和爷爷》

该片于 2019 年在中国上映。海蒂自幼失去双亲，开始了独自体验人间冷暖的历程。她被姨妈送到阿尔卑斯山上与爷爷一同生活。人们都说爷爷性情古怪，但是她爱爷爷，并且赢得了爷爷的爱。海蒂又被姨妈卖去陪伴富人家庭的女孩读书。即使陷入不幸，海蒂仍然用自己的真诚善良和对世间美好事物的由衷热爱感动了身边的人，激发了人们之间珍贵的亲情和友情。

《美丽人生》

该片于 2020 年在中国上映。原本幸福美满的一家三口先后进了纳粹集中营。

1　参考网络影片简介。

2　参考广东影视网内容。

面对天天发生的惨象，幽默乐观的圭多从没有放弃希望，他冒险在广播站喊"早安，公主"安慰女牢中的妻子，用游戏谎言保护儿子幼小而纯洁的心灵。影片表达了伟大的父爱、母爱和爱情，告诉人们即使在暗无天日的时刻也仍然可以保持对亲人的爱与责任，内心的光明就是希望的源泉。

传道授业解惑

互动活动一：父母的身路历程

一、活动目标

1. 我能了解父母的身路历程，从而更加理解父母。

2. 通过制作图文并茂的父母身路历程图，追寻他们为生活奔波的足迹，感恩父母的哺育。

二、引领问题

1. 我对自己的父母足够了解吗？

2. 我可以通过哪些具体的方式更多地了解父母？

3. 对父母了解更多以后，我获得了什么新的体验和认知？

4. 更加了解父母之后，我应该有哪些具体行动？

三、活动准备

❖ 将调研问卷提前发给学生，让学生回家采访父母，并在课前完成。

❖ 小红花贴纸

❖ 以往学生做的"身路历程图"PPT

❖ 提醒学生，如果方便可以带几张父母早年的照片

❖ 活动卡"我的妈妈——深入了解从访谈开始"

❖ 活动卡"我的爸爸——深入了解从访谈开始"

❖ 学习资料"诗经·小雅·蓼莪"

四、活动过程

第一步：问卷亮相与分享

1. 同学们已经提前领到了活动卡，并且已经对家长进行了采访。

2. 老师请同学们将自己的采访活动卡平铺在桌子上，然后全班同学有秩序地在教室里开始走动，参观其他同学的采访活动卡。

3. 老师为每一位同学发三朵小红花贴纸，同学们在参观过程中，将三朵小红花分别贴在让自己印象最深刻、最受触动的三个采访信息旁边。

4. 邀请 3—5 位同学分享自己刚才的感受与收获。

5. 朗读学习资料"诗经·小雅·蓼莪"，先读懂注音、翻译，然后诵读。

序号	问题	信息
	活 动 卡 我的妈妈——深入了解从访谈开始	
1	家乡在哪里？（省、市/县、镇、村）	
2	您出生在哪里？	
3	后来为什么离开了老家？	
4	离开家乡后，先到了哪里？做什么？	
5	又到了哪里？为什么？做什么？	
6	又到了哪里？为什么？做什么？	
7	当您在我这个年纪的时候，与自己的父母相处得怎么样？您用了哪些方法？	
8	……	

有照片吗？
家长给你讲了这一路的什么故事吗？请记在这里，或者画出来。

活 动 卡 我的爸爸——深入了解从访谈开始

序号	问题	信息
1	家乡在哪里?(省、市/县、镇、村)	
2	您出生在哪里?	
3	后来为什么离开了老家?	
4	离开家乡后,先到了哪里?做什么?	
5	又到了哪里?为什么?做什么?	
6	又到了哪里?为什么?做什么?	
7	当您在我这个年纪的时候,与自己的父母相处得怎么样?您用了哪些方法?	
8	……	

有照片吗?

家长给你讲了这一路的什么故事吗?请记在这里,或者画出来。

学 习 资 料 诗经·小雅·蓼莪

先秦·佚名

原文

蓼蓼者莪,匪莪伊蒿。哀哀父母,生我劬劳。

蓼蓼者莪,匪莪伊蔚。哀哀父母,生我劳瘁。

瓶之罄矣,维罍之耻。鲜民之生,不如死之久矣。无父何怙?无母何恃?出则衔恤,入则靡至。

父兮生我,母兮鞠我。抚我畜我,长我育我。顾我复我,出入腹我。欲报之德,昊天罔极!

南山烈烈,飘风发发。民莫不穀,我独何害!南山律律,飘风弗弗。民莫不穀,我独不卒!

注释

(1)蓼(lù)蓼:长又大的样子。

莪(é):一种草,即莪蒿。李时珍《本草纲目》:"莪抱根丛生,俗谓之抱娘蒿。"

(2)匪:同"非"。伊:是。

(3)劬(qú)劳:与下章"劳瘁"皆劳累之意。

(4)蔚(wèi):一种草,即牡蒿。

(5)瓶:汲水器具。罄(qìng):尽。

(6)罍(léi):盛水器具。

(7)鲜(xiǎn):指寡、孤。民:人。

(8)怙(hù):依靠。

（9）衔恤：含忧。

（10）鞠：养。

（11）拊：通"抚"。畜：通"慉"，喜爱。

（12）顾：顾念。复：返回，指不忍离去。

（13）腹：指怀抱。

（14）昊（hào）天：广大的天。罔：无。极：准则。

（15）烈烈：通"颲颲"，山风大的样子。

（16）飘风：同"飙风"。发发：读如"拨拨"，风声。

（17）谷：善。

（18）律律：同"烈烈"。

（19）弗弗：同"发发"。

（20）卒：终，指养老送终。

译文[1]：

丛丛高大抱娘蒿，不是莪蒿是艾蒿。
可怜我的父和母，生我养我多辛劳。
丛丛高大抱娘蒿，不是莪蒿是牡蒿。
可怜我的父和母，生我养我多辛苦。
小瓶空空没有酒，大缸因此而蒙羞。
孤苦无依的人生，不如早早死掉好。
没有父亲依靠谁，没有母亲咋依靠。
离开家门心怀忧，进门好像家没到。
父亲父亲生了我，母亲母亲哺育我。
抚育我啊爱护我，养我长大教育我。
照顾我啊挂念我，出出入入抱着我。
想要报答父母恩，恩情如天报不的。
终南山啊高又高，狂风怒吼声啸啸。
人人都能养父母，独我父母不在了。
终南山啊险又高，狂风怒吼声啸啸。
人人都能养父母，独我爹娘等不到。

小结：同学们展示了自己采访父母的成果，也了解了自己身边同学的采访成果，认真阅读了《诗经》中的一首诗。带着这些启发，请同学们一起为自己的父母设计属于他们的身路历程图。

第二步：父母的身路历程

1. 为同学们分发印有地图的纸张，并在 PPT 上展示这张身路历程图上必须出现的核心要素。让同学们开始进行创作，在将自己了解到的父母的信息梳理成身路历程图的时候，感受其中的艰辛和不易。

1　王秀梅 . 诗经 . [M] 北京：中华书局，2006.

2.在同学们制作身路历程图的过程中，老师从以下几方面进行引导：

❖ 哪一年？在哪里？发生了什么？

❖ 你找到的这张照片，是什么时间拍的呢？当时是在什么样的场景下拍摄的？

老师根据时间把控节奏，在大家制作得差不多的时候，可以问一问：

❖ 你在梳理父母的身路历程图的过程中，有哪些感受？

❖ 对过去发生在父母身上的经历，你是不是又产生了一些新的好奇？标记出来，回家记得再问问。

第三步：静心沉淀

收获	自我评价	给自己打个分
心智成长	1.我了解了父母的身路历程，从而更加理解父母。	
	2.我能看到父母为生活奔波的足迹，感恩父母的付出。	
学习状态	倾听	
	用心参与	
	积极表达	
用我喜欢的方式（文字或绘画）沉淀收获：		

五、活动反思

在有限的时间里，有些同学已经完成了父母身路历程图的创作，可能一些同学还没有完成。相信同学们在此过程中一定产生了新的想法，可以鼓励同学们下课之后将成果和进一步的疑问带回家，并在家人的帮助下继续补充和完善。

互动活动二：想和父母聊聊

一、活动目标

1.通过换位思考的吐槽，我意识到自己和父母都有不被理解的地方。

2.我能够梳理出自己和父母都需要改进的地方，并尝试在生活中去行动。

二、引领问题

1.你最喜欢父母的什么特点和日常言行呢？

2. 你对父母有哪些不满意的呢？

3. 你了解父母是如何为你的今天和未来而付出的吗？

4. 你了解父母对你有什么样的期望吗？

5. 你和父母谈过自己的计划和理想吗？

6. 你希望与父母互相了解、互相尊重吗？

7. 如何与父母进行有效的沟通呢？

三、活动准备

❖ 六张对应六个问题的小纸片。可以按六个问题进行打印剪裁，也可以按照六种颜色进行区分。

❖ 活动卡"我和父母一起改变"

四、活动过程

第一步：赞扬与吐槽

1. 提前提醒同学们围圈而坐，为每位同学发六张小纸片，同学们分别写出：

❖ 对父母的欣赏和赞叹之处

❖ 平时听到过父母对自己有不满意的方面

❖ 自己不理解父母的地方

❖ 父母对自己的付出

❖ 父母对自己的期望

❖ 父母不理解自己，使得自己很苦恼的地方

2. 然后闭上眼睛，把大家的纸片放在一个盒子里。

3. 在有秩序的氛围中，每位同学随机地拿起一张小纸片认真阅读。

4. 分享自己可以给那位同学的反馈，可以是建议，也可以是感受。

5. 同学们看看自己手里拿到的小纸片上的内容，和自己写的有什么不一样的地方？又有什么相似的地方？展开一场集体讨论，互相启发。

小结：通过集体分享和共同吐槽，我们发现了大家对家长都有一些矛盾心情，而且或多或少都有过不被理解的时候，甚至和家长之间存在较深的误解。同时，我们也发现了子女对父母也有着各种各样的不理解。父母是我们至亲至爱的家人，面对存在的相互不理解，我们应该做些什么呢？

第二步：我和父母一起改变

1. 先安静地独立完成以下活动卡。

2. 然后对于有困惑的地方，去教室里找寻信任的伙伴，一起探讨解决办法。

3. 梳理出自己和父母都需要改变的地方以及能够想到的解决办法。

4. 一起商量回家之后如何尝试行动。

活 动 卡 我和父母一起改变		
矛盾事件 包括：父母不理解我之处，我不理解父母之处	我需要改变的地方	父母需要改变的地方

5. 讨论分享：

❖ 你认为自己需要改变的地方可以怎么改？

❖ 对于你希望父母需要改变的地方，你会如何与他们沟通？

❖ 你认为，如果你和父母一起改变的话，会产生什么样的效果？

第三步：静心沉淀

收获	自我评价	给自己打个分
心智成长	1.通过换位思考的吐槽，我意识到自己和父母都有不被理解的地方。	
	2.我能够梳理出自己和父母都需要改进的地方，并尝试在生活中去行动。	
学习状态	倾听	
	用心参与	
	积极表达	
用我喜欢的方式（文字或绘画）沉淀收获：		

五、活动反思

同学们在完成以上活动卡的过程中，有些不理解的问题可能就迎刃而解了，而有些可能依然耿耿于怀。老师可以提醒同学们课下继续讨论或者来找老师，并鼓励同学们带着自己已经探讨出来的解决方案回家落实。老师在巡视过程中观察是否有面临复杂问题的同学，并在课后给予特殊关注。

互动活动三：爱在感恩中

一、活动目标

1. 通过书写表达对父母的感恩，我能够培养自己的感恩意识。

2. 我能通过践行一些具体的小行动来表达自己对父母的感恩。

二、引领问题

1. 什么叫感恩？

2. 你能讲一个见过的或者听到的感恩故事吗？

3. 你认为懂得感恩重要吗？为什么？

4. 你的父母对他们的父母有什么感恩的言行呢？

5. 你对你的父母有过什么感恩的表现呢？

6. 我们如何将感恩变成自己的一种好心态和好习惯呢？

7. 在日常生活中，我们应该如何通过一些具体的行动来表达自己对父母的感恩呢？

三、活动准备

❖ 感恩的定义

❖ 央视公益广告视频《关爱失智老人 - 打包篇》《父亲的旅程》《别让等待成为遗憾》

❖ 活动卡"让父母心安"

❖ 活动卡"感恩在行动"

❖ 便利贴

四、活动过程

第一步：书写感恩

1. 给同学们讲古今中外对于感恩的定义，并且进行小组讨论。

2. 观看感恩父母的公益短片（任选一个视频播放），请同学们思考最触动自己的是哪个场景。

3. 再把思绪拉回我们自己的父母，从出生到现在，一直都是父母照顾着我们，支持我们的成长。我们一天天长大，父母一天天老去。我们关心过他们吗？

4. 讨论"让父母心安"的实际行动：

❖ 追求身体健康

❖ 心情良好

❖ 懂得自我保护

❖ 努力增长才干

❖ 取得真实的进步

❖ ……

5. 请同学们使用活动卡思考下面三个问题，并将自己真实的想法写下来。

活 动 卡　让父母心安
请用语言真心赞美父母各方面的优点和特长！
请写出从来没有对父母表达过的感恩之情：
请思考并写出自己可以怎样做出改变，使得父母少操心、少着急，更加踏实心安：

第二步：感恩父母在行动

"谁言寸草心，报得三春晖。"千恩万谢，重在行动！我们能够为父母做些什么呢？

1. 把同学们分成各个小组，组织同学们进行头脑风暴"感恩父母小行动"，这些行动可以是曾经或者现在正在践行的，也可以是接下来想去做的。把行动写在便利贴上，每张写一条。

2. 老师将同学们分享的内容张贴在黑板上。

3. 同学们自主选择其中三条，记录在自己的"感恩在行动"活动卡上，以便课后践行。

活动卡 感恩在行动			
序号	行动内容	实施情况	完成度（满分 10 分）
1			
2			
3			

4. 请同学们分享：开始执行的感恩行动计划后，你有什么感受和收获？

第三步：静心沉淀

收获	自我评价	给自己打个分
心智成长	1. 通过书写表达对父母的感恩，我能够培养自己的感恩意识。	
	2. 我能通过践行一些具体的小行动来表达自己对父母的感恩。	
学习状态	倾听	
	用心参与	
	积极表达	
用我喜欢的方式（文字或绘画）沉淀收获：		

五、活动反思

这可能是同学们第一次书写感恩意愿和行动记录，可以进一步倡导同学们在一段时间内持续记录感恩日记。在正式开始前，老师需要先通过阅读《感恩日记》这本书和观看网上的讲解视频，来了解感恩日记怎么写，并向同学们示范和讲解。在这一过程中，尽量避免复杂化，比如，使用什么本子、写什么内容等都不需要具体规定，要让同学们觉得这是一件信手拈来的事情，把行为简单化有利于养成写感恩日记的习惯。

～•～ 家校共育——"家长课堂"小活动 ～•～

♥ 共同制定家规家训

家规家训将每位家庭成员连接在一起，在共同创造幸福的家庭时，这样的共同生活准则富有建设性。良好的家规家训有助于孩子从小接触正确的价值观，建立规则意识，发展能力感、自主感和关联感。

制定家规家训首先需要家长对自己的价值观有一定的觉察和审视。现代的家规家训制定不应是一言堂，最好每位家庭成员都参与，在参与和互动中，增进了解，相互关爱，使得家庭成员对家规家训都获得拥有感和归属感。

可行的家规家训不是一张纸，需要每位家庭成员的自觉执行与互相善意提醒。寿命长久的家规家训不是一锤子敲定，需要根据家庭成员的心智成熟阶段进行修正和调整。

♥ 家庭吐槽大会

"吐槽"是为了缓解家庭成员可能存在的不满情绪。如果这些情绪没有合适的渠道表达和释放，往往就会被憋在心里，引发冷战，直到家庭成员受不了的时候就大爆发，用不恰当的方式告诉对方自己的不满，引起对方的不良情绪，造成互相伤害。

吐槽大会就是相互抱怨或指责吗？当然不是！吐槽是在这个全家都在场的有仪式感的时刻，每位家庭成员通过幽默的、带有调侃意味的方式，就自己长久以来积压在心里的不满发出感慨或疑问。每个人的姿态都是放松的，在真诚表达的同时也积极聆听。

♥《我爱我家·感恩日记》

请阅读贾尼丝·卡普兰的《感恩日记》一书。首先，我们可以准备一个《我爱我家·感恩日记》笔记本，上面有我们每位家庭成员的名字。每个人都可以在这本感恩日记中书写自己的感恩心得，刚开始建立规则的时候，可以采用"感恩值日"的方式轮流书写。等大家渐渐有了感恩意识，养成感恩习惯之后，每个人都可以随时书写。

感恩的内容尽可能不受限，可以是我们亲爱的家人、朋友，也可以是让人欣喜的为我们带来好心情的其他人与事，还可以是空气、阳光、雨雪、家中的植物等自然界带给我们的感受，甚至是那些曾经的不如意带给我们的成长。只要我们愿意感恩，就一定存在值得感恩的人、事、物。除了书写之外，也可以用图画、贴纸等多样形式表达感恩。

2023 年 12 月 2 日，星期六，XXX

❖ 很感恩，我可以和我的爱人保持真诚、愉快、亲密的沟通，我们从不吝啬向对方表达我们对彼此的爱意。

❖ 很感恩，我可以和一群天真烂漫的孩子朝夕相处，我从中收获了纯净的心灵，也收获了对教育的思考。

❖ 很感恩，我的朋友发来讯息，分享幸福生活的照片，并关心我的近况，期待和她再见面。

❖ 很感恩，我有一个还不错的身体，最近尝试着一项喜欢的运动，我的肠胃运转也正常，让我能够消受得起每天的食物。

蒲公英的教学做

♥ 我和父母的身路历程[1]

蒲公英中学的学生和家长来自全国 27 个不同的省份、3000 多个村落。很多家长年轻时就来到大城市打拼。在流动的过程中，无论学生还是家长都曾经历过困难，这是中国普通老百姓改变命运、致力于民富国强的壮观经历的一个缩影。在这个宏观的背景之下让学生们了解并倾诉自己家庭的亲情故事，将是生活教育的最好现场，会有效促进学生身心的健康成长。

先打印出一幅中国地图，图上只有用黑线划分出的省际边界，没有标出城市，

1　叶蕾蕾.唤醒创造力——绽放的蒲公英 [M]. 北京：机械工业出版社，2012：160.

也没有任何文字。每个参与的学生都在地图上填写从他的家乡来到北京蒲公英中学的足迹，并鼓励学生用绘画和文字记录他们的经历。当学生们分享作品时，他们那些清楚生动的记忆和故事触动了师生的心。

♥ 为父母洗脚

蒲公英中学的家长会一直都有一项感恩父母的传统仪式——为父母洗脚。这一天，孩子们会提前准备好盆子、毛巾，还有打满热水的水壶。当父母得知孩子要为自己洗脚时，刚开始是有些不好意思的，甚至会半开玩笑地说一句："我还没老呢，不用你来伺候。"可是，当孩子轻轻地为父母脱去鞋子和袜子，将双脚放入热水中的那一刻，一向刚强惯了的父母终于放松了下来，看着眼前的孩子，眼里是温柔，是欣喜，是热泪。孩子们近距离地看到和触摸到父母的双脚，这双脚上有岁月留下的纹路，也有辛苦奔波磨出的老茧，孩子的眼里是惊讶，是疼惜，是感恩。

第四章

从环境到心灵——
仁者乐山，智者乐水

~♥~ 访古探今 ~♥~

♥ 现实中的困惑

❖ 走进新学校，我感觉周围的环境很陌生，我有点不适应。

❖ 我希望有干净整洁的教室，让人心情愉悦。可惜我的班级环境总是乱糟糟的，让人看着心情不好。

❖ 有的同学大声吵吵嚷嚷，这种噪音搞得我心里很乱。

❖ 为什么我们一定要每天都值日？为什么要制定那么多条卫生和劳动班规？

❖ 回到家我想养几盆多肉植物，还想养小仓鼠，可是爸妈不让，让我感到家里缺少生气。

❖ 一到公园我就觉得喜滋滋的，这是怎么回事？

♥ 值得思考的问题

❖ 环境与人的心理是如何互动的？

❖ 如何通过改善环境促进个体的成长与发展？

❖ 如何让学校的物理环境发挥教育功能？

❖ 是不是花钱把环境搞得"高大上"就能够对学生的心理起到积极的作用？

❖ 哪些要素可以使环境对心理产生良性影响？

❖ 人与环境的关系是如何体现中华传统文化的精神的？

♥ 经典永流传

❖ 子曰："里仁为美，择不处仁，焉得知？"——《论语·里仁》

❖ 邹孟轲之母也，号孟母。其舍近墓，孟子之少也，嬉游为墓间之事，踊跃筑埋。孟母曰："此非吾所以居处子。"乃去，舍市傍。其嬉戏为贾人衒卖之事，孟母又曰："此非吾所以居处子也。"复徙，舍学宫之傍，其嬉游乃设俎豆，揖让退进。孟母曰："真可以居吾子矣。"遂居之。及孟子长，学六艺，卒成大儒之名。——《列女传·邹孟轲母》

❖ 王子宫室、车马、衣服多与人同，而王子若彼者，其居使之然也；况居天下之广居者乎？鲁君之宋，呼于垤泽之门。守者曰："此非吾君也，何其声之似我君也？"此无他，居相似也。——《孟子·尽心上》

❖ 秩秩斯干，幽幽南山。如竹苞矣，如松茂矣。兄及弟矣，式相好矣，无相忧矣。——《诗经·小雅·斯干》

❖ 橘生淮南则为橘，生于淮北则为枳。——《晏子春秋》

❖ 子曰："仁者乐山，智者乐水。"——《论语·雍也》

❖ 人法地，地法天，天法道，道法自然。——《道德经》

❖ 景无情不发，情无景不生。——范晞文《对床夜语》

♥ 相关心理学知识

1. 具身认知（embodied cognition）

具身认知，也称"具体化"，是心理学中一个新兴的研究领域。主要指生理体验与心理状态之间有着深刻的联系，生理体验"激活"心理感觉，反之亦然。认知是具身的，而身体又是嵌入环境的。认知、身体和环境组成一个动态的统一体。所以，认知并非始于传入神经的刺激作用，结束于中枢神经提供给外导神经的信息指令；相反，认知过程或认知状态应扩展至认知者所处的环境，即外在环境会影响个体的认知。

2. 环境心理学（environmental psychology）

环境心理学是一个跨学科领域，致力于研究个人与周围环境之间的相互作用。它研究了自然环境和建筑环境如何塑造个人。该理论的环境主要包括自然环境、社会环境、建筑环境、学习环境和信息环境等。环境心理学强调人与环境是一个整体，关注人与环境的相互作用和相互关系对个体的心理建设十分重要。通过物理环境的改造，将对学生的成长产生陶冶、熏陶和调适的作用。[1]

3. 注意力和新颖性

注意力是对感觉、想法或事件的认知选择。大脑的注意系统忽视某些物理和感觉信息，以处理那些它接收到的更有用的和更有吸引力的信息。环境中的新颖性触发觉醒和定向系统。不变的视觉环境导致习惯化。当外部环境改变时，信息变得丰富了，而对内容的记忆得以增强。

如果我们考虑新颖性对学生注意力的重要性，为帮助学生变得更加专注，花

---

1 Bell，Paul A et al. Environmental Psychology[M]. Psychology Press：5th edition，2005.

一些时间来做出哪怕是最微细的环境改变也是值得的。尽管新颖性是有力的教学工具，教师也应该在营造可预测的氛围和提供具有新颖性的体验、环境变化之间寻求平衡。教师应该基于学生的需要做出决定。[1]

4. 时间、空间与人

"中国人对于自然与自身的关系是内外全盘融合，内心的情绪和外在可见的环境变化密不可分。时间和空间两个方向，也不是绝对二分的——时间的变化，随自然空间内事物的变化而显现。于是，时间、空间与人的个体生命，三者结合为息息相关的整体。"[2]

主题思辨

1. 心理学对物理环境的借力

本章主题是如何使学校环境参与到育人工作中来。基于对人与物理环境之间的互动关系的认知，现代心理学已经派生出了一些重要的分支，这些领域的研究成果为学校的常规工作带来了很大的启发。

环境心理学：专门研究和证明环境如何产生对人的心理的影响，强调人与环境是一个整体，关注人与环境的相互作用和相互关系对个体的心理建设十分重要，环境对个体的心理和行为会产生直接作用。[3]

脑科学研究：脑科学突飞猛进的成果证明了环境会对学习时的注意力、参与度、心情、反应产生重要的影响。物理环境作为我们的第二个大脑，同样可以影响我们的注意力以及我们对各种学习任务的参与程度。[4]例如温度可以影响学习能力，研究表明最适宜学生进行智力活动的教室温度是20℃—25℃，

---

1 玛丽亚·哈迪曼.脑科学与课堂——以脑为导向的教学模式[M].杨志，王培培等，译.上海：华东师范大学出版社，2017.
2 许倬云.中国文化的精神[M].北京：九州出版社，2018.
3 房慧聪.环境心理学：心理、行为与环境[M].上海教育出版社，2019：2.
4 玛丽亚·哈迪曼.脑科学与课堂——以脑为导向的教学模式[M].杨志，王培培等，译.上海：华东师范大学出版社，2017.

每超过这个适宜范围1℃，学生的学习能力就相应降低2%；颜色也会和思维发展产生关联，浅绿色和黄色对于发展性思维有积极意义。研究成果建议教师利用一些环境特征对注意力和学习的作用，为学习创设良好的物理环境。

认知心理学：具身认知理论也认为个体的认知过程是通过人与环境实时的、目标导向的互动过程发展起来的，来源于我们的身体与外界的互动。

环境美学：阿诺德·伯林特认为，在包括参与者并与参与者互动的环境中，人是积极的贡献者。[1]

社区艺术实践：在叶蕾蕾女士的社会艺术实践中，她发现"当社区慢慢发生着改变，人们也开始积极地变化着……"，"在一个充满善意与支持的环境中，人们一般都能充分成长、发展，并实现他们的潜能"。[2]

2. 学校环境与心理工作

我国的传统文化十分重视外部环境与心灵的互动。当对学校的物理环境加以思考时，中国建筑文化的三大基本特色带给我们很多启示：[3]

一是深沉高迈的文化哲理，从哲学高度理解建筑本质，应用阴阳数理哲学表现艺术美学精神，创造独具一格的礼制建筑；

二是重情知礼的人本精神，坚持以人为出发点的设计原则，利用亲近人的尺度，营造空间环境，注重建筑环境的教化功能；

三是"天人合一"的环境观念。

在中国的传统文化里，建筑体现礼、美学和教化，成为满足人的心灵成长需求的物理空间。"建筑艺术看似是冰冷生硬的，然而在其表现形式下，却展现出人性化的思维。毕竟建筑因人而起，由人而造。"从现代科学观分析，"风水理论实际上是囊括地理学、气象学、景观学、生态学、城市建筑学等学科在内的一种综合性的自然科学"，同时也是一门包括心理学、行为学、社会关系学等内容的人文社会科学，它通过对居住和工作环境的规划设计，满足了人的心理需求，体现了

---

1 Arnold Berleant: https://arnoldberleant.com/pages/environ.html
2 叶蕾蕾.唤醒创造力——绽放的蒲公英 [M] 北京：机械工业出版社，2011.
3 李先逵.中国建筑文化三大特色 [R].北京：中国建筑学会，2001.

人与自然和谐共生的哲学。[1]

学生在学校这个物理空间中度过大量的时间，在学校的空间中有很多教育功能可以被挖掘。近些年，城市和乡村学校的硬件设施都得到了大幅度的改善，但是，对学生而言，一个值得提出的问题是，如何让物理环境发挥亲切的教育功能？学校的硬件环境、教室的样式是否符合学生的期待？学生在该环境中的安全感如何？归属感如何？学生能不能在钢筋水泥建筑中找到亲切的感觉？在城市动辄数亿元造价的校舍里，学生心理状态又如何？学校的硬件环境特点从本质上而言是对软环境的投射。学生在校度过数年光阴，无论从心理成长层面还是从学业成就方面而言，校园环境产生的影响是无形的，同时也是巨大的。

3. 校园建设从环境到心灵

充实校园物理环境的人文内涵有很多种方式可选。大多数学校并没有机会重新建造校园，而是在一个已经存在的校园建筑群中进行改造。直接购买成型的艺术品布置校园是一种方式，请大师们入校进行创作也是一种方式。还有一种方式，就是考虑如何使校园环境优化的过程成为一个生动的学习过程。在这个过程中如何保持开放性？如何产生共创性？学生能发挥什么主体作用？如何以礼约之、以情动之？如何提升跨学科教学相长的获益程度？这些都是这种方式追求的目标。这种方式更加有效地关注了环境空间与人的心灵之间的互动关系，关注了环境与学生的共生性。

教室作为学生学习生活的"主阵地"，是学校里最需要进行人文优化的物理环境。教室里的布置虽然不能"说话"，却在不停地传达着信息，影响学生的情绪体验，而且对不同的学生在不同的阶段会产生不同的影响。

综上所述，本章聚焦学校的物理环境、制度环境等进行关联心理主题的设计，共有三个互动活动：互动活动一"物理环境的建设——共创爱生教室"，互动活动二"制度环境的创建——以礼约之"，互动活动三"给生活添点绿——疏解心理压力"。以上互动活动通过物理环境、制度环境、自然环境等发挥环境对心理的建设作用，辅助学校开展育人工作。

---

1 甘晨力. 中国传统建筑蕴涵的人文精神，2021年5月17日，http://www.dnrx.rw2015.com/guanzhu-19/19910.html

～♥～ 延伸阅读 ～♥～

♥ 推荐书籍

《美学散步》
宗白华，上海人民出版社，1981 年

全书文辞典雅，富于诗情画意，将中华传统文化的独特魅力娓娓道来，让收藏在故宫里的文物、陈列在广阔大地上的遗产、书写在古籍里的文字都变得鲜活起来，让每一位为俗务所纷扰的现代读者，每一个渴望自由宁静的现代心灵，都能在先生灵动的文字里，充分感受人间的诗意和对生命的憧憬。

《环境心理学》
保罗·贝尔，托马斯·格林，杰弗瑞·费希尔，中国人民大学出版社，2009 年

本书使用大量来自实验室和野外勘察的数据，结合大量的标本和具体案例，通过跨学科的国际性的合作，对环境心理学的理论、研究和应用进行了整合。书中不仅考虑了噪声、气候和特定空间等物理环境因素的影响，也探讨了职场环境、社区、城市等人文因素的影响。全面分析了人类的生物学天性和癖好如何对信息进行加工，并由此导致了人类与大自然生态系统之间和谐的或者破坏性的互动。

《唤醒创造力——绽放的蒲公英》
叶蕾蕾，机械工业出版社，2012 年

著名社会艺术家叶蕾蕾女士以图片和文字的形式记录了她在蒲公英中学开展的艺术转化工程。她"捧着一颗心来，不带半根草去"，带领北京城郊的蒲公英中学的师生，通过"从环境到心灵转换工程"，美化校园环境，触动学生心灵，点燃其对生活的美好希望，唤醒创造力。

《脑科学与课堂》
玛丽亚·哈迪曼，华东师范大学出版社，2017 年

本书将全新的脑神经科学的研究应用于课堂教学实践，提供了一个完整的、经实践证明的、使用方便的教学模式，以达到有效教学的目的。该模式包括建立学习情感的连接，营造学习环境，设计学习体验，教授内容、技巧与概念，教授知识的应用与拓展，评价学习。作者用通俗易懂的语言呈现了该教学模式的具体步骤和实践案例，帮助教师促进学生的进步，同时获得专业发展。

《心由境造——人人都能看懂的环境心理学》
朱建军，中国人民大学出版社，2021 年

本书是一本环境心理学的科普书籍。作者解释了环境在人的眼中会被赋予象征意义。因而在人的眼中，月亮不是一个冷冰冰的岩石星球，而是一个温柔如水的女性，泰山则是一个威严雄壮的男子。这些象征会激发人的特定情绪和感受，并给人带来深刻的影响。而人也会把自己的内心情绪感受转化为建筑的特别形象，反过来构造环境。这构成了人与环境之间的互动。本书还阐释了环境为何可以成为心理调节的工具，以及如何用好的环境促进人心理品质的发展。

♥ 推荐影视

《苏园六纪》

本片于 1999 年上映，是专门介绍苏州园林的电视专题片，将拍摄的焦点、叙述的视角凝聚于苏州园林的文化。影片以"吴门烟水""分水裁山""深院幽庭""蕉窗听雨""岁月章回""风扣门环"六集，形成六个主体意象，将园林的文化兴衰与变迁细细道来。

传道授业解惑

互动活动一：物理环境的建设——爱生教室

一、活动目标

1. 在设计教室的过程中，我能积极表达自己的想法。

2. 教室是我们自己的空间，我们可以把教室布置成我们想要的样子。

3. 在建设教室的过程中，我能在行动时主动承担责任，积极配合完成小组任务。

4. 我对自己和同学的特长都有新发现！

二、引领问题

1. 这个案例里面的教室与我们的教室有什么不同之处？

2. 我希望自己的教室里面有什么？除了案例里面有的内容，我们还可以增加什么内容？

3. 现在我能怎样形容我们的教室呢？

4. 我在哪一个爱生教室建设小组里更能发挥自己的特长呢？

三、活动准备

❖ 剪刀

❖ 大白纸

❖ 彩笔

❖ 视频《有这样一间教室——蒲公英爱生教室》（可于各大视频网站搜索）

❖ 活动卡"《有这样一间教室》观察记录"

❖ 活动卡"我们决定建设这些板块"

❖ 行动分组名单表

四、活动过程

第一步：有这样一间教室

1. 播放视频《有这样一间教室——蒲公英爱生教室》（可于各大视频网站搜索），让学生感受创建"爱生教室"的过程。

2.完成以下活动卡，写一写你对视频中的板块有哪些深刻的印象和感受？他们是如何布置的？

活 动 卡 《有这样一间教室》观察记录	
学生照片张贴的方法	
我的家乡在哪里	
成长档案袋	
起点创优彩虹图	
班级公约	
荣誉榜	
理想树	
你还观察到了什么有趣的情况？	
邀请同学分享他对这间教室有何印象或感受？是否喜欢设计成这样的教室？为什么？	

小 结：物理环境会影响我们的情绪和行为。教室内部的布局和装饰设计只有真正符合学生的需求，而且由学生亲自动手参与建设，才能帮助学生心情愉悦、平静，找到归属感。相信每个人都会有出彩的主意！接下来就一起来设计并转化我们的教室吧！

第二步：头脑风暴"我们决定建设这些板块"

1.请学生在活动卡"我们决定建设这些板块"中相应的板块上写出自己的设计想法，并记录下来。

2.引导全班一起讨论（引导学生用下面的表达方式）：

❖ 我希望在我的教室里有这样一个板块……，因为……

❖ 我同意 ××× 同学的想法，因为……

❖ 我觉得如果……这样会更有意思！

❖ 我建议……

3. 老师在黑板上整理学生的讨论，最后形成"我们决定建设这些板块"。

活动卡 我们决定建设这些板块		
序号	名称	位置
板块 1		
板块 2		
板块 3		
板块 4		
……		

注意事项：老师需要提前预估班级教室可设计的空间，做好分组的准备。分几组可由教室可设计的空间、学生人数等因素决定。另外，教师需要提前预留教室的一个板块位置，后面的课程需要使用，但不必告知学生。

第三步：我的教室我设计

1. 完成小组分工。

在教室里布置 N 个板块。让学生自主选择进入某个小组，每个小组的人数在5—7 人时比较有利于活动。

可以把每一个板块的名字写成标签，临时贴在教室墙面的不同位置，学生根据自己的选择在一个标签前站队。在学生自主选择的前提下，老师根据不同板块的工作量和学情，对各组人员进行必要的微调，最终形成行动分组名单表。

行动分组名单表

板块 1	板块 2	板块 3	板块 4	……

2. 实施板块设计。

发挥创意，对板块的名称、大小、材质、位置、形状、色彩、图画等进行设计。组员随时记录本组讨论的过程，下课前小组提交所需要的物料清单。

注意事项：设计尽量在课上完成，如果不能完成，就要课下继续设计完成；

设计完成后，组长需要向老师提交物料需求。

第四步：我的教室我布置

1. 小组根据上一节课的设计方案，开展设计活动，注意以下步骤与注意事项：

❖ 各组领取物料

❖ 分组活动

❖ 老师及时巡视，给予有需要的小组支持、辅助，还要注意拍摄精彩瞬间等

❖ 小组成员注意随时记录小组讨论的状况

2. 随着各组的进展，老师组织学生把成果布置到教室相应空间位置。

第五步：展评与分享

1. 请各组向全班说明自己的工作：

❖ 我们创造了教室里的什么变化？

❖ 为什么我们这样选择图形、颜色？

❖ 我们的感觉……

❖ 有什么建议吗？

2. 老师引导学生对新装饰的教室进行点评，鼓励跨组发表意见：

❖ 你喜欢哪些小组的合作方式？他们是如何做的？

❖ 你如何看待本小组的合作？

❖ 你对自己的表现有什么惊喜的发现？

❖ 你实现了教室环境的哪些改变？如果要继续改造，今后还想怎样继续？

第六步：静心沉淀

收获	自我评价	给自己打个分
心智成长	1. 在设计教室的过程中，我能积极表达自己的想法。	
	2. 教室是我们自己的空间，我们可以把教室设计成我们想要的样子！	
	3. 在建设教室的过程中，我能在行动时主动承担，积极配合完成小组任务。	
	4. 我对自己和同学的特长都有新发现！	
学习状态	倾听	
	用心参与	
	积极表达	

用我喜欢的方式（文字或绘画）沉淀收获：

五、活动反思

爱生教室充分给予学生自由、宽容、支持的环境，鼓励每一位学生贡献智慧和力量。对于这类课题，很多同学兴趣浓厚，如果上课时间不能完成，下课后仍然会利用课余时间完成制作。"我的家乡"和"学生风采"是最能激发学生创造性的元素。"成长档案袋"是家长会上最热门的元素。爱生教室不是一成不变的，而是动态的。爱生教室的建设不是要赶工完成的，而是一个循序渐进的班级建设过程。

互动活动二：制度环境的创建——以礼约之

一、活动目标

1. 我能懂得自己要对自己的学习与成长负责。

2. 我能意识到负责任要从自我管理开始。

3. 我能看到自我管理要从规则意识开始。

二、引领问题

1. 为什么要进行自我管理？

2. 从哪些方面进行自我管理？

3. 规则与个人自由之间冲突吗？

4. 公共规则与自我管理之间有什么关系呢？

三、活动准备

❖ 大白纸

❖ 彩笔

❖ 起点创优彩虹图

❖ 活动卡"身边的规则"

❖ 学习资料"习""自我管理"

四、活动过程

第一步：头脑风暴"身边的规则"

1. 思考：我们在社会生活中，会受到哪些规则的约束？

2. 邀请学生进行充分举例，越多越好，并使用活动卡。

3. 提问：

❖ 如果不遵守这样的规则，我们的社会生活会受到什么影响？规则制定的作用是什么？

❖ 一起阅读下面的学习资料，了解传统文化对规则的解读，你有什么感受？

小 结：没有规则的管理与约束，没有规则指导下的正能量行为，比如团结友善、承担责任等，就会造成一种失序的状态，不利于我们的个人生活和集体生活，不利于社会的发展和进步，会产生社会矛盾。

习[1]

现在所谓教育，其意义，颇近乎从前所谓"习"。"习"是人处在环境中，于不知不觉之间，受其影响，不得不与之俱化的。所谓入芝兰之室，久而不闻其香；居鲍鱼之肆，久而不知其臭。所以古人教学者，必须慎其所习。孟母教子，要三次迁居，古训多重亲师取友，均系此意。因此，现代所谓教育，要替学者另行布置出一个环境来。

自我管理[2]

……整个中国传统文化的根本精神就是自我管理、自我约束。人通过认识自己来管理约束自己，即由自觉提升到自律。中国的儒佛道三教都有这样的特点。儒家讲求成为圣贤，要不断提升自身的智慧和德行，智慧和德行完备的人，就是圣贤。道教讲求修成仙人，什么叫仙人？能够保持一个最纯真本性的人，就是仙人。佛教讲求成佛，什么叫佛？佛就是一个觉悟的人，明白了人生的道理，超越生死轮回，能够放下，那就是佛。

可以看到，整个中国的儒佛道三教的文化都是讲求人的自我觉悟、自我约束、自我超越。也只有这样，我们才能够处理好身心关系，处理好人与人之间的关系，处理好人与天地万物的关系。如果不能管理好自己，违背自然规律，任意妄为，我们生存的环境就会岌岌可危，人类也将自我毁灭。

中国传统文化中自我管理的精神，在今天非常有意义。人如果能够真正觉悟到这一点，认真学习其中的精神内涵，在社会中不怨天尤人，管好自己，我们这个社会和世界也就能够真正走向一种和谐的生态文明。

1　吕思勉. 中国文化十八讲 [M]. 北京：化学工业出版社，2014：227.

2　楼宇烈. 中国的人文信仰 [M]. 北京：中国大百科出版社，2021：77-79.

第二步：制度环境初构

1.思考：在学校，我们的哪些行为是违反规则的？哪些行为又是值得称赞和发扬的？

2.请写在白纸上，由小组展示与分享。

3.提问：如何把各自涉及的条目按照内容进行归类呢？比如：有些属于公共道德，而有些属于学习要求，有些属于日常行为习惯，有些是关于人与人之间相处的原则……

4.使用活动卡。

活 动 卡 身边的规则			
小组称号：			
小组成员：			
属性	序号	规则	分类
社会公共空间的			
学校的			

小结：我们可以在自主学习、日常行为、公共空间的表现、同伴关系、自我拓展等方面进行常态的自我管理，对自己的健康成长负起责任来。

第三步：共议我们的班规

1.同学们已经写出了很多可以自我管理与注意的规则，涉及众多领域。接下来让大家继续梳理一下，哪些做起来比较容易，哪些是对自己更高的要求？比较容易做到的可以称之为"起点"，有难度的可以称之为"创优"，最后为不同方面的内容进行配色和设置分数，形成自己的"起点创优彩虹图"！

2.现在同学们要对这里的每一项细则按照难易程度进行赋值。每个人都积极完成起点创优的规定，完成的同学就可以获得相应的积分，没有做到或者违反规定的同学就会扣掉相应的积分，不同的积分代表每个人自我成长的责任意识，反映出目前的自我管理能力。

班规举例参考：

起点目标：我们从这里出发！		
目标	细则	分值
自主学习	❖ 不旷课、不迟到、不早退；有事及时请假。	3
	❖ 上课时间不睡觉，不做与课堂无关的事情。	3
	❖ 不抄袭、不代做、考试不作弊。	3
	……	

创优目标：我们可以更优秀！		
目标	细则	分值
热心服务	❖ 帮厨。	3
	❖ 打扫学生厕所。	5
	❖ 协助图书管理员工作。	3
	❖ 协助种植、维护校园绿化。	5
	❖ 协助后勤师傅维修学校公物。	3
	❖ 主动打扫公用教室、公共区域。	3
	❖ 发现损坏公物及时上报老师或报修。	5
	❖ 随手公益：捡拾垃圾、关灯关门、关窗、整理物品等。	4
	❖ 担任班级、团支部、少先队的干部，担任小干事，参加学生会，参加国旗护卫队	5
	……	

小结：创建班级的制度环境，以礼约之，人人有责！让我们一起努力创造更加完善宜人的制度环境吧！

第四步：静心沉淀

收获	自我评价	给自己打个分
心智成长	1. 我能懂得自己要对自己的学习与成长负责。	
	2. 我能意识到负责任要从自我管理开始。	
	3. 我能看到自我管理从规则意识开始。	
学习状态	倾听	
	用心参与	
	积极表达	
用我喜欢的方式（文字或绘画）沉淀收获：		

五、活动反思

班规共议是对学生品质与责任感的引导过程，要在最开始让大多数学生达成共识。不被认可的自我管理将难以有效执行。班规的设置也要和科任老师进行充分沟通，协同科任老师对班规的实施齐抓共管。制度环境是在校园中构建学生成长环境的重要组成内容，但是规则的构建需要调动学生的思考和参与。

互动活动三：给生活添点绿——疏解心理压力

一、活动目标

1. 我愿意为教室增添绿色，让环境生机勃勃。

2. 我能照顾好自己的绿色植物，并通过它感受生命的意义。

二、引领问题

1. 如何能让我们每天度过很长时间的教室里具有轻松氛围？

2. 当你看到花草树木时会产生什么样的感受？

3. 在教室里适合添加什么样的绿植？

4. 照管绿植会给我们带来什么样的心情？

5. 观察植物生长会带给我们关于生命的什么启发？

三、活动准备

❖ 大白纸

❖ 签字笔

❖ 植物的种子、肥料

❖ 喷水壶

❖ 剪子

❖ 介绍空心菜生长过程的视频（如《无限生长的空心菜》）

四、活动过程

第一步：导入

1. 播放介绍空心菜生长过程的视频，体会观察绿色植物生长的过程带来的感受。

2. 提问：看完这个视频，你有什么感受或启发？

小结：大家的感受都很好，说明大家都认真思考了，都受到了触动。植物生长的过程充满了力量，我们的生活中不能缺少绿色，这些绿色让我们的世界生机盎然，让我们在学习生活中也能够充满力量和活力。

第二步："引进"绿色

1. 头脑风暴：大家觉得，怎样才能让我们的教室变得更加宜人一些？我们的校园有很多植物，所以我们的校园有生机勃勃之感。我们的教室可以种植哪些植物呢？

2. 请同学们结合教室的面积大小、空间位置来思考一下引入绿植的方案，并写下来！

3. 邀请同学们分享各自想法。

4. 老师结合同学们的分享，在黑板上进行整理。

小结：大家提到的很多想法都特别好，为我们打开了新的思路。下面我们一起来行动吧！

第三步：认领"绿色"

1. 要想让教室充满绿色的生机，自然离不开大家的努力，现在让同学们分别认领一个植物。

2. 认领后，同学们需要回家找到相应的种子和容器带回班级使用。

3. 学习种植植物的小知识。

4. 每个人把自己的绿植种下去。

5. 坚持照顾绿植，观察它的生长。

6. 结合美术、语文、生物等课程，让绿植丰富学习的内容，愉悦学习时的心情。

第四步：静心沉淀

收获	自我评价	给自己打个分
心智成长	1. 我能为教室增添绿色，让教室生机勃勃。	
	2. 我能照顾好自己的绿色植物，并通过它感受生命的意义。	
学习状态	倾听	
	用心参与	
	积极表达	
用我喜欢的方式（文字或绘画）沉淀收获：		

五、活动反思

在"'引进'绿色"环节，老师需要对学生提出的植物进行梳理，去掉一些难以种植的植物，比如不利于空气质量的植物、大型的植物等。在种植之后，提醒学生用心照顾好自己的植物、欣赏自己的植物。老师及时对积极履行责任、认真照顾植物的学生进行表扬。

另外，这是与相关课程的老师合作开展拓展活动的好机会，比如记录植物生长的阶段和变化、绘制植物形态、制作标本、创作"生命感悟"小作文等。

～✦～ 家校共育——"家长课堂"小活动 ～♥～

♥ 家庭装饰角

我们都会用心装饰自己的家。如果在装饰的内容和方式方面都更多地考虑孩子的心理需求，就会发现一些激发孩子创造力的机会。这样做会对孩子的情绪产生良好的影响，对青春期孩子发展自我意识、独立意识，应对情绪敏感、逆反情绪等，都能在不动声色中做出一些有益的工作。家庭环境的共同建设也是一项有趣的亲子活动。

这是一种随时可以实现的家庭活动，并不需要花很多钱，但是要自己动手。有的学生把积攒的钥匙链整齐地挂在墙上，形成靓丽的"风景线"；有的家长在孩子的枕巾上绣上花朵，对孩子的爱触动人心；有的家长用窗户的防护栏作为背景板，在上面挂一些玩偶，房间立刻变得更加温馨了！

有的家庭室内和庭院空间很大，植物很多，但是完全雇用他人打理与让孩子亲身参与建设环境是不能相比的，孩子的心理感受也会有很大不同。孩子亲身参与创造的环境对孩子具有独特的陪伴意义。

♥ "窗明几净"活动

学校在新学期开学前会开展"窗明几净"活动。家庭里的"窗明几净"活动也是必不可少的。《朱子家训》可供参考："黎明即起，洒扫庭除，要内外整洁；既昏便息，关锁门户，必亲自检点。"家庭成员做好分工，一起动手打扫房间的卫生，整理收纳大大小小的物品，不仅能保持居家环境的整洁，更可以让孩子履行家庭成员的责任，在付出中珍惜和享受家的美好。

蒲公英的教学做

♥ 爱生教室

爱生教室就是让学生自己设计并动手创造，使得班级的物理环境与教育需要的人文环境能够相互融合。在头脑风暴、讨论、合作、动手的过程中，学生发挥了自己的多元智能，学习与人为善的品格，加深同伴关系，找到归属感，获得愉悦的心情。

爱生教室——成长档案袋

♥ 起点创优彩虹图

蒲公英中学在班级管理中引入"起点创优彩虹图"，在与学生们达成共识的基础上，引导学生们关注积极品质，学会自我管理。这个方法已经使用了十九年。

"起点创优彩虹图"有这样几个特点：

❖ 每一位学生的"起点"都一样

❖ 鼓励学生用更高的标准要求自己"创优"

❖ 被扣了分可以通过自己的努力弥补

❖ 具体条款根据学生的成长和发展进行调整

❖ 各班根据本班的情况制定相应的"班规"

目标	细则	分值
自尊，从自我管理开始！ **蒲公英中学学生起点创优彩虹图**		
起点目标——让我们从这里出发！		
自主学习	1. 学校所有安排不旷课、迟到、早退（有事及时请假）。	3
	2. 课程时间不睡觉，老师不在的自习课为"无声自习"。	5
	3. 不抄袭、代做、迟交作业，考试不作弊（包括提供抄袭机会）。	3
公共空间	4. 不撒谎、不攀比。	4
	5. 不破坏他人劳动成果。	3
	6. 不破坏公物和公共环境。	3
	7. 不逃避集体活动和劳动。	3
	8. 不乱扔垃圾、不随地吐痰。	3
	9. 不浪费粮食、水、电、纸张、粉笔等。	3
	10. 不在公共区域大声喧哗，不扰乱公共秩序、影响他人学习和休息。	3
懂得规则	11. 严禁私自离开学校。	4
	12. 不携带、捎带校外零食、食品。	4
	13. 不携带电子、通讯设备进入校园。	3
	14. 保持个人座位及公共区域物品摆放整齐。	3
	15. 打饭、洗碗、接水、洗墩布等要有序排队。	3
	16. 禁止高空抛物，禁止出入"学生禁入地区"。	3
	17. 右侧通行，不追逐打闹，不在楼内进行体育活动。	3
端庄大方	18. 不佩戴饰物，不涂染指甲，不留长指甲，不化妆。	3
	19. 在校期间必须身着洁净校服，不允许涂画、改型。	3
	20. 见到老师、客人主动问好，且有目光交流，认真聆听他人说话。	3
	21. 不染发烫发，男生留6—9mm学生寸头，女生留短发或马尾辫，刘海不过眉。	3

续表

崇尚文明	22. 不顶撞老师。	4
	23. 严禁异性或同性之间不正当交往。	3
	24. 严禁观看、传阅不健康书籍、视频。	3
	25. 严禁说脏话、抽烟、喝酒、打架、打牌、盗窃。	4
	26. 严禁携带管制刀具、打火机等危险物品进入学校。	3
	27. 严禁欺负同学、索要钱物，不以大欺小、报复他人。	3
	28. 严禁拉帮结派，与校外人员勾结打群架、盗窃、违反治安。	5
	29. 严禁偷窃和擅自动用他人财物，不擅自使用班级及公共区域电脑。	4
	30. 严禁一切形式（如口头、网络、书信等）的威胁、攻击、诋毁、嘲笑他人。	3
☺　☺　☺　☺　☺　☺		100

创优目标——我们可以更优秀！

目标	细则	分值
热心服务	1. 帮厨。	3
	2. 打扫学生厕所。	5
	3. 协助图书管理员工作。	3
	4. 协助种植、维护校园绿化。	5
	5. 协助后勤师傅维修学校公物。	3
	6. 主动打扫公用教室、公共区域。	3
	7. 发现损坏公物及时上报老师或报修。	5
	8. 随手公益（捡拾垃圾、关灯、关门、关窗、整理物品等）。	4
	9. 担任班级、团支部、少先队干部，担任小干事，参加学生会，参加国旗护卫队。	5
助人为乐	10. 帮助老弱病残孕。	4
	11. 拾金不昧并及时上交。	5
	12. 帮助老师、师傅做事。	4
	13. 帮助学习、生活、身体有困难的同学。	5
	14. 敢于指正、制止、举报他人不良行为。	4

续表

目标	细则	分值
积极拓展	15. 每天积极阅读。	4
	16. 积极向老师求助。	3
	17. 积极参加兴趣小组。	3
	18. 积极参加学校的各类竞赛、活动。	3
	19. 积极参与小组合作学习，贡献想法与建议。	3
	20. 积极做好小主人，带领志愿者、捐方、客人参观介绍校园。	4
	21. 积极向学校宣传部门投稿。	3
健康生活	22. 积极主动接受高雅艺术熏陶。	3
	23. 课余时间，积极自主锻炼身体。	3
	24. 按时、认真参加早操、课间操、眼保健操。	3
家庭贡献	25. 参加勤工俭学。	3
	26. 积极主动与父母沟通。	5
	27. 主动做家务，体谅父母。	4
身心健康	28. 上述不包含的有利于身心健康发展的表现，酌情加分。	3-5
	☺ ☺ ☺ ☺ ☺ ☺	

♥ 从环境到心灵转换工程

在 2005 年建校之初，社会艺术家、志愿者叶蕾蕾老师满怀爱心与活力，带领全校师生开启了"从环境到心灵转换工程"。学生和老师一起参与校园环境的设计，一起对学校的大门、墙面、走廊进行了装饰改造。大家将"被灰色水泥和铁丝网圈包裹着的"学校转化为"让水泥柱开花结果"的能量空间。

转换工程前（旧校区）

转换工程后（旧校区）

新校区"从环境到心灵转换工程"

♥ 亲近自然

　　学生良好的心理健康状态离不开对自然的感知。学校一直在有限的条件下建设植物园、小菜畦、小果园等，学生可以体验到春播、夏种、秋收、冬藏。蒲公英小学专门开设了"亲近自然"课程，带领学生观察树木落叶的过程，对比不同叶子的形状外观，了解种子的发育过程，通过阅读诗歌和体验翻土增强对土地的情感，创作歌咏春天的诗歌，感悟节气的变化多端……这些内容丰富了学生的内心世界。

同学们在整理小菜畦　　　　　　　同学们书写自己观察种子的感悟

第五章

我是谁？——
自知者明

～♥～ 访古探今 ～♥～

♥ 现实中的困惑

❖ 我看到其他同学表达想法时侃侃而谈，很羡慕，可是自己又不知道说什么。我是不是很缺乏主见？

❖ 小学时我各方面都遥遥领先，可如今在新的班级，我发现有不少同学都比我厉害，感觉很受挫。

❖ 我是个爱唱爱笑爱说爱闹的女孩，有的人说女生不应该太张扬。这是我的缺点吗？

❖ 我很在意他人对我的看法，听到不好的评价会让我觉得自己一无是处。

❖ 我感觉自己思想比较成熟，和大多数同学没什么共同语言，听他们说话时不够耐心，这导致自己难以结交到朋友。我该怎么办？

❖ 好想像其他同学一样多才多艺呀，但感觉自己非常平庸，没有什么优势。

❖ 我知道不经历风雨很难见彩虹，但是遇到困难或挫折时还是会感到害怕，觉得没人能帮我。

♥ 值得思考的问题

❖ 为什么需要知道"我是谁"？

❖ 自我意识强与自私自利、自以为是有什么区别？

❖ 如何正确看待他人评价？

❖ 信不信，不管是男生还是女生，你都是个非常独特的人！只是，你可能还不太了解自己。

❖ 青少年怎样发现自我潜能，构建积极自我？

❖ 青少年抗逆力的提升对构建积极自我有何意义？

❖ 什么是良好的自我认知？可以用哪些方法完善自我认知？

♥ 经典永流传

❖ 知人者智，自知者明。胜人者有力，自胜者强。知足者富，强行者有志，不失其所者久，死而不亡者寿。——《道德经》

❖ 天行健，君子以自强不息；地势坤，君子以厚德载物。——《周易》

❖ 曾子曰："吾日三省吾身：为人谋而不忠乎？与朋友交而不信乎？传不习乎？"——《论语·学而》

❖ 子曰："君子求诸己，小人求诸人。"——《论语·卫灵公》

❖ 满招损，谦受益。——《尚书·大禹谟》

❖ 然子路闻其过则喜，禹闻昌言则下车拜。——韩愈《答冯宿书》

❖ 夫尺有所短，寸有所长；物有所不足，智有所不明；数有所不逮，神有所不通。——屈原《卜居》

❖ 雄兔脚扑朔，雌兔眼迷离；双兔傍地走，安能辨我是雄雌？——佚名《木兰诗》

❖ 天生我材必有用，千金散尽还复来。——李白《将进酒》

❖ 故天将降大任于是人也，必先苦其心志，劳其筋骨，饿其体肤，空乏其身，行拂乱其所为。——《孟子·告子下》

♥ 相关心理学知识

1. 自我（self）

自我是人格的核心，也是心理学研究的基本问题之一。中西方文化对于自我的理解虽然有所不同，但是都将认识自我置于人生成长过程中的重要位置。

对中国人如何定义自我产生深远影响的理念是"天人合一"。这个理念体现着中国人文精神的精髓。"天人合一"的"天"包括自然之天和天命之天，主张人应该排除主观和私欲，推自然之势，顺应一切事物的本然状态，顺势而为，因势利导。《周易·系辞下》提出"天地人"为三才，并说："有天道焉，有人道焉，有地道焉……"可以看到，在面对自我这个命题时，中国传统文化的视角是在天人合一的宇宙观下探究人的本然。[1]

1　楼宇烈. 中国的人文信仰 [M]. 北京：中国大百科全书出版社，2021.

美国心理学家威廉·詹姆斯在其奠基性著作《心理学原理》中论述:"自我的成分可以分成几类,即构成:物质的自我,社群的自我,精神的自我,纯粹的自我。"[1]

在《中国心理学》一书中,孙天伦提出中国人的自我观具有较强的社会导向,包括家族导向、关系导向、权威导向和他人导向。[2]

2. 自我意识(self-consciousness)

自我意识指个体对自己身心状态的感知和理解,是人类心智活动的核心表现之一。自我意识包括三个层次:对自己外貌、肢体活动等生理自我的认识;对自己思维、情感、意志等心理自我的认识;对自己在社会关系中的身份和角色等社会自我的认识。自我意识关联到自我满意度、社会适应性、品格优势价值观。三个层次相互影响,具有社会性、能动性和同一性等特点,对人格的形成、发展起着调节、监控和矫正的作用。[3]

青少年的身体快速发育,生活中也接触到更宽广的社会环境,自我意识开始经历第二次飞跃发展,对"我是谁""我是一个怎样的人""我的未来要如何发展""我与他人的关系是什么""我的社会角色如何定位"等一系列问题更加关注。青少年自我意识的发展既是个性特征形成的过程,也是个体不断社会化的过程。[4]

3. 自我认同(self-identification)

自我认同是心理学家埃里克·埃里克森人格发展八阶段理论中的重要概念,指个体对自己的认同感以及对于自己生命意义的理解。他认为青少年期(12—18 岁)的主要发展任务是形成角色同一性,防止角色混乱。同一性包括个人同一性和集体同一性,个人同一性指个体能认识自己的特点、爱好、理想等,集体同一性则指个体追求的一种社会认同感。[4]

自我认同感将自身内在的感觉、自我意识以及外部评价等加以综合,从而对"我是谁"给出自己的答案。青少年只有拥有良好的自我认同感,才能理性地看待

1　威廉·詹姆斯. 心理学原理 [M]. 郭宾,译. 北京:中国社会科学出版社,2009:第一章.

2　孙天伦. 中国心理学 [M]. 北京:中国文史出版社,2016:第四章.

3　刘文敏,高燕,赵丹. 公共基础课系列大学生心理健康教育 [M]. 南京:东南大学出版社,2015.10:60-69.

4　埃里克森. 同一性:青少年与危机 [M]. 孙名之,译. 杭州:浙江教育出版社,1998:10-25.

青春期的生理特征和性心理变化[1]，有性别平等意识和良好的性别认同，接纳自我，正确对待外界评价，有效建立自尊和自信。而自尊和自信是一个人获得成就和幸福的重要心理基础。[2]

4. 立乎其大

"立乎其大"这个词源自《孟子·告子上》。

公都子问曰："钧是人也，或为大人，或为小人，何也？"孟子曰："从其大体为大人，从其小体为小人。"曰："钧是人也，或从其大体，或从其小体，何也？"曰："耳目之官不思，而蔽于物，物交物，则引之而已矣。心之官则思，思则得之，不思则不得也。此天之所与我者，先立乎其大者，则其小者弗能夺也。此为大人而已矣。"

公都子问道："同样是人，有些是君子，有些是小人，这是什么缘故？"孟子答道："求满足身体重要器官的需要的是君子，求满足身体次要器官的欲望的是小人。"问道："同样是人，有人要求满足重要器官的需要，有人要求满足次要器官的欲望，又是什么缘故？"答道："耳朵、眼睛这类的器官不会思考，故为外物所蒙蔽（因此，耳目不过是一物罢了）。一与外物相接触，便被引向迷途了。心这个器官职在思考（人的善性），一思考便得着，不思考便得不着。这个器官是天特意给我们人类的。因此，这是重要器官，要先把它树立起来，那么，次要的器官便不能把这善性夺去了。这样便成了君子了。"[3]

这段教诲讲的是为人重在立心，心的职能是思考人的善性，人通过立心追求君子人格。现代社会常用"大写的人""大格局""大气度"等表达这样的追求。

5. 多元智能（multiple intelligences）

多元智能理论由美国教育学家和心理学家霍华德·加德纳于 1983 年提出，后来加以多次发展和完善。他认为人的智能结构是多元的。每个人都同时至少拥有相对独立的八种智能，即语言智能、数理逻辑智能、音乐智能、空间智能、身体运动智能、人际交往智能、自我认识智能和认识自然的智能。这八种智能以不同

1　中华人民共和国教育部. 中小学心理健康教育指导纲要（2012 年修订）[Z]. 2012.

2　郭金山，车文博. 自我同一性与相关概念的辨析 [J]. 心理科学，2004，27（5）：3.

3　杨伯峻. 孟子译注 [M]. 北京：中华书局，2018：270-271.

方式、不同程度有机地组合在一起，使得每一个人的智能各具特点，也使得每个人都有自己的优势。[1]

6. 抗逆力（resilience）

抗逆力是近些年心理工作中经常探讨的话题，又称心理弹性、心理韧性或挫折承受力，指个体处于困难、挫折、失败等逆境时的心理协调和适应能力。抗逆力作为优势视角的理论内核，鼓励个人面对逆境时能够理性地做出正向的、建设性的选择和处理方法。抗逆力高的人能够从困难中恢复过来，保持心理健康，甚至得以成长。抗逆力涉及个体与环境的互动，需要得到社会的支持和关心。[2]

这种认知在两千年前的《孟子·告子下》中就有非常生动的阐述："故天将降大任于是人也，必先苦其心志，劳其筋骨，饿其体肤，空乏其身，行拂乱其所为，所以动心忍性，曾益其所不能。"孟子还进一步精准地将这个思想表达为"生于忧患，死于安乐"。

～♥～ 主题思辨 ～♥♥

1. 自我认知是成长的基石

自我认知基于人对自己的观察和理解形成每个人身心成长的基石[3]，关于自我认知的重要性，我们从中西方文明中都能够汲取重要的理论和实践启迪。

两千多年前中国的老子说"知人者智，自知者明，胜人者有力，自胜者强"。老子认为能够了解他人的人有智慧，能够认知自我的人高明，能够战胜他人的人有力量，能够战胜自我的人是强者。结合本章主题"我是谁"而言，老子将自我认知的重要性放在一个包含他人存在的社会背景下进行了表述。

古希腊德尔菲神庙上刻着三句箴言，其中一条是"认识你自己"。这是古希腊人对前来求拜的人们的启示。苏格拉底将其作为一个重要的哲学命题加以发展，

1　霍华德·加德纳.多元智能 [M].沈致隆，译.北京：新华出版社，1999：12-20.

2　田国秀，李冬卉.抗逆力研究：运用于学校与青少年社会工作 [M].北京：社会科学文献出版社，2013：9-16.

3　聂衍刚，张卫，彭以松等.青少年自我意识的功能结构及测评的研究 [J].心理科学，2007，30（2）：4.

深化了人们对自身认知的探求。这也成为西方心理学的基石。

《中小学心理健康教育指导纲要（2012 年修订）》指出，初中心理健康教育主要内容之一是帮助学生加强自我认识，能够客观地评价自己。2022 年版义务教育《课程方案》中也指出，初中学生的核心素养之一是发展健全的人格，即具备正确的自我认知，构建积极的思想品质。因此，引导青少年获得正确的自我认知在初中阶段的心理健康教育中是重头戏。

2. 自我认同始于良好的自我意识

青少年正处在构建良好自我意识的关键时期，一切个体活动都承载了认识自我的内涵。青少年的自我意识、自我评价和情感体验都参与到其人格发展的过程中。进入青春期后，青少年的内心世界变得复杂，一系列关于"我"的问题开始在脑海中翻转：我到底是个什么样的人？我的特征是什么？别人怎么看我？我作为女生可以如何实现人生价值？我想成为什么样的人？……此时的青少年需要获得稳定、连续和正确的自我认识。

埃里克森的人格发展八阶段理论强调青少年阶段的主要任务是获得自我认同感。发展良好的自我意识对获得自我认同有很重要的积极作用，具体包括：

❖ 了解自己的优点和不足，从而更好地发挥自己的潜力，体现价值。

❖ 认识到自己的兴趣和爱好，更好地规划自己的未来。

❖ 掌握自己的情绪和行为，以更好地适应学习和生活的环境。

❖ 建立积极的人际关系，获得更多社会支持和认同。

❖ 能积极主动做好事情，并做出正确的决策与选择，促进稳定的自我同一性的构建。

❖ 形成正确的价值观和人生观，成为社会的积极成员。[1]

3. 积极自我心理建设的四部曲

初中学生心理状态尚未成熟，生理和心理发生着迅速的变化，加之对自我了解甚少，难免会出现一些不利于成长的状态，比如：无价值感和无意义感，或者走向另一个极端，即产生不恰当的自满；过分依赖他人看法，容易盲从；在学习与生活中缺少内在动力；对自己和生活不满，出现消极情绪；自卑，自我效能感

1　薛亚萍．当代青少年自我意识发展的特点和指导策略 [J]．教育探索，2011（8）：2.

低，遇到困难想逃避；人际交往能力得不到提升等。这都提示了引导青少年循序渐进地进行积极的自我心理建设需要及时、科学地开展。

（1）积极挖掘自我优势

青少年从挖掘自我优势入手探索自我，有助于激发动力。挖掘自我优势方式多样，比如：

❖ 寻找自己的兴趣爱好，参加相关的社团活动，参观博物馆、参加志愿活动，走进大自然，从而看到在实际生活中更多元的自己；

❖ 科学地培养自律习惯，从而提升自信心；

❖ 阅读好书、观看好电影，发现自己的榜样；

❖ 参加竞赛活动，提高勇气，发现自己的综合能力。

当然，青少年在挖掘自我优势的同时，也需要看到自己的短处，优势要积极发扬，短处则要分清性质。可改正的短处，如骂人等不良行为习惯，要努力改正；不易改正的短处，如身体、长相等不足，就接受它是自己特点的一部分，不必自卑。

（2）积极自我反思——吾日三省吾身

"吾日三省吾身"是古人自修的可靠路径，应当提倡现代的青少年也有此意识。反省什么？自我评价哪些方面？陶行知先生提出学生进德修业的每天四问[1]，至今依然适用：

❖ 我的身体有没有进步？

❖ 我的学问有没有进步？

❖ 我的工作有没有进步？

❖ 我的道德有没有进步？

在浮躁多变的现代生活中，青少年需要开始学习有意识地给自己一些独处的时间，静下心来觉察自己的感受，关注自己每天的进步。

（3）正确看待他人评价

能够正确看待他人的评价，无论是正向的还是负面的，都不是一件容易的事。这是青少年都会遇到的难题。在本章的互动活动中需要和学生一起直面这个难题。加以引导的思路包括：

1　陶行知.陶行知全集 [M].成都：四川教育出版社，1991：514-524.

❖ 改善人际交往能力，学习与他人沟通，体验与他人交往的重要性，减少由于缺乏了解造成误解的情况。

❖ 学习客观对待他人评价，知道他人评价会带有主观性和局限性，但同时也是一种重要的反馈来源，有助于自我认知。引导学生一方面不被他人评价所左右，保持自己的独立性和自信心；另一方面也发现可以改进的地方，闻过则喜。

❖ 运用学习到的自我觉察和情绪调节方法，更好地应对他人评价带给自己的情绪波动。

（4）提升心理韧性

青少年遇到挫折是不可避免的，这样的经历对自我认知可能产生正面或负面的影响。本章互动活动需要引导学生正确看待挫折，学习在面对困境时培养心理韧性，提升抗挫折能力，即抗逆力。

提升心理韧性不是喊口号，也不是空洞的自我承诺，其前提是真正发现了自身的积极品质，获得了良好的自我认知。这种内在的心理素质是抗压真正的能量来源。同时也需要鼓励学生发现身边的资源，主动搭建社会支持网络，学会恰当地寻求帮助。

基于上述内容，本章节设计了四个互动活动——"我是独一无二的""你眼中的我""我有我的优势"和"我的'逆行'力量"，旨在引领学生从探讨自我独特性、自我优势到自我心理韧性，来较为全面地促进自我认同感的构建，悦纳自己，悦纳他人，悦纳现实，成就更好的自己。

延伸阅读

♥ 推荐书籍

《自卑与超越》

阿尔弗雷德·阿德勒，中国人民大学出版社，2013 年

本书是人本主义心理学先驱、个体心理学家阿德勒的巅峰著作。全书立足于

个体心理学观点，从教育、家庭、婚姻、伦理、社交等多个领域，以大量的实例为论述基础，阐明了人生道路的方向和人生意义的真谛，帮助人们正确面对缺陷，正确对待职业，正确理解社会、理解生活、理解人性，具有极深的哲理性和巨大的学术价值。

《内向者优势》
马蒂·奥尔森·兰妮，天地出版社，2019 年

本书从自我认知、亲密关系、教育子女、职场沟通等多个方面帮助内向者顺应自我个性、打破交往桎梏、发挥性格优势。作者纠正了"内向者有缺陷"的谬见，鼓励人们领悟内向者的卓越潜能，比如独到的洞察力、精辟的分析力、深刻的理解力等。

《她们》
阎连科，河南文艺出版社，2020 年

本书是作家阎连科十年圆梦之作，他用文字呕心沥血地描绘了一方土地上不同女性的命运，窥见东方女性在上百年的历史中扮演了怎样的角色、如何生活，又是怎样变成了今天这般千姿百态的模样。从她们生命的延宕与变迁的岁月中，我们可以窥探到身为女性的她们，不得不面临的人生困境，以及她们自身所独有的光辉。从本书中，我们可以领悟到：她们——女性，只有不丢失自尊、人格独立，灵魂才能始终站立，心灵也才有存放处。

《道德经》
老子著，张景，张松辉译注，中华书局，2021 年

本书又称《道德真经》《老子》，分"道经""德经"上下两篇，共八十一章，是道家代表作。《道德经》虽只有五千多字，却蕴含着极为丰富的哲学、政治、军事、教育、人生处世、养生之道等各方面智慧。主题思想为道法自然，核心在于探索人与自然、人与人、身与心之间的关系。其人生哲学主要是引导人们辩证地看待万事万物，贵柔守雌、和光同尘、知足抱朴。

♥ 推荐影视

《美食总动员》

该片由皮克斯动画工作室制作，于 2007 年在中国上映。讲述的是一只老鼠雷米心怀成为厨师的梦想，克服周围的一切不解和藐视，坚持创作美食。他认识了餐厅学徒林奎尼，雷米充分发挥自己嗅觉灵敏的优势，与林奎尼共同做出一道道美食。随后他们在合作的道路上却出现了严重的分歧。最终两位主人公纠正了自我认知的偏差，都实现了自我成长。

《苏东坡》

这部 2017 年上映的央视人文纪录片以苏轼贬谪黄州四年的生活为主线，观照其一生的心路历程，从文学、艺术、美食、情感等多个维度，解读苏东坡的生命感悟、精神嬗变和艺术升华的历程。同时，辅之以当今最新的苏东坡研究成果，再现一个最丰富、最接近本真的苏东坡形象。本纪录片共分为《雪泥鸿爪》《一蓑烟雨》《大江东去》《成竹在胸》《千古遗爱》《南渡北归》六集。

《雄狮少年》

这部 2021 年上映的动画电影讲述了留守少年阿娟和好友经过重重磨砺，从"病猫"变成"雄狮"的成长故事。影片主人公阿娟一个人在城市生活，迷茫而失落，后来和好友阿猫、阿狗组成雄狮小队，下定决心打破现实桎梏进行拼搏。他们三人相互扶持，经历了退役狮王咸鱼的高难度舞狮训练，满怀自尊与勇气，扭转逆势赢得了比赛，实现了梦想。

《奇迹·笨小孩》

电影 2022 年上映，讲述的是一个逆转人生的拼搏传奇故事。二十岁的景浩带着年幼的妹妹来到深圳生活，兄妹俩生活拮据却温馨。凭借着不放弃的精神，景浩最终获得了令人惊异的成就。电影聚焦平凡人之不凡人生，人间之景，处处奇迹。

传道授业解惑

互动活动一：我是独一无二的

一、活动目标

1. 我知道正确认识自己很重要。

2. 我能说出自己的独特性，意识到自己是独一无二的。

二、引领问题

1. 我们为什么要不断认识自己？

2. 我有哪些独特的地方呢？

3. 我的同伴有什么独特的地方呢？

三、活动准备

❖　本次活动可以在户外开展，但须提前观察周边环境。如果户外条件不允许，教室里同样可以开展，教师提前准备好课堂需要的树叶，整个活动保持在同一个空间即可

❖　A4 白纸、彩笔

❖　装树叶的纸盒

❖　准备五个毛绒玩偶充当传递物，或根据实际小组数量确定玩偶数量

❖　欢快的音乐，如《你笑起来真好看》等

❖　播放器（户外活动时备用）

❖　活动卡"我的叶子"

四、活动过程

第一步：名字大分享

1. 全班分成五个小组（可根据全班人数调整），围成一圈。每组发放一个玩偶用于击鼓传花。教师开始计时，规则如下。

（1）第一轮："我的名字是谁取的？"

教师把毛绒玩偶分给各组，播放《你笑起来真好看》。随着音乐就开始传递玩

偶，音乐随机暂停时玩偶在谁手里，谁就是组内第一位分享人，然后从第一位分享人开始逆时针依次分享。第一轮须在 1 分钟内分享完毕，教师收回玩偶。

（2）第二轮："我的名字有寓意"

由第一轮最后一位分享人开始分享自己名字的含义和意义，然后从他 / 她开始顺时针进行组内分享，第二轮各组须在 3 分钟内分享完毕。

（3）第三轮："我的名字包含了长辈的祝福和期望"

由第二轮最后一位分享人开始，然后从他 / 她开始顺时针进行组内分享，第三轮各组须在 3 分钟内分享完毕。

（4）表扬守时组

评估哪些组三轮都能在规定时间内完成，并掌声鼓励。

（5）分享

各组选一位代表在全班分享关于自己名字的上述三个问题，以及刚才组内分享时令其印象最深的一位同学的名字信息。另外，当代表在全班分享前，全体同学对该同学说："×× 同学，你说，我听！"

2. 随机邀请几位同学分享以下两个问题。

❖ 在分享了自己的名字信息后，你对自己名字是否有新的认识和发现？

❖ 在听到同学们分享自己的名字信息后，你有何新发现或感受？

小结：每个人的名字里包含着独有的意义和情感，这是我们认识自己的一个组成部分，可以帮助我们看到生命的独特与价值。我们还可以怎样感受自己的独一无二呢？

第二步：寻找我的叶子

1. 教师拿出提前采集的叶子，请每位同学从中选取一片。（如能在室外找到一片空旷安静的场地更好，大家席地而坐。）

2. 邀请同学们对自己的叶子静心观察一分钟，从颜色、形状、触感、色泽、纹理、气味等方面记住这片叶子。

3. 教师将所有叶子收回后放入提前准备好的纸盒中，摇一摇，然后依次走到各小组面前，让同学们找回自己刚才选取的叶子。

第三步:探究

引导同学们思考以下几个问题。

❖ 你能顺利找到自己的叶子吗?为什么?

❖ 你为什么会选择这片叶子,它有哪些吸引你的特点?

❖ 你希望给你的叶子取个什么名字?

❖ 你想对它说什么?

❖ 这片叶子和你有什么相似的地方吗?

❖ 你还能联想到自己有哪些独一无二的地方?

第四步:建立特色叶子档案

使用活动卡,为自己的叶子建立档案。

活 动 卡 我的叶子

1. 描述叶子的独特性

❖ 形状:

❖ 颜色:

❖ 纹理:

❖ 气味:

❖ 触感:

❖ 我的叶子像:

❖ 和我相似的地方:

❖ 我给叶子起个名字:

❖ 我对叶子说:

2. 我的独特性

❖ 我的外貌特点:

❖ 我的性格特点:

❖ 我作为男生 / 女生的优势有:

❖ 我最喜欢的事物:

叶子粘贴区

小结:通过观察叶子的独特性,我们开始觉察我们自己的独特性。希望我们都能看到自己的独一无二之处,意识到我们每个人都是有价值的,都是重要的,都是不可替代的!

第五步：静心沉淀

收获	自我评价	给自己打个分
心智成长	1. 我知道正确认识自己很重要。	
	2. 我能说出自己的独特性，意识到自己是独一无二的。	
学习状态	倾听	
	用心参与	
	积极表达	
用我喜欢的方式（文字或绘画）沉淀收获：		

五、活动反思

可以采用趣味性的活动，创造轻松的课堂气氛。尤其是接触到大自然时，学生会非常兴奋，这有利于他们释放自我，表达自我。这个活动还可以继续延伸，比如在课余时间，让学生到校园中再去寻找一片也属于自己的叶子，可以对比观察这两片叶子有何不同，与自己又有何相同。另外，活动过程需要教师提醒学生静心观察，不互相干扰。

互动活动二：你眼中的我

一、活动目标

1. 我能去尝试认识自我的不同途径，接纳自己。

2. 我能学习用理性心态面对他人的评价。

3. 我能主动地树立积极的自我概念，增强自信心。

二、引领问题

1. 我的外表有哪些特点？

2. 我的内在又有哪些特点？

3. 听到他人对自己的评价时，如果还不错，我一般会有什么感觉呢？

4. 如果他人对自己的评价不符合我的自我认知，我会产生什么样的反应呢？

5. 面对别人对自己提出的积极或消极的评价，应该怎样正确对待呢？

三、活动准备

❖ 彩笔

❖ 活动卡"假如我是……"

❖ 活动卡"他人眼中的我"

四、活动过程

第一步：填写活动卡

发活动卡"假如我是……"，开始填空。

活 动 卡 假如我是……

❖ 假如我是一种动物，我希望是（   ）
因为：
❖ 假如我是一种花，我希望是（   ）
因为：
❖ 假如我是一棵树，我希望是（   ）
因为：
❖ 假如我是一种食物，我希望是（   ）
因为：
❖ 假如我是一种交通工具，我希望是（   ）
因为：
❖ 假如我是一部电影，我希望是（   ）
因为：
❖ 假如我是一种乐器，我希望是（   ）
因为：
❖ 假如我是一种颜色，我希望是（   ）
因为：
❖ 假如我是一种软件，我希望是（   ）
因为：
❖ 假如我有万能的力量，我希望是（   ）
因为：

第二步：寻找你眼中的我

1. 以四五人为一组，小组成员依次分享自己填空的内容。聆听分享时，其他组员用彩色笔在自己的活动卡上标注自己与他人回答一样或相似的事物。

2. 小组成员分享各自的相似点，并表达感受。

3. 使用活动卡"他人眼中的我"。组内逆时针流转给其他成员填写一项"你确实像……",并说明原因,直到每位成员都收到组内其他成员所有的评价为止。

4.思考:对于他人眼中的自己,你认可哪些?不认可哪些?请写出来并说明原因。

活 动 卡 他人眼中的我
1. 我觉得: 你确实像_____,因为_____。 你确实像_____,因为_____。 你确实像_____,因为_____。 你确实像_____,因为_____。 你确实像_____,因为_____。 你还像_____,因为_____。
2. 思考在他人眼中的自己: 我认可_____,因为_____。 我不认可_____,因为_____。
3. 思考:我应如何看待他人对我的评价?
4. 给自己鼓劲:

第三步:探究讨论

同学们讨论与思考以下问题。

❖ 看到他人对你的评价,你有什么感受?

❖ 你认为这些评价对你有什么启发?

❖ 你认为应该怎样看待他人的评价?

❖ 这个活动使你对自己有了什么新的发现?

❖ 你给自己写了什么样的鼓励?

小 结:我们需要正确看待他人对自己的评价,从成长的需求出发,接纳有助于自己更好地成长的评价,摒弃不利于成长的评价。在接纳自己时,不给自己设限,坚守需要坚守的,调整不利于自我成长的,成为更好的自己!

第四步：静心沉淀

收获	自我评价	给自己打个分
心智成长	1. 我能尝试自我认知的不同途径，并接纳自己。	
	2. 我能学习用理性心态面对他人评价。	
	3. 我能主动地树立积极的自我概念，增强自信心。	
学习状态	倾听	
	用心参与	
	积极表达	
用我喜欢的方式（文字或绘画）沉淀收获：		

五、活动反思

本活动是一个引领学生探索自我的过程。利用容易感受到的事物对学生进行引导，有利于学生先从自己看得见的地方看到自己。活动开始时，有些同学可能会感到茫然，认为自己没有什么特点，或表现出对"认识自己"并不在意，这部分学生需要老师给予更多的关注。

通过游戏的方式来邀请他人评价，一方面可以避免有些言语比较激烈的评价直接对学生产生负面影响；另一方面，有活动卡作为媒介，有利于学生更具体地评价自己和他人。活动中，有些学生并不能正确对待他人的看法，认为自己受到了攻击。这时需要老师及时发现，在课上和课下加强引导。

互动活动三：我有我的优势

一、活动目标

1. 我能结合多元智能发现自己的优势。

2. 我更加自信，相信自己的优势可以创造更美好的前景。

二、引领问题

1. 人们通过什么样的途径表现出自己的优势？

2. 我曾经对自己的哪些行为感到骄傲？

3. 自我感觉良好往往是因为什么呢？

4. 我如何梳理自己的多元智能优势？

5. 我如何充分锻炼和发挥自我优势？

三、活动准备

❖ 彩笔

❖ 轻音乐，如《雪之梦》等

❖ 活动卡"我的高光时刻"

❖ 活动卡"我的多元智能优势"

❖ 学习资料"八种多元智能"

四、活动过程

第一步：我的高光时刻

1. 引导：当我们内心感受到自己的美好行为时，就是我们的高光时刻。请在轻音乐中回想你的高光时刻……

2. 用自己的方式（图、文）描绘自己的高光时刻。

3. 在画面中描绘场景，抒发自己当时的感受。

4. 同学们之间开展"我为你的高光时刻点赞"活动。小组内相互欣赏其他同学的高光时刻，并用彩笔画☆或 ❤ 等为同组同学点赞。

活动卡 我的高光时刻

1. 用你自己的方式（图、文）描绘自己的高光时刻：描绘场景，以及自己当时的感受。

2. 同学们之间开展"我为你的高光时刻点赞"活动。小组内相互欣赏其他同学的高光时刻，并用彩笔画☆或❤等为同组同学点赞。

第二步：我的多元智能优势

1. 介绍加德纳的多元智能理论。[1]

---

1 霍华德·加德纳. 多元智能 [M]. 沈致隆，译，北京：新华出版社，1999.

个体拥有多元化智能，大致可以被分类为八种。

（1）语言智能：理解和运用语言含义和功能的能力。在演讲家、诗人、音乐作词人身上表现显著。

（2）逻辑智能—数理能力：抽象思维和组织推理能力，在数学家和理论物理学家身上表现明显。

（3）空间智能：视觉和空间想象能力，包括视觉图像的转换能力，在领航员、台球选手和雕塑家身上表现明显。

（4）音乐智能：根据音调、节奏理解或创作音乐的能力，在音乐家身上表现得尤为突出。

（5）运动智能：对身体运动知觉的感受和控制能力，比如运动员表现的能力。

（6）人际交往智能：理解他人和他人情绪、动机的能力，在政治家、宗教领袖、临床学家和销售人员身上表现突出。

（7）自我认识智能：主要是指认识到自己的能力，正确把握自己的长处和短处，把握自己的情绪、意向、动机、欲望，对自己的生活有规划，能自尊、自律，会吸收他人的长处。政治家、哲学家、心理学家、教师等都有出色的表现。

（8）自然观察智能：能认识植物、动物和其他自然环境（如云和石头）的能力。自然智能强的人，在打猎、耕作、生物科学上的表现较为突出。

2.请同学们分析在"高光时刻"中，自己的哪些智能优势得到了展现和发挥。

3.在活动卡"我的多元智能优势"上为自己拥有的智能优势涂色，并用更多的例子加以说明，写在椭圆形里。

4.请同学们互相提出对方没有发现的多元智能，举例说明，并补充涂色。

活 动 卡 我的多元智能优势

我对讨论分享内容的提炼：

第三步：讨论分享

同学们讨论分享以下问题。

❖ 分析了自己的多元智能以后，你对自己有哪些新的认识？

❖ 发现自己有更多的优势，你有什么感受？

❖ 在现实生活中，你计划如何更充分地发挥自我优势，创造更多更好的可能性呢？

❖ 老师在黑板上提炼分享时的关键词，同学们整理记录在活动卡上。

小结：我们发现每个人一定都有自己的独特性，也一定会有自己的优势。在生活中有意识地发现优势、发挥优势，不仅可以提高自信心，还能为自己创造更多的可能性，使自己的人生获得意义感。

第四步：静心沉淀

收获	自我评价	给自己打个分
心智成长	1. 我能结合多元智能发现自己的优势。	
	2. 我更加自信，相信自己的优势可以创造更美好的前景。	
学习状态	倾听	
	用心参与	
	积极表达	
用我喜欢的方式（文字或绘画）沉淀收获：		

五、活动反思

学生在参与了关于自己的智能优势分析活动后，会开始有意识地关注自己的优势，并且更有意识地发挥自己的优势，自信心会越来越强大。这种自我意识来自直接真实的体验，是发自内心的感觉，比单纯听老师讲更能激发学生的心智成长。"优势发现"活动需要阶段性地开展，结合不同的场景进行，在第六章"美在我心里"和第十一章"学业有路，优势引航"中还会逐步深入。

互动活动四：我的"逆行"力量

一、活动目标

1. 我能够了解抗逆力对自我成长的重要性。

2. 我能够了解自己的抗逆力资源圈，并学会寻求支持。

二、引领问题

1. 什么是抗逆力？

2. 中国传统文化中对抗逆力是怎样理解的？

3. 我的抗逆力资源圈是什么样的？

4. 我怎样通过支持系统更茁壮地成长？

三、活动准备

❖ A4 白纸

❖ 央视感动中国 2021 年度人物颁奖盛典视频《江梦南：无声玉满堂》

❖ 活动卡"我的'逆行'力量"

❖ 学习资料"孟子论抗逆"

四、活动过程

第一步：画说挫折

1. 学习资料"孟子论抗逆"。

2. 回忆成长过程中印象深刻的一次挫折事件，可以是生活、学习、人际关系等方面的，通过绘画或者文字记录在活动卡上。

学习资料 孟子论抗逆

孟子曰："舜发于畎亩之中，傅说举于版筑之间，胶鬲举于鱼盐之中，管夷吾举于士，孙叔敖举于海，百里奚举于市。故天将降大任于是人也，必先苦其心志，劳其筋骨，饿其体肤，空乏其身，行拂乱其所为，所以动心忍性，曾益其所不能。人恒过，然后能改；困于心，衡于虑，而后作；征于色，发于声，而后喻。入则无法家拂士，出则无敌国外患者，国恒亡。然后知生于忧患，而死于安乐也。"

——《孟子·告子下》

译文

孟子说："舜从田间劳动中成长起来,傅说从筑墙的工作中被选拔出来,胶鬲被选拔于鱼盐的买卖之中,管仲被提拔于囚犯的位置上,孙叔敖从海边被发现,百里奚从市场上被选拔。所以,上天将要把重大使命降落到某人身上时,一定要先使他的意志受到磨练,使他的筋骨受到劳累,使他的身体忍饥挨饿,使他备受穷困之苦,做事总是不能顺利。这样来震动他的心志,坚韧他的性情,增长他的才能。人总是要经常犯错误,然后才能改正错误。心气郁结,殚思极虑,然后才能奋发而起;显露在脸色上,表达在声音中,然后才能被人了解。一个国家,内没有守法的大臣和辅佐的贤士,外没有敌对国家的忧患,往往容易亡国。由此可以知道,忧患使人生存,安逸享乐却足以使人败亡。"

活 动 卡 我的"逆行"力量

1. 画说挫折

回忆成长过程中印象深刻的一次挫折事件(生活/学习/人际关系等方面),通过绘画或者文字记录下来:

2. 寻找榜样的力量

江梦南的故事给你哪些启发和力量?

3. 发现我的支持系统——画出"抗逆力资源圈"

三级

二级

一级

我

来自各级资源圈的支持和帮助都会让你感到人生的温暖!

4. 练习"求援三步曲"

(1)

(2)

(3)

5. 学会"求援三步曲"

当我们审视自己的抗逆力资源圈时,我们是否发现了自己的重要性? 我们是否可以顺利借用抗逆力资源圈渡过难关? 如何请人帮忙?

(1)

(2)

(3)

第二步：寻找榜样的力量

困境是我们成长过程中必然会经历的。面对困境，每个人身上都有抗逆的力量，生活中也有很多榜样值得我们学习。

1. 播放视频《江梦南：无声玉满堂》。

2. 小组讨论以下问题：

❖ 在视频中，你看到江梦南遇到哪些挫折？实际生活中，江梦南还可能遇到哪些挫折？

❖ 你看到江梦南身上有哪些优势使她战胜困难？

❖ 除了自身优势以外，江梦南还从哪些人身上获得了怎样的力量？

❖ 江梦南的故事给你哪些启发？

第三步：发现我的支持系统——画出"抗逆力资源圈"

1. 继续使用活动卡"我的'逆行'力量"，在图中找到抗逆力资源圈里的"我"。自己永远是化解自身问题的首席专家。榜样的力量就驻在"我"的心中，也可以看"我"怎样利用作为男生/女生的优势支持困境中的自己。除了不怕困难，利用自身力量自助，我们身边还有强大的支持系统，构成了我们的"抗逆力资源圈"，学会有效利用资源圈是自我抗逆力（自我心理弹性）增强的表现。

2. 找到围绕"我"的三级资源圈。同心圆内任意一点到中心的距离表示利用资源的优先程度。

3. 思考：

（1）属于你的"一级抗逆力资源"在哪里？

当你处于困境的时候，首先想到的是向哪里求助？什么资源能给你最大程度的心灵支持？这样的资源不多，却是你的心灵慰藉，也是你生命中最重要的支持力量。通过这些资源，你能够尽快从困境中反弹。

（2）属于你的"二级抗逆力资源"在哪里？

在你遇到困境的时候，这些资源虽然不是你的首选，但对你来说仍然十分重要，伸手可及。

（3）属于你的"三级抗逆力资源"在哪里？

这些资源平时不怎么想得起来，可一旦你需要，他们愿意尽力提供帮助。

4. 引导：

有的学生一开始无法写出自己的抗逆力资源，这时需要老师引导。可以通过假设一些具体的问题，设置具体的情境，然后问学生"可以向谁求助"。

一开始很多学生可能不会将自己列入资源圈中，有些学生经提醒后能意识到，而经历较多失败的学生即便经过引导，可能也不会轻易将自己列入。教师通过观察，可以发现需要持续支持的学生，加强课上、课后的跟进引导。

第四步：学习"求援三步曲"

当我们在审视自己的抗逆力资源圈时，除了我们自己作为最重要的资源，我们要学会恰当地向他人求助。

1. 学习"求援三步曲"。

第 1 步：陈述自己的困难具体是什么。

第 2 步：向"资源"请求得到帮助。必要时，自己尝试列出清单，梳理需要哪些方面的帮助。

第 3 步：询问对方是否方便提供帮助，无论能不能帮上，都要对其表达感谢。

2. 教师可以引导学生结合"画说挫折"环节写的情境，练习"求援三步曲"。

小结：每个人都希望人生顺利，但是人的一生必定伴随各种挫折、压力和困境。我们每个人身上都具有巨大的潜在力量应对挫折；同时，我们每个人都有自己的支持系统。当面对困境时，我们需要勇气和担当，也需要找到那些能够给我们带来力量和支持的家人、老师、朋友、同学等。这样，我们就都可以成为成长路上披荆斩棘的"逆行者"！

第五步：静心沉淀

收获	自我评价	给自己打个分
心智成长	1. 我能够了解自身抗逆力的重要性。	
	2. 我能够了解自己的抗逆力资源圈，并学会寻求支持。	
学习状态	倾听	
	用心参与	
	积极表达	
用我喜欢的方式（文字或绘画）沉淀收获：		

五、活动反思

本活动在与学生一起读"孟子论抗逆"的重要文字时，以读通为主，只要文字都能认识并读下来，意思不难理解。另外，学生通常会非常感动于江梦南对自己命运的掌控，她的力量会令学生们受到震撼。发现有些学生正在面临较大的困境时，老师就需要给予更多的引导和陪伴，并链接更多的资源以提供支持，使得自己成为学生抗逆力资源圈里的重要组成部分。

家校共育——"家长课堂"小活动

当孩子进入思考"我是谁"这个重要的成长阶段时，说教的作用是非常有限的。家长可以借鉴本章谈到的理念和方法，尝试设计和开展一些小型家庭活动。

♥ "我是谁"游戏

家庭聚会的时候，可以一起玩"我是谁"游戏，设计"我的名片"，考虑至少包含两项小标题："我的特点"和"我眼中的你"。

❖ 一人一张"我的名片"，家庭成员各自在"我的特点"下写出五条内容。

❖ 家庭成员依次分享。当一位家庭成员分享时，其他家庭成员可以通过举手的方式表示认同与否。

❖ 每人在其他成员的名片上补充"我眼中的你"内容。

❖ 卡片回到自己手中。对家庭其他成员所写的"我眼中的你"进行思考，认可的打"√"，不认同的打"○"，并互相交流说明原因。

❖ 各自发表游戏感想。

♥ "高光时刻"游戏

家长可以选择在合适的时候开展家庭"高光时刻"活动。可以参考使用本章相关内容和图表。每人写下自己的高光时刻，然后选择其中一点分享。分享完成后，开始轮流欣赏每个人所有的高光时刻，并用彩笔标记的方式为彼此点赞。最后，每人选择其他成员的高光时刻中的一点通过语言表达赞赏。

♥ 家庭成员的多元智能

家庭生活中总会有一些实际的问题需要解决，比如废物利用、养殖、修修补补等，不妨把这些问题当作小课题，全家一起各显其能，共同创造解决方案。这个过程会帮助家庭成员有意识地认识自己的多元智能，发现他人的多元智能。有了多元智能这个认知维度，家长可以尽量带孩子体验多种类型的活动，观察记录自己和孩子在多个维度的优势，并探讨如何强化优势、发挥优势。

♥ 互为支持资源圈

在孩子的成长历程中，挫折是在所难免的。对于这样的处境，家长往往是看在眼里，疼在心里。可以参考"我的'逆行'力量"互动活动，和孩子坐下来一起画出各自的"抗逆力资源圈"。在分享自己的资源圈时，也和孩子强调父母永远是支持系统中的一级资源，然后和孩子一起挖掘周边的支持资源。同时，也启发孩子思考自己能不能成为家长的支持资源。活动会促进家庭成员更加有意识地在日常生活中成为相互的支持力量。

～♥～ 蒲公英的教学做 ～♥～

♥ 我的自画像

　　这是每个学生都要经历的一课。通过轻松、诚恳的师生对话，引导学生进入自己的内心，找到真实的感觉，与自己进行一番对话，然后在纸上画出自己的自画像。这幅自画像可以采用任何图像表达，抽象的、形象的、写实的、动物、植物、物品、风景、建筑等，把自己心目中的最能代表此阶段心境和心理感受的意象画出来，也可以在旁边配上相应的文字。

　　老师与学生之间的充分信任与尊重是前提。老师不要在意学生画的形式或技巧，只要能表达内心感受就好，也不要点评。这幅自画像是学生敞开心扉与自己对话的机会，每一幅学生的自画像都非常发人深省。

学生们根据自身感悟画的自画像

第六章

最美的青春——
文质彬彬，然后君子

❤️ 访古探今 ❤️

♥ 现实中的困惑

❖ 我的志向是长大以后当兵，保家卫国。这个理想能实现吗？

❖ 我的同桌经常为班级做事，但不善言辞，有的同学就看不起他。我很为他打抱不平，要怎样说服那些同学呢？

❖ 已经是中学生了，可是我并不清楚自己究竟有什么理想，怎么办呢？

❖ 小时候大家说我长得可爱。现在长大了，反而不如别人好看，不讨人喜欢了，怎么办？

❖ 上初中以后我发现自己越来越关注自己的穿着打扮了，却又感到不太好意思。

❖ 我觉得漂亮的颜色，我的同学却觉得丑。这是为什么呢？

❖ 都说青春是美好的，可是我因为发胖、脸上长痘痘，怕同学笑话，心里很苦恼呀。

❖ 我想努力保持学习成绩优秀，还想参加学校的好几个兴趣社团，但又觉得自己做不到十全十美，为此我很苦恼。

♥ 值得思考的问题

❖ 怎样的青春是美丽的？

❖ 立志和美好青春有着什么样的关系？

❖ "美"有标准吗？

❖ 人人都有追求美的权利，是这样吗？

❖ 美是一种外在表现还是一种内在感觉呢？

❖ 什么是外在美？什么是内在美？

❖ 为什么内外兼修是美的关键？

❖ "文质彬彬"有什么含义？

♥ 经典永流传

❖ 子曰："质胜文则野，文胜质则史。文质彬彬，然后君子。"——《论语·雍也》

❖ 子曰："吾十有五而志于学，三十而立，四十而不惑，五十而知天命，六十而耳顺，七十而从心所欲，不逾矩。"——《论语·为政》

❖ 子曰："志于道，据于德，依于仁，游于艺。"——《论语·述而》

❖ 子曰："苟志于仁矣，无恶也。"——《论语·里仁》

❖ 子曰："三军可夺帅也，匹夫不可夺志也。"——《论语·子罕》

❖ 非淡泊无以明志，非宁静无以致远。——诸葛亮《诫子书》

❖ 为天地立心，为生民立命，为往圣继绝学，为万世开太平。——张载《横渠四句》

❖ 君子之修身也，内正其心，外正其容。——欧阳修《左氏辨》

❖ 夫志，气之帅也，人之命也，木之根也，水之源也。——王阳明《示弟立志说》

❖ 少壮不努力，老大徒伤悲。——汉乐府古辞《长歌行》

❖ 青春须早为，岂能长少年。——孟郊《劝学》

❖ 予独爱莲之出淤泥而不染，濯清涟而不妖，中通外直，不蔓不枝，香远益清，亭亭净植，可远观而不可亵玩焉。——周敦颐《爱莲说》

❖ 粗缯大布裹生涯，腹有诗书气自华。——苏轼《和董传留别》

❖ 三十功名尘与土，八千里路云和月。莫等闲，白了少年头，空悲切！——岳飞《满江红》

❖ 少年智则国智，少年富则国富；少年强则国强，少年独立则国独立。——梁启超《少年中国说》

❖ 文明其精神，野蛮其体魄。——毛泽东《体育之研究》

♥ 相关心理学知识

1. 文质彬彬

《论语》中的"文质彬彬"如今已是妇孺皆知的成语，但在理解上有时却趋于简单化，常被用来形容人外表的文雅。在《论语·雍也》篇中，孔子说："质胜文则野，文胜质则史。文质彬彬，然后君子。"杨伯峻先生解释这段话的意思是："朴实多于文采，就未免粗野；文采多余朴实，又未免虚浮。文采和朴实配合适当，这才是个君子。"[1] 与此相似的现代语言表达就是"内在美"和"外在美"的关系。

"质"与"文"是形容人的表里两个方面，余英时先生对其本意做了这样的解释："前者的流弊是有内容而无适当的表现形式；后者的毛病则是徒具外表而无内涵。所以孔子才认为真正的君子必须在'文'、'质'之间配合得恰到好处。"[2] 朱熹所给的注解是，"彬彬"为"物相杂而适均之貌"，提倡追求"执两用中""守中致和"的状态。

2. 心理和谐（psychological harmony）

心理和谐是个体的认知、情感、意志等心理成分以及直接影响心理的各要素之间在总体意义上的协调统一、相对稳定的关系。主要表现为：个体内部心理和谐、人事心理和谐以及人际心理和谐。心理和谐是社会和谐和社会稳定的微观基础。[3]

在中国"和谐"一词最早出现在《管子·兵法》里："畜之以道则民和，养之以德则民合。和合故而能谐，谐故能辑。谐辑以悉，莫之能伤。"管仲以民的"道"与"德"的教养为因，展望了社会的"和"与"谐"的果。季羡林先生在谈到和谐时提出三个维度："我们讲和谐，不仅要人与人和谐，人与自然和谐，还要人内心和谐。"

心理和谐与美有着重要的关系。从进化心理学角度看，美感心理是远古时期人类在进化演化过程中，对一切有利于自己高效生存事物的特征所保留下来的心理定势。[4] 对于和谐与美的关系，毕达哥拉斯说过："什么是美？和谐。"[5] 中国美学宗师宗白华先生对此也有深刻见解："美是调解矛盾以超入和谐，所以美对人类的情感冲动有'净化'的作用。"[6]

---

1 杨伯峻，论语译注 [M]. 北京：中华书局，1980：61.

2 余英时，儒家"君子"的理想 [M]. 上海：上海人民出版社，2010.

3 朱贻庭. 伦理学大辞典 [M]. 上海：上海辞书出版社，2010：65-71.

4 胡坤玉，李仕华. 美感心理过程的描述及其精神内涵 [J]. 绵阳师范学院学报，2010，29（3）：72-76.

5 阎国忠. 古希腊罗马美学 [M]. 北京：北京大学出版社，1983：23.

6 宗白华. 美学散步 [M]. 上海：上海人民出版社，2007：404.

3. 自我决定理论（self-determination theory）

自我决定理论是二十世纪八十年代以积极心理学为背景发展起来的一种认知动机理论。该理论认为，个体可以是主动的、积极参与的，也可以是被动的、疏远的。这种不同之处受到个体发展环境的影响。每一个个体都具有"胜任、自主和归属"三个与生俱来的基本需要。当这些需要得到满足时，人的内在驱动力和心理健康水平都会提升。已有的实证研究表明，自主需要对于维持个体的最佳效能和幸福感尤为重要。这个理论在医疗、教育、职场、运动、宗教和心理治疗等方面都具有重要意义。[1]

4. 品格优势（character strengths）

心理学家马丁·塞利格曼和克里斯托弗·彼得森从积极心理学的视角出发，基于对世界古今主流文化的研究，把人类普遍存在的品格优势归类为 24 种，并分别归入六大美德类项，即：智慧、勇气、人道、正义、节制、超越。24 项品格优势包括：好奇心、好学、创造力、思维力、洞察力；勇敢、坚韧、正直、活力；爱、善良、人际智力；公平、公民精神、领导力；宽恕、谦逊、自我规范、审慎；希望、感恩、欣赏、幽默、灵性。品格优势是人在以价值观作为底层推动力的前提下，促使人生状态改良发生的核心推动力。[2]

5. 做人的轻重之伦

对于如何做人，人类一直有一种跨文化、跨时空的深切关注。亚伯拉罕·马斯洛乐观地说道："我认为，心理学在科学和技术上的某种发展，使我们有可能第一次觉得有了信心，只要我们充分艰苦地工作，建立从人的本性中派生出的价值体系是可以实现的。"马斯洛致力于探求的"符合人性的价值观体系"在儒家思想的论述中比比皆是。[3] 孔子说"入则孝，出则悌，谨而信，泛爱众，而亲仁。行有余力，则以学文"，把做人的轻重排序定位得很明确。孔子还有另一段话"志于道，据于德，依于仁，游于艺"，对此朱熹认为孔子强调了"先后之序，轻重之

1　Ryan R M，Deci L E. Self-Determination Theory and the Facilitation of Intrinsic Motivation[J]. Social Development and Well-Being，2000.

2　马丁·塞利格曼 . 真实的幸福 [M]. 洪兰，译 . 杭州：浙江教育出版社 . 2020：212-235.

3　亚伯拉罕·马斯洛 . 动机与人格 [M]. 方士华，译 . 北京：北京燕山出版社，2013：142.

伦"。孔子著名的"君子不器"之说，更是直言不讳地指出谋生的手段不能等同于做人的目标。

钱穆对相关的孔孟思想解释道："一切智识与学问之背后，必须有一如人类生命活的存在。否则智识仅如登记上账簿，学问只求训练成机械，毁人以为学，则人道梏而世道之忧无穷矣。不可不深思。"[1] 他将人看作一个整体，强调人有技能专才，更要有灵魂。

6. 此志常立，义理昭著

关于中华民族的心理定势有很多的研究。张岱年先生认为中国的民族精神凝结于《周易》的两句名言之中——"天行健，君子以自强不息；地势坤，君子以厚德载物"。他说，"广大的劳动人民也具有发奋图强的传统"。

孔子在回顾自己成长的心路历程时首先说道，"吾十有五志于学"。王阳明说，"立志而圣则圣矣，立志而贤则贤矣"[2]，并说"此志常立，神气精明，义理昭著"，表达了立志的精神取向。成语"专心致志"表述了心性与志向的关系。

立志、奋发图强在中华传统文化中是民族的精神和心理定势，也是个人心智成长的大事。

~♥~ **主题思辨** ~♥~

1. 爱美之心，少年有之

本章集中引导学生讨论美好青春里的"美"是什么。正是因为爱美之心，人皆有之，人类文明源远流长，追求美成为古今中外人类价值观的共同组成部分，也成为个体成长的内在动力。

人在幼儿阶段已经开始探索和形成自己的审美观，青少年的爱美之心更加多元，正是加以引导、发展健全的审美心灵的重要阶段。正如朱光潜先生所言："爱美是人类天性，凡是天性中所固有的必须趁适当时机去培养，否则像花草不及时

1　钱穆 . 论语新解 [M]. 武汉：长江文艺出版社，2020：33.

2　王阳明 . 王阳明全集 [M]. 北京：线装书局，2014.

播种和培植一样，会凋残萎谢。"[1] 引导青少年形成健康的审美观是学校教育必须及时面对的话题。

在中国传统文化里，对于美的理解不仅有自然美与人间美，也有形式上的和谐与庄严，更有人在心灵层面上感受到的崇高感。一方面，中国诗文里的关于感性美的表达如同富饶的大地上生长着的丰茂森林。比如，"而或长烟一空，皓月千里，浮光跃金，静影沉璧，渔歌互答，此乐何极"，是"美景"的享受；"夫香美脆味，厚酒肥肉，甘口而病形"，是"美味"的享受；"此曲只应天上有，人间能有几回闻"，是"美声"的享受……[2] 另一方面，中国传统经典中表达世界观和人格时也有着丰富而深刻的美学。比如"君子成人之美，不成人之恶""里仁之美""天地有大美而不言"。这些都是学校美育教育中的绝佳素材。

2. 文质彬彬，内外兼修

青少年具有爱美的天性，后天的努力就是要懂得"内外兼修"才能成就美。文质彬彬是学生开始领会什么是内外兼修之美的一个适宜的切入点。

有一些近代的解释浅化了文质彬彬的含义，往往仅限于形容人的言谈举止特点。通过知识溯源可以学习到很多国学名家对这个词语的深刻解释，对我们而言是重要的回归。

文质彬彬讲求做人做事时身心、言行、表里的平衡，由于平衡而达到和谐的状态，由于和谐而产生美。在引导青少年思考他们自身的成长时，一定要强调他们既要注重对外在形象美的关注，也要不丢失对内在美的追求，领悟内外兼修的重要性，促成心理和谐。[3]

林崇德先生认为，所谓"和谐"，主要指处理和协调好各种各样的关系，心理和谐与社会和谐是一致的。[4] 人的心理和谐是心理健康的重要表现，促进心理和谐更是心理健康教育的目的。

1　朱光潜.无言之美 [M].北京：北京大学出版社，2013：181.
2　子默.读懂汉字自然与社会 [M].北京：中译出版社，2017.11：215-216.
3　余英时.儒家"君子"的理想 [M].上海：上海人民出版社，2010：35-38.
4　林崇德.心理和谐：心理健康教育的指导思想 [J].西南大学学报：社会科学版，2012，38（3）：7.

　　青春期的学生由于生理、心理等方面快速成长，开始有了"成人感"，往往希望自己的外表看上去是个大人，因而他们十分注重自身外表形象，关注服饰、发型、体型等。这些都是青春期常见的爱美的心理表现。但由于青少年内在心智并未成熟，面对纷繁复杂的社会现象时，有时也容易对什么是美产生错觉。他们可能带着"猎奇"的心理把"怪异"视为美，也可能把缺乏素养的当红明星视为自己的偶像加以崇拜。因而，引导青春期学生认识"文质彬彬"的真正内涵，提升感受自己和他人的心灵美的心智水平是本章互动活动努力的方向。

3. 美好人格，日常可塑

　　引导青少年了解外在美与内在美的关系，关联着自我同一性的构建，有利于培养健全人格。[1]外在美与内在美有关联也有差异。从自然规律看，人会长大，会变老，样子不会像过去那么美，但是内心美是可以与日俱增的。况且，每个人、每个时代对美的感受不同，审美也是多元化的。可以通过青少年在学校的日常生活潜移默化：

- ❖ 拓展视野，发现更多有利于充分比较与选择美与丑的参照；
- ❖ 有意识地发现和感知身边事物的美好；
- ❖ 有意识地觉察向上向善带来的内心感受；
- ❖ 积极参与创造性的活动，激发自身创新思想和创作灵感；
- ❖ 有意识地评价自己对日常生活的满意度和幸福感。

　　因此，课程的活动设计需要注重与青少年的生活连接起来，使"美好青春"不是抽象的、概念化的或只是意愿的投射，而是与学生在日常生活中行为举止的自主意识融为一体。

4. 品格优势，自主驱动

　　青春期成长的标志之一是内驱力的提升。人生是一系列选择的积累。最不利的成长环境是未能让孩子学会做负责任的决定的环境，这导致了当代年轻人不同程度的"巨婴现象"。当我们期望青少年能够知道"我是谁？""我从哪里来？""我到哪里去？""我做得怎么样？"时，他们出发的基点在哪里呢？资源

1　肖存利.讨厌我的胖——浅谈青春期的审美与心理 [J].青春期健康，2017（4）：2.16.

是什么呢？内在的驱动力量从何而来呢？

积极心理学在这个方面提出了非常重要的理论和实践方法。从发现自己的品格优势开始，逐步唤醒个体的内在力量，使自己成为自我生命成长的资源的组成部分，并展开与他人、与社会、与自然的积极互动。积极心理学在广泛研究了古今中外主流文化对品格的观念的基础上，提出了 24 项积极品格优势，并分别归入六大类项。这种思想一方面对人性复杂性有充分的认知，另一方面也对人性的积极特征加以梳理和挖掘，这也在中国的儒家文化思想中早有论述。

在前几章开始引领学生科学系统地认识自我的基础上，这一章将通过自主优势品格发现，继续把自我认知引向更加具体的行动上，以唤醒学生的内驱力。

5. 少年立志，青春壮美

不立志，不可能有青春之美。"立大志"是青少年创造美丽青春的关键。曾出现一个新词——"空心病"，震动了教育界和家长。这个词开始是用来形容在北京大学占比四成的学生的消极精神状态。随着热烈的讨论，人们的关注已朝向年轻一代的心理状态。"空心病"不是一个学术用语，但精准地表达了脑袋里装满应试的知识，没有考试驱动时就失去了目标，不知什么是安心立命的根本，只剩下躯壳的生命状态。究其原因，是"我们给了孩子很多自由，但并没有告诉他们要往哪里走"。[1]

孔子说自己"十五而志于学"，是少年立志。"立志是一切开始的前提！"[2] 习近平总书记与年轻一代对话时多次谈到立志，并曾经引用王阳明的"立志而圣则圣矣，立志而贤则贤矣"，反复说明立志和立什么志的重要性。立志不是关于从事什么具体职业，也不是发展什么科目的知识或专门的技能，而是立心智、成长的志，通过修身养性、修心养德、修行养智达成。立志教育既不应该成为青少年成长路上的虚晃一枪，也不能依靠说教。这是学校和家长应该有深刻认识并积极探索方法的教育课题。

1　李松蔚：空心病和内卷化蔓延的时代，看到另一种生活的可能性 .[EB/OL]. https://aretecollege.cn/Home/Dynamic/detail/id/13.html

2　习近平 . 2017 年在中国政法大学考察时的讲话：德法兼修育人 明法笃行报国 [EB/OL]. http://news.cctv.com/2017/05/03/ARTIz36xZ93XhHjtfbmFaszU170503.shtml.

综上所述，本章设计了三个互动活动——"我最美的样子""美在我心里""少年立大志"。通过欣赏美、发现美、讨论外在美与内在美，并分析自己的积极心理品格优势，引导学生产生内外兼修的意识，立大志，并且开始在行动中主动创造青春之美。

～♥⋘ 延伸阅读 ⋙♥～

♥ 推荐书籍

《无言之美》
朱光潜，北京大学出版社，2005 年

朱光潜先生的美学观念是现代西方美学和中国传统美学的有机结合。人为什么需要审美经验？这样的问题与人生的意义有关。人生的意义不在于实体意义上占有多少事物，这是有限的；而在于境界的意义上享有多少事物，这是无限的。

《示弟立志说》
王阳明，收录于《王阳明全集》，线装书局，2014 年

王阳明为自己的弟弟撰写此文，陈述了立志的缘由、方法和效果。他认为如果没有立志，就像没有种下根却去培植浇水。所谓立志与财富、权力和声名无关，而是立有生命价值之志。文中有很多值得铭记的名言警句。

《活出生命的意义》
维克多·弗兰克尔，华夏出版社，2018 年

本书提供了一个深刻的哲学思考和人生探索的视角，它帮助人们应对苦难和挫折，启发人们寻找生命的意义和价值，并通过自我超越和服务他人来实现内在的自由和成长。该书具有极高的实用性和启示性，不仅在心理学领域受到了广泛的认可和应用，也成为了一部跨越文化和时空的经典之作。

《真实的幸福》

马丁·塞利格曼，浙江教育出版社，2020 年

本书是积极心理学家马丁·塞利格曼的集大成之作。他认为传统的心理学只关心心理疾病，虽然已经可以对抑郁症、精神分裂症、酗酒等问题做出非常精准的描绘，并且已经有很多心理疾病可以通过药物和心理治疗的方式进行有效医治，但是很多的人更需要的不是一天天减少痛苦，而是找到生活的意义，变得越来越幸福。作者致力于倡导积极情绪，建构优势和美德，帮助人们获得幸福。本书以一种通俗而又不失科学的方式告诉我们，什么是真正的幸福，以及怎样才能变得更加幸福。

《半小时漫画青春期》

陈磊·半小时漫画团队，天津科学技术出版社，2021 年

本书通过手绘漫画的形式讲解了青春期会遇到的烦恼及其背后的知识：从毛毛痘痘到精子、卵子，解释青春期各种身体变化的生理原因。其中有一些非常精彩的语句，比如：青春痘是雄激素引发的一场"惨案"，脸红心跳和懵懂的情感是神经和激素的一场"游戏"，渴望认可是人类自古以来就有的求生本能……这本爆笑科普漫画帮助同学们青春不困惑，成长没烦恼。

♥ 推荐影视

《青春之歌》

这是一部根据当代作家杨沫女士半自传体同名长篇小说改编的著名电影，于1959 年上映。影片以二十世纪"九一八"事变到"一二·九"运动为社会背景，构建了中国革命的经典叙事，影片生动地刻画了在大时代中寻找人生道路的不同类型的青年形象。主人公林道静和对她的成长产生了重要影响的共产党员们历经苦难，为理想而奋斗、牺牲，经历荡气回肠。这部电影仍能给今天的青少年带来深刻的震撼。

《恰同学少年》

这部电视剧于 2007 年上映，以毛泽东等先辈青年时期在湖南第一师范的求学生活为主线，展现了以毛泽东、蔡和森、向警予、杨开慧、陶斯咏等为代表的优秀青年追求为国为民的崇高理想的故事。当时的中国处于积贫积弱的状态，他们敢以天下为己任，将年轻的生命融入宏大的社会使命中，代表了当时追求进步的青年知识分子的心态。剧情表现了革命先辈从普通的有志青年成长为成熟的政治家的过程。

传道授业解惑

互动活动一：我最美的样子

一、活动目标

1. 我知道珍惜自己的爱美之心。

2. 我能够看到自己的美，并清楚怎么做能让自己更健美。

二、引领问题

1. 什么是一个人最美的样子？

2. 标奇立异、怪诞、出格会带来美感吗？

3. 美的样子在不同人的身上会是一样的吗？

4. 外在美包含什么特征？

5. 如何才能让外在美更加自然、健康保持更久？

三、活动准备

❖ 轻音乐

❖ 展示花草树木生命绽放的视频（如《绝美！二十四节气见证生命的绽放》，人民日报）

❖ 5—10 张祖国大好河山美景图、学生家乡美景图和校园美景图

❖ 案例"小丽的苦恼"

❖ 活动卡 "头脑风暴大话'美'""辨一辨，哪里美""我最美的样子"

❖ 学习资料 "美的定义""美从何处寻？"

四、活动过程

第一步：欣赏美

1. 播放展示花草树木生命绽放的视频。

2. 提示同学们以静心的状态欣赏美景，欣赏四季花朵的生命力。

3. 老师播放轻音乐，并依次呈现有代表性的祖国大好河山美景图，再到家乡、校园的美景图，引导同学们置身于美景的陪伴中。

4. 提问思考：

❖ 你感受到了哪些美？

❖ 你在欣赏美景时的心情可以用哪些词汇加以形容？

❖ 在欣赏这些美景时，你还联想到哪些事物？

小结：大自然的美或纯净和谐，使人宁心静气；或大气磅礴，令人心旷神怡。这种美疗愈身心，赋予人能量，激发我们寻求美、接近美的愿望。除了自然界的美，生活中还有很多美好，让我们一起去发现生活中的美。

第二步："美"词多多

同学们，看到"美"字，你能想到哪些关于美的人、事、物、感觉和体验呢？让我们来一场以"美"组词的头脑风暴吧。三分钟，写得越多越好，看看你对"美"有多强的记忆、观察力和感受力！

活 动 卡 头脑风暴大话"美"
美丽

第三步：辨一辨，哪里美？

1.下面的活动卡里有很多成语和词语，里面不一定有"美"这个字。当你读到这些成语时，你的脑海里会有与"美"相关的意象吗？请把它们挑出来！

2.再开动我们的最强大脑，辨一辨下面的词语有哪些表示外在美？哪些表示内在美？哪些表示内外兼美？请填入相应的位置。

活 动 卡 辨一辨，哪里美

洁身自好、秀外慧中、侠肝义胆、冰清玉洁、才貌双全、小家碧玉、天生丽质、明艳动人
粉妆玉琢、闭月羞花、坚韧不拔、一表人才、气若幽兰、温婉柔顺、娴静端庄、国色天香
亭亭玉立、身轻体健、茁壮成长、健步如飞、福寿康宁、勤俭节约、落落大方、倾国倾城
学识渊博、温文尔雅、蕙质兰心、淡雅脱俗、赤子之心、高山景行、功德无量、厚德载物
德高望重、廉洁奉公、锲而不舍、平易近人、奋不顾身、持之以恒、义无反顾、生龙活虎
见义勇为、刚正不阿、善解人意、和蔼可亲、内柔外刚、内外兼修、表里如一、自强不息
花枝招展、腹有诗书气自华、眉清目秀、善良、奋斗、友好、沉鱼落雁

外在美	内在美	内外兼美
你补充！	你补充！	你补充！

第四步：你最美的样子？

1.读案例

案 例 小丽的苦恼

中学生小丽，身高 1.65 米，体重 128 斤。班上有个调皮的男生有一次笑话她是"白胖子"，她感到又羞又恼，开始为体重烦恼，觉得自己很丑，情绪低落，学习时也常常走神。后来她听说不吃米饭可以减肥，吃泻药可以更快减肥，就毫不犹豫地开始行动。结果两周下来虽然体重减了一些，但是小丽看上去面黄肌瘦，有气无力。加上功课也耽误不少，成绩开始下滑，她的情绪越发低落。为此，她很茫然，不知道该怎么办了。

2. 读学习资料

学习资料 美的定义[1]

美的定义是一个广泛而深刻的话题，可以从不同的角度和层次进行理解和阐述。综合搜索结果，关于美的定义主要有以下几种理解和解释。

1. 美学角度：美是指能引起人们美感的客观事物的一种共同的本质属性，包括生活美和艺术美两个最主要的形态。生活美又分为自然美和社会美，艺术美包含优美、崇高、悲剧、喜剧等几个基本范畴。美的本质、定义、感觉、形态及审美等问题的认识、判断、应用的过程是美学。

2. 感官角度：美是一种视觉上的享受和愉悦感受，通过观察和欣赏美丽的事物如自然景观、艺术作品等获得。同时，美也可以通过听觉、嗅觉、触觉等感官之间的和谐与愉悦来体验。

3. 内在品质角度：美是一种内在的品质和特征，如善良、真诚、宽容等。这种美被认为是一种道德和精神上的美。美可以指人的内在品质，如善良、正直、勇敢等，这些品质被认为是优秀的人格特征。

4. 心理预期角度：美是一种符合心理预期和期望的东西，当事物符合我们的期望时，我们会认为它是美的。

5. 对称和谐角度：美是一种对称与和谐的表现，当事物的各个部分之间有一种平衡和谐的关系时，我们会认为它是美的。

6. 外在形象角度：美可以指外在的形象、外貌或身材等方面的美丽，这种美的含义通常是基于审美标准而产生的。

7. 社会文化角度：美可以指各种文化传统、历史遗迹、文化习俗等，这种美的含义通常是基于文化标准而产生的，因为文化的独特性和多样性可以给人带来认知的乐趣和文化的魅力。

3. 思考讨论

❖ 小丽遇到了什么问题？

❖ 她认为自己丑，这对她产生了哪些影响？

❖ 如果你是她的朋友，你会跟她说什么？

4. 小组助人计划

❖ 作为同班伙伴，我们能从哪些方面帮助小丽？请制定助人方案。

❖ 各组分享自己的助人方案。

❖ 组与组之间互相评估助人方案的可行性，并说明原因，取长补短。

1　宗白华．美从何处寻——宗白华美学文选 [M]．济南：山东文艺出版社，2020.01.

小结：通过案例分析、学习和讨论，相信同学们心目中对形象美有了更全面的认知，为了自己的形象美也会采取一番行动。青少年最美的样子一定不是矫揉造作的，也不是萎靡不振的，而是生机勃勃的、容光焕发的、自信挺拔的，是自然的、和谐的、健康的。

第五步：打造我最美的样子

1. 请同学们闭上眼睛，想象自己最美的形象。播放舒缓的轻音乐。

2. 当同学们思考自己最美的形象时，一定会有一些具体的细节，比如什么样的发型、什么样的着装等，而且一定是想要实现这样的形象，并且保持美好的形象。现在，请进一步从以下几方面加以思考，具体描绘出自己在这些方面究竟要做到什么，才能够如愿保持美好形象，并完成活动卡。也可以在文字之外加上绘画。

活 动 卡　我最美的样子	
美什么	做什么
1　个人卫生	
2　发型	
3　衣着	
4　体态	
5　表情	
6　体重	
7　体育运动	
8　饮食	
9　睡眠	
10　……	

用一句话概括自己健美的样子！画出来也会很有趣！

3.邀请同学们分享"我最美的样子"，结合学习资料"美从何处寻？"[1]。

学习资料 美从何处寻?

"一句话，就是你的心要具体地表现在形象里，那时旁人会看见你的心灵的美，你自己也才真正地、切实地、具体地发现你的心里的美。除此以外，恐怕不容易吧！"

"达到这样的、深入的美感，发现这样深度的美，是要在主观心理方面具有条件和准备的。我们的感情是要经过一番洗涤，克服了小己的私欲和利害计较。矿石商人仅只看到矿石的货币价值，而看不见矿石的美的特性。我们要把整个情绪和思想改造一下，移动了方向，才能面对美的形象，把美如实地和深入地反映到心里来，再把它放射出去……"

小结：自然和健康的外在美都是我们想要的。在追求形象美时，我们还需要提醒自己需要有一定的批判精神，审视自己和他人对外在美的描绘，不盲目跟风，而是追求适合自己的、令人舒服的、和谐的形象美。

第六步：静心沉淀

收获	自我评价	给自己打个分
心智成长	1. 我知道珍惜自己的爱美之心。	
	2. 我能够看到自己美的地方，并清楚怎么做能让自己更健美。	
学习状态	倾听	
	用心参与	
	积极表达	
用我喜欢的方式（文字或绘画）沉淀收获：		

五、活动反思

在"美词多多"环节，需要对学生进行一些引导，打开学生寻找美、欣赏美的视角，给予充分的时间进行头脑风暴。如果学生对于美的联想很丰富，可以直接引导学生发现不同的美并进行归类——内在美、外在美。如果学生欣赏美的视角受限，这时利用第三步进行补充，给出一部分词语，让学生再次头脑风暴。当学生对两种美有了思考，再出示案例进行分析。案例应该与他们当下的心态比较贴近，如果类似班级里真实的案例，适当进行调整，抹去太过个性化的痕迹，避免学生对号入座。

1　宗白华.美学散步 [M].上海：上海人民出版社，2007：24-28.

互动活动二：美在我心里

一、活动目标

1. 我能够通过榜样的力量，知道人的内在美更重要。

2. 我能够看到自己和他人的品格优势，并尝试在行动中发挥自己的品格优势。

二、引领问题

1. 从榜样的身上你感觉到了一种美的力量吗？

2. 我如何形容榜样身上焕发出来的美呢？

3. 这样的美触动到自己的内心了吗？

4. 为什么内在美不可或缺？

5. 我有哪些内在美呢？

6. 如何才能提升我的内在美的素养？

三、活动准备

❖ 彩色笔

❖ 央视感动中国 2022 年度人物颁奖盛典视频《徐梦桃：梦想无时休》

❖ 活动卡"发现我的品格优势"

❖ 学习资料"积极心理学品格优势清单"

❖ 学习资料"发现品格优势小妙招"

四、活动过程

第一步："我很好"——美感初体验

1. 老师通过问"同学们，你们好吗？"调动课堂氛围，并示意同学们可以拍拍胸脯，或者竖起大拇指说"我很好！"。

2. 老师再问"同学们，你们好吗？"，邀请同学们用手势跟自己说三次"我很好！"。

3. 请学生思考并说出三次"我很好"的不同原因。

4. 老师提示同学们在这种"我很好"的感觉中，感受内在美。

第二步：感受榜样的美

1. 引导：我们通过设计"我最美的样子"，关注自己的外在美，现在我们开始讨论更为重要的内在美。我们一起来看个视频——《徐梦桃：梦想无时休》。

2. 讨论分享：

❖ 视频中什么地方最触动你，使你感动？

❖ 你认为徐梦桃美吗？美在哪里？

❖ 通过感受徐梦桃的美，你认为人内在美都有哪些？

3. 阅读"积极心理学品格优势清单"，小组内每位同学读一条，依次读，不懂就讨论，向老师提出问题。

学习资料 积极心理学品格优势清单[1]

心理学家马丁·塞利格曼和克里斯托弗·彼得森从积极心理学的视角出发，总结出24种品格优势，并将其分别归入六大美德类项。内在美主要体现在这24项品格优势上。这些得到了跨文化的普遍认同的品格优势为我们提供了内在美的具体内容。

	一、智慧：获取知识和应用知识的智慧以及认知优势。	
1	创造力	不满足于常规的做事方法，喜欢用非传统而富有创意的方式思考问题和做事。
2	好奇心	主动追随新奇的事物，而非被动地吸收信息，能对许多正在进行的事情感兴趣。
3	思维力	能够客观且理性地过滤信息，不草率下结论，不将自己的需要和诉求与事实混淆。可以周详地考虑事情，根据事实做出利人利己的判断，且愿意做出改变。
4	好学	喜欢学习、阅读等，愿意去任何可以学到新东西的地方，且对掌握新技能非常感兴趣。
5	洞察力	能够向他人提供明智的忠告，且能请具有这种优势的人给自己提供指引。看问题的方式使这些问题迎刃而解，是生活中解决问题的专家。
	二、勇气：即使在很不利的条件下，还能为达成理想目标而勇往前行。	
6	正直	很诚实、真诚、不虚伪。能够真实地面对现实生活，真诚对待自己与他人，不论说话办事都能诚诚恳恳、实事求是。
7	勇敢	能够将恐惧情绪与自己的行为分开，勇敢直面风险和危险。绝不会在威胁、挑战、困难或痛苦前畏缩。明知可能对自己不利，但仍挺身而出。能够泰然地面对逆境，且不会为此丧失尊严。会根据自己的信念而行动，即使面对强烈的反抗，仍会将信念坚持到底。
8	坚韧	不会虎头蛇尾，做事总能有始有终，能承担困难的工作并把它完成，而且并不抱怨。这样的人不仅能完成所承诺的部分，有时还能完成更多。
9	活力	通常精力充沛，无论做什么都会全心全意、竭尽全力。对生活总是充满激情和活力，每天早上睁开眼睛时，对自己的生活工作都充满期待和动力。

	三、人道：在与他人交往中保持仁爱之心，以人为本，理解他人，善待他人。	
10	善良	善良，对他人很仁慈、慷慨，喜欢助人，即使对不太熟的朋友也会提供帮助。能够看到他人的价值，凡事先替他人着想，有时甚至会将自己的利益放在一边，经常从帮助他人中得到快乐。
11	爱	拥有爱与被爱的优势，非常重视与他人的亲密关系，也重视别人是否也一样珍惜这种关系。
12	人际智力	能够注意到人与人之间的不同点，很容易地识别出他人心情与气氛的变化。能意识到自己的动机及感觉，并且能针对这些不同特点做出恰当的反应。还会充分地把自己的优势和兴趣利用起来，最大程度地让自己与他人关系保持友好。
	四、正义：超越了一对一的关系，是与集体的关系，如与家庭、社区、国家及世界的关系。	
13	公平	能按照正义的理念对待所有的人，不会让自己感情和偏见影响任何决定，会给任何人同样的机会，能将别人的利益看得与自己的一样重要，即使对方是个陌生人。
14	领导力	不但有很好的组织才能，还能与组织成员保持良好的关系，并能如期实现工作目标。能够对团体中的所有人有爱心，对所有事无恶意，对所有正确的事都坚持。除了有效率之外，还有人道的美德。并能勇于认错，承担犯错的责任与后果。
15	公民精神	通常很忠诚，有凝聚力，有团队精神，能努力做好本职工作，并努力使团队获取成功。但不是愚昧盲从，而是经过独立思考而尊重权威。
	五、节制：能恰当并适度地控制自己需求和想法，但不是压抑自己的动机，而是等待最佳时机，能在最少伤害自己或他人的同时，满足自己的需求。	
16	宽恕	能以慈悲为处事原则，能宽容他人，能原谅那些曾对不起他们的人，永远会给别人第二次机会。
17	谦逊	低调，不张扬，不装腔作势，不喜欢出风头，谦虚。认为他人同样值得敬重。
18	审慎	能细心地思考，并小心地做出选择，不说和不做以后可能会后悔的事。会三思而后行，能为了长远的目标和将来的成功，抵住眼前的诱惑与暂时的冲动。
19	自我规范	能够控制住自己的情绪、欲望、需求和冲动，直到适当的时机到来。而且知道什么是对的，什么是错的。
	六、超越：是信仰上的一种情感力量，它超越了自我，将自身与他人、社会、国家等更宏大、永久的事物相连。	
20	欣赏	会去欣赏各个领域和情景中的美和卓越的事物。对美好的东西充满了敬畏与惊喜，激励自己奋发图强。
21	感恩	会随时表达对他人的谢意，不会把好事当成理所应当，能意识到并感激发生的好事。对生命本身很珍惜和感恩。

续表

22	希望	对未来有憧憬并持有积极观点，对生活有目标，相信只要努力便会有好运。
23	幽默	喜欢笑和逗笑，富有幽默感。总是看到事情光明的一面，并能经常给别人带来欢笑。
24	灵性	知道自己在这大千世界中明确的位置，相信每个人每件事都有意义。对人生有更高的目标和一致的信念。有信仰，并以此塑造自己的行为，而信仰也是自己获得慰藉的源泉。

4. 请同学朗读《感动中国》为徐梦桃写的颁奖辞。

> **《感动中国》2022 年度人物徐梦桃**
>
> 烧烤炉温暖的童年
> 伤病困扰的青春
> 近在咫尺的金牌
> 最终披上肩膀的国旗
> 全场最高难度
> 这是创纪录的翻转
> 更是人生的翻转
> 桃之夭夭，灼灼其华
> 梦之芒芒，切切其真

5. 结合学习资料，邀请同学们说出徐梦桃拥有的品格优势，老师通过在黑板上记录加以强化。

小结：徐梦桃的美是她立大志时永不言败的意志，忍痛训练时的勇气与坚韧，是她乐观、积极向上的精神，是她因热爱和梦想不断自我突破的冰雪人生。在她的身上，我们看到了品格优势的魅力，激励着我们去发现自己的品格优势，创造美丽青春。

第四步：发现我的品格优势

1. 最佳时刻

请同学们认真回想自己的最佳时刻，越多越好！

❖ 自己曾经在哪些方面获得突出进步、获得成就感？比如赢得了奖项、受到了夸赞。

❖ 自己曾经完成了什么艰难的任务？

❖ 自己曾经承担了什么富有挑战的责任？

❖ 自己曾经如何克服困难履行了自己的诺言？

❖ 哪些事情曾经让自己非常开心、快乐？

❖ 自己做的哪些事情给他人带来了帮助，使自己体会到价值感？

❖ 哪些事情让自己曾经非常专注地去做，甚至废寝忘食？

2. 最佳时刻体现的品格

每一个人都有这 24 项品格优势，但是并不是 24 项都非常突出或者都非常薄弱，每个人都有自己独特的品格优势组合包。如何才能知道自己的组合包有些什么呢？

在自己的最佳时刻，你最容易表现出自己突出的品格。那么，在你写出来的最佳时刻情境中，你看到自己表现出来什么品格了吗？

在你的最佳时刻表现频次高的品格，就是你的品格优势！请你挑出三项！

请阅读学习资料"发现品格优势小妙招"，耐心地使用活动卡，填写自己的最佳时刻，并用彩笔点亮自己的品格！

3. 小组分享

❖ 你给自己点亮了哪些品格优势？

❖ 这种品格优势给你带来了什么感觉、什么结果？

❖ 邀请同学们用彩笔点赞或补充小组内其他同学的一两种积极品格。

4. 全班分享

❖ 随机请两三位同学进行全班分享，其他同学为你补充的哪些品格优势让你感到惊喜？

❖ 你为什么给他 / 她点赞或补充这种品格优势？

学习资料 发现品格优势小妙招

1. 记日记：记录下每天的积极事情，看看自己在这个过程中发挥了哪些品格优势与美德。

2. 积极自我介绍：在与他人交流时，为自己做一个积极的自我介绍。

3. 他人眼中的我：邀请家人、老师、同学、朋友等，说说自己的优势品格，并添加在自我优势表中。

活 动 卡 发现我的品格优势

我的最佳时刻	发生了什么?	表现出什么品格?
成功的经历		
进步的经历		
他人的夸赞		
克服困难去做的事情		
开心的事		
助人的经历		
经常愿意主动去做的事情		
曾经废寝忘食去做的事情		
我的三个品格优势（用喜欢的颜色和图形为自己点亮） 1. 2. 3.		
他人补充的我的品格优势		

小 结：品格优势就是我们的内在美，内在美让人感动，给人力量！请在学习生活中发挥你的品格优势。

第五步：静心沉淀

收获	自我评价	给自己打个分
心智成长	1. 我能够通过榜样的力量，知道人的内在美更重要。	
	2. 我能够看到自己和他人的品格优势，并尝试在行动中发挥自己的品格优势。	
学习状态	倾听	
	用心参与	
	积极表达	
用我喜欢的方式（文字或绘画）沉淀收获：		

五、活动反思

在活动中，内在美的引导相对于外在美更难，外在美是我们喜闻乐见的，比较显性，也比较容易有体会，而内在美需要用心去感悟自己的经历和他人的经历，更需要借助榜样引导学生去体会内在的气质和精神。未来开展此项活动时如果能找到学生身边的榜样会更有帮助。

互动活动三：少年立大志

一、活动目标

1. 我认真思考了我的志向是什么。

2. 我能够有计划地为自己的志向付出努力。

二、引领问题

1. 为什么少年的我要立志？

2. 志向是技能吗？

3. 志向是职业吗？

4. 今天的我在思考志向时，想到了哪位榜样？

5. 是什么影响了我对志向的选择？

6. 我要如何为志向努力？

三、活动准备

❖ 彩色笔

❖ 活动卡"我的'志向树'"

❖ 学习资料"名人立志故事"

❖ 学习资料"青少年应如何立志"

四、活动过程

第一步：查资料

1. 分小组到图书馆查找关于志向的书籍。可以是关于立志的，也可以是名人传记、英雄故事等，同时收集励志名言3—5条。

2. 把书借回来，坐在教室里阅读。

3. 通过阅读，各小组选择两三个立志故事，梳理出主人公、志向、人生故事梗概。

4. 各小组选择3—5条关于立志的名言。

注意：如果条件不允许，教师可以提前布置给学生，让学生通过网络查阅，简要抄录在纸上，带到学校来作为上课素材使用即可。

第二步：故事会——立志之我见

1. 各组依次上台讲故事。

❖ 故事中的主人公树立了什么志向？

❖ 为什么他年少时立的志能成就其伟大的人生？

❖ 他是怎样实现自己志向和理想的？

❖ 读完故事，对你在立志上有什么启发？

2. 立志名言分享。

3. 同学也可以踊跃自荐，介绍学习资料里的故事。

名人立志故事（1）

屈原洞中苦读：屈原从小就立志勤奋读书，为国家效力。他小时候就不顾长辈的反对，不论刮风下雨，天寒地冻，都躲到山洞里去偷偷读《诗经》。经过三年，他终于熟读了《诗经》，从这些民歌民谣中吸收了丰富的营养，后来终于成为了一位伟大的爱国主义诗人。

柳公权戒骄成名：柳公权从小在书法方面就表现出过人的天赋，他的字远近闻名，因而有些骄傲。不过，有一天他遇到了一位没有手的老人，发现老人用脚写的字竟然比他用手写的还要好。从此，他时时把"戒骄"放在心中，勤奋练字，虚心学习，才成为一代书法大家。

岳飞七岁赋诗：岳飞小时候家里很贫穷，母亲含辛茹苦，亲自教他读书写字。岳飞没有钱买纸笔，就用树枝作笔，沙地作纸。他学习十分用功，尤其喜欢读《左氏春秋》《孙吴兵法》，崇拜诸葛亮等济世名臣。他七岁的时候写了一首诗："投笔由来羡虎头，须教谈笑觅封侯。胸中浩气凌霄汉，腰下青萍射斗牛。英雄自合调羹鼎，云龙风虎自相投。功名未遂男儿志，一在时人笑敝裘。"非常有气势地表达了自己的志向。他少年时还曾以联寄志："诸葛大名垂宇宙，元戎小队出郊坰。"表明自己将来要像诸葛亮那样报效国家，拯救人民，建功立业。正是因为他从小不畏贫苦，立志高远，才成就了一代抗金名将的美名。[1]

名人立志故事（2）

林则徐对联立志：我们熟知的民族英雄林则徐，从小聪慧。有一次，林则徐和同学们爬到海边山崖上，老师出题：我们站在山上看大海，请你作一幅对联，要求上下联中分别含有"海"字和"山"字。年龄最小的林则徐答道："海到无边天作岸，山登绝顶我为峰。"这副对联表达了少年林则徐的非凡才气和远大志向。林则徐长大后成就了一番大事业，受后世敬仰。

周恩来立志"为中华之崛起而读书"："为中华之崛起而读书"这一激励中华儿女的励志名言，是1911年14岁的周恩来在回答老师提问时说的。1910年，周恩来来到东北，先在铁岭上小学，后又转到沈阳东关模范小学。1911年的一天，正上课的魏校长问同学们：你们为什么要读书？大家纷纷回答：为父母报仇，为做大学问家，为知书明礼，为让妈妈妹妹过上好日子，为光宗耀祖，为挣钱发财……等到周恩来发言时，他说："为中华之崛起！"魏校长听到一惊，又问一次，周恩来又加重语气说："为中华之崛起而读书！"周恩来的回答让魏校长大为赞赏。年少时的周恩来虽然家境贫寒，但从未忘记过自己的远大志向，他不仅分担家庭重任，也勤奋学习，后来积极主动投身革命，最终和毛主席等革命先辈创建了新中国，中国人民终于翻身做主人，和蔼可亲的周总理也终于实现了自己少年时的志向。[2]

---

1 参考《中华勤学故事》，林俏导演，吴厚信编剧，2004年。

2 13岁的周恩来为何能答出"为中华之崛起而读书"[EB/OL]. http://zhouenlai.people.cn/n1/2018/0413/c409117-29924729-2.html?from=groupmessage

第三步：志存高远

1. 老师组织同学们学习资料"青少年应如何立志"，思考自己的志向是什么。

 青少年应如何立志

- ❖　人生志向要高远
- ❖　把远大的志向和现实行动相联系
- ❖　把远大的志向和平凡的小事结合起来
- ❖　把实现志向与艰苦奋斗结合起来
- ❖　把个人志向同国家的前途、民族的命运结合起来

活 动 卡　我的"志向树"

2. 请同学们将自己的志向写在志向树中心最大的爱心里。

3. 请在志向树爱心旁边的小爱心里写自己的积极品格优势。

4. 老师组织同学们把志向树集中贴在教室的宣传园地。

小 结：今天，在学习园地里每个人都种了一棵树，这是我们的志向。随着课程的继续进行，我们会进行更多的学习和思考，并且会学习制订切实可行的计划，使我们的志向树根深叶茂。

第五步：静心沉淀

收获	自我评价	给自己打个分
心智成长	1. 我认真思考了我的志向是什么。	
	2. 我能够有计划地为自己的志向付出努力。	
学习状态	倾听	
	用心参与	
	积极表达	
用我喜欢的方式（文字或绘画）沉淀收获：		

五、活动反思

本次活动是学生进入初中后第一次严肃地思考如何创造美丽青春、如何少年立志。这是一个持续的话题，自然也会伴随着持续的引导。因此，本次活动中学生达到一定的思考程度就可以了，有了初步的意识之后，不必立即要求学生拿出宏伟的行动计划来。随着课程的深入，学生会逐渐更充分地做好准备，尤其是做出具有可行性的行动计划。老师把学生查阅到的立志故事加以汇总，经过选择，作为未来课程的参考素材。当然，也可以在教室里张贴一段时间，为学生营造一个"向先辈学习立志"的积极的集体成长环境。

家校共育——"家长课堂"小活动

♥ 健康美

青春期的孩子注意自己的外在形象，但是因为学校要求穿校服，对发型也有规定，因此孩子在家里对外在形象的在意会表现得更为直接，一有机会就尽情张扬自己对外在美的个性追求。这很正常，爱美也是好事。这给了家长与孩子一起坦率探讨什么是美的机会。

很多家长对社会上着装怪诞或哗众取宠等不正之风抱有警惕的意识，但是在与孩子交流时仅仅采用否定和限制的办法往往难以奏效。一个有趣又有效的方法是和孩子一起打造"健康美计划"，因势利导，然后一起坚持打卡。

♥ 品格美

积极心理学总结出来的很多品格优势是具有古今中外跨文化共识的，可以成为家庭心理建设的得力工具。父母能够根据自己的具体情况进行梳理，甚至进行一下测试，了解自己的品格优势，这对职场和家庭都很有意义。

家庭成员的美好品质可以互相传递成长的力量。以乐观和毅力为例，很多家长工作担子重，也要打点家庭琐事，关照孩子的学习和生活一点也不省心，所以时常会顾此失彼，一地鸡毛。如果家庭发生重大变故，困难会更多。家长的乐观与坚毅无疑就是家庭中需要的品格优势。再比如内省，家庭成员之间的关系是最亲密的，但是产生矛盾也不可避免。很多家长越来越重视理解孩子的心理需求，在发生矛盾后会选择反省自身，不仅有利于化解矛盾，也为孩子做了榜样。

♥ 家训美

《钱氏家训》是一本值得每个家庭拥有的书，也是一部立志有成的活教材，夫妻共同阅读有助于家长思考家庭的家训。家长是少年时期的过来人。自己少年时的志向是不是实现了？后来经历了一些什么变化？如何内外兼修？有过什么经验教训？这些都是值得与孩子分享的内容，也可以写入家训。

～❤❤ 蒲公英的教学做 ❤❤～

♥ 用我心灵的眼睛发现你

每个学期的期末总结会，全体教职员工都会进行一项已经延续了十八年的传统活动，那就是"用我心灵的眼睛发现你"。教职员工聚在一起，在舒缓的背景音乐中，宁心静气地回想学期中曾经使自己的心灵受到触动的最难忘的瞬间，并且当场写出来，然后自愿分享。很多人都会在分享时热泪盈眶。

无论在一个学期的工作中老师们如何忙碌，大家仍然会记住那些发生在同事之间、志愿者之间、捐赠方之间的一些十分特殊的感受，那就是在红尘中看到了人的心灵美的珍贵时刻，这也只有用心灵的眼睛才能看到。把大家写的故事积累起来，就是一部集体心灵成长的美美与共的纪实。

后来，一些老师也把这个活动迁移到自己的课堂上、班会上和学校活动中。学生们也潜移默化地美化了心灵，学会了用自己的方式欣赏同学，感恩帮助过自己的志愿者们。

心理社团的同学们在给伙伴写"欣赏你的美"

♥ 使命宣言

学校多年坚持开展"使命宣言"这一活动。每个学生会写三次"使命宣言"。初一、初二、初三，每升一个年级，就写一次，并结合相应的活动公开宣读。这个活动激发学生立志，并鼓励他们付诸行动。随着学生年龄增长，心智也愈加成熟，"使命宣言"就成了成长的见证。

第七章

做情绪的主人——
致中和

～♥～ 访古探今 ～♥～

♥ 现实中的困惑

❖ 我的情绪真是丰富多彩，喜怒哀乐一应俱全。为什么我会有这么多不同的情绪？

❖ 有的同学经常情绪饱满，对我特别有感染力。他们是怎样做到的？

❖ 我知道冲动是魔鬼，会让自己做出冒失的行动，可是我却控制不住自己。

❖ 有时候我心里不痛快，就向同学发脾气，有些小伙伴因此不爱和我玩了，我该怎么办呢？

❖ 妈妈有时会对我发无名火，我很郁闷。

❖ 新学期开始一个月了，但在这个新环境里还是不太适应，让我感到有些焦虑。

❖ 有时我会因为别人的一句话感到伤心，就一个人发呆，甚至想哭。

❖ 我情绪不好的时候，觉得喝口水都塞牙；情绪好的时候，看啥都顺眼。这样正常吗？

❖ 有时候我觉得什么都不如意，可是又不知道自己到底需要什么。

♥ 值得思考的问题

❖ 什么是情绪？

❖ 情绪有好坏之分吗？

❖ 情绪有哪些类型和功能？

❖ 情绪会影响我们的认知吗？

❖ 认知会影响我们的情绪吗？

❖ 为什么青少年的情绪容易不稳定？

❖ 如何觉察自己和他人的情绪呢？

❖ 情绪失控有什么不良后果呢？

❖ 情绪管理的办法是逃避或者压制自己的不良情绪吗？

❖ 情绪能够转化吗？

❖ 中国传统文化是怎样看待情绪的？

❖ 如何合理表达自己的情绪？

❖ 如何化解愤怒的情绪？

❖ 如何培养积极情绪？

♥ 经典永流传

❖ 喜怒哀乐之未发，谓之中；发而皆中节，谓之和。——《中庸》

❖ 子曰："有颜回者好学，不迁怒，不贰过。"——《论语·雍也》

❖ 子曰："巧言乱德。小不忍，则乱大谋。"——《论语·卫灵公》

❖ 子曰："内省不疚，夫何忧何惧？"——《论语·颜渊》

❖ 子曰："君子泰而不骄，小人骄而不泰。"——《论语·子路》

❖ 子曰："人不知而不愠，不亦君子乎？"——《论语·学而》

❖ 子曰："知者不惑，仁者不忧，勇者不惧。"——《论语·子罕》

❖ 喜、怒、哀、惧、爱、恶、欲，七者弗学而能。——《礼记·礼运》

❖ 君子威而不猛，忿而不怒，忧而不惧，悦而不喜。——诸葛亮《便宜十六策》

❖ 争恨小故，不忍愤怒者，谓之忿兵，兵忿者败。——《汉书·魏相传》

♥ 相关心理学知识

1. 情绪（emotions）

情绪是人对客观事物的主观体验，通常引起相应的行为反应，对其他心理活动具有组织的作用，在人际方面具有传递信息、沟通思想的功能[1]。人类的情绪是人性的直接表达。诗辞歌赋、寓言故事以及暗喻和明喻，皆体现着心灵的语言——情绪[2]。

---

1 保罗·艾克曼.情绪的解析 [M].杨旭，译.海口：南海出版公司，2008.

2 丹尼尔·戈尔曼.情商 [M].杨春晓，译.北京：中信出版社，2018：46.

情绪按照不同的维度划分为基本情绪和复合情绪、积极情绪与消极情绪等。当人处在积极、乐观的情绪状态时，容易注意事物美好的一方面，其行为比较开放，愿意接纳外界的事物；而当人处在消极的情绪状态时，容易失望、悲观，放弃自己的愿望，或者产生攻击性行为。

2. 积极情绪（positive emotions）

美国心理学家芭芭拉·弗雷德里克森认为积极情绪是对个人有意义的事情的独特反应，是一种暂时的愉悦的主观体验。她列出了积极情绪的 10 种形式，按照人们所反馈的感受频率，从高到低依次为：喜悦、感激、宁静、有趣、希望、自豪、逗趣、激励、敬畏、爱。提升积极情绪的方法包括自我鼓励法、语言调节法、环境制约法、注意力转移法、能量发泄法等。[1]

3. 情绪智力（emotional intelligence）

情绪智力的概念由两位心理学家约翰·梅耶和彼得·萨洛维于 1990 年第一次提出。1995 年丹尼尔·戈尔曼发表了《情商》一书。作者认为当时的心理学研究"一直忽略了情感在人类心理生活中所占的一席之地，心理科学的情绪研究是一块未被开发的广袤大陆"，而作者的目的是把情绪这种说不清楚的东西说清楚。[2] 丹尼尔认为情绪智力"包括自我激励、百折不挠；控制冲动和延迟满足；自我调节情绪和防止困扰情绪影响思维能力；以及富有同情心和充满希望"。

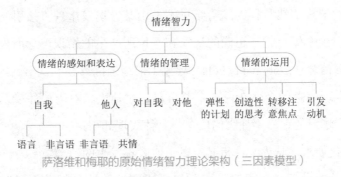

萨洛维和梅耶的原始情绪智力理论架构（三因素模型）

4. 致中和

"致中和"是儒家思想的核心概念之一。从心理学的角度加以理解，"致中和"的思想不仅涉及人的情绪管理智慧，而且从世界观的角度和人性的角度对如何整

体性地理解人类情绪管理的目的进行了阐释。

《中庸》有云："喜怒哀乐之未发，谓之中。发而皆中节，谓之和。中也者，天下之大本也，和也者，天下之达道也。致中和，天地位焉，万物育焉。"朱熹的注释是这样的："喜、怒、哀、乐，情也。其未发，则性也，无所偏依，则谓之中。发皆中节，情之正也，无所乖戾，故谓之和。大本者，天命之性，天下之理皆由此出，道之体也。达道者，循性之谓，天下古今之所众由，道之用也。此言性情之德，以明道不可离之意……盖天地万物本吾一体，吾心之正，则天地之心亦正矣，吾气之顺，则天地之气亦顺矣。"[1]

致中和的思想首先肯定了喜怒哀乐是人类普遍的情绪体验，进而认为对各类情绪的管理以"中"与"和"为尺度，因为人追求这样的心理状态尺度是符合天性、符合众道的；正是由于人类具有追求这样的"大本"和"达道"的心态，从而决定了万物的状态，使得天地之心正，天地之道顺。"天地位焉，万物有焉"源于人的致中和的智慧。[2]

"致中和"表达的是哲学高度的思想体系，融合了道德理想和思维方式，深入了个人心理的状态及行为特点，是对普通人在待人处世中提高情绪智慧的忠告。

5. 情绪 ABC 理论（ABC theory of emotion）

20世纪50年代，美国心理学家阿尔伯特·埃利斯创立了情绪 ABC 理论。该理论认为人的消极情绪和行为障碍结果不是由某一诱发事件直接引发的，而是由经受这一事件的个体对它不正确的认知和评价所产生的错误信念所直接引起。正是这些不合理信念（irrational beliefs）导致了情绪困扰。

持有不合理信念的个体在内心中对自己、对他人、对周边环境及事物抱有不现实的、不合逻辑的、站不住脚的信念，具体表现如下：

❖ 绝对化要求：认为某件事必定发生或者不发生的信念。

❖ 过分概括化：以偏概全，常常以"所有的事情我都做不好""我太差了"等形式出现在我们的内心。它的典型表现是个体用一件事情的成败判断自己的价值。这种不合理信念会使个体陷入难以调节的心理困境。

---

1 朱熹. 四书章句集注 [M]. 北京：中华书局，2011：20

2 杨立华. 中国哲学十五讲 [M]. 北京：北京大学出版社，2019.

❖ 糟糕至极感：指一旦有不好的事情发生，个体就感觉到结果一定会是非常可怕的。如果一个人一直持这种糟糕至极的想法，那当他遇到不好的事情时，他就会体验到大量的消极情绪，陷入恶性循环。不合理信念对青少年学生身心的健康成长有着较大的负面影响[1]。

6. 全然悦纳情绪

在《幸福的要素》一书中，作者泰勒·本–沙哈尔对如何理解和对待人所产生的情绪进行了解释。他认为人们的情绪和万有引力定律一样，都属于自然现象。一般情况下，人们不会无视万有引力定律，反而会拥抱它，甚至和它做游戏。而情绪是人性的一部分，就像万有引力定律是物体物理性质的一部分一样。如果我们不理解这一点，就会付出高昂的代价。我们要全然接纳自己的各类情绪，但并不是任由情绪发展。"全然悦纳就是要拥抱情绪，然后选取最合适的应对方式。"[2]

～♥～ 主题思辨 ～♥～

1. 情绪管理为一生的幸福打基础

情绪丰富了人类的心灵。作为人类日常生活中的一个中心部分，它有可能对人产生积极影响，也可能产生消极影响。由于情绪是多样的、可控的，因此情绪管理成为了人们可以学会的一种能力。

青少年的生理特点会对情绪状态产生特殊的影响。青少年身体发育迅速，性功能逐渐成熟，伴随着激素分泌等生理变化，心理上也呈现相应变化，表现为情绪的一些特点，比如高度的兴奋、激动、紧张和冲动，情绪波动剧烈。这也是青少年容易莫名其妙情绪失控或爆发的原因。

情绪与青少年的社会认知和行为发生着密切的互动。情绪管理的本质是善于

---

1 潘家琪. 初中生校外突发自伤行为的心理危机干预及反思 [J]. 中小学心理健康教育，2023（06）：44-46.

2 泰勒·本–沙哈尔. 幸福的要素 [M]. 倪子君，译. 北京：中信出版社，2022.

把握自我与外部人与事的关系，能够适当排解因矛盾和某些事件引起的过激反应，能以乐观的态度、幽默的情趣及时地缓解消极的情绪。[1] 人的成熟程度影响着情绪的状态。对于刚刚步入初中的新生而言，觉察情绪，认识情绪，合理表达情绪，逐步学习管理情绪，不仅是为当下也是为未来构建良好的自我认同和人际关系铺垫基础，这是一项走向幸福人生的基本功。

2. 情绪管理是一个整体系统

情绪管理不是头痛医头、脚痛医脚，而是一个完整的活动链条。情绪管理是在对生活加深理解的过程中实现的，不是硬要消灭负面情绪，而是与情绪共存。很多时候人们习惯将情绪分为"好的情绪"和"坏的情绪"，想尽办法要回避或消灭"坏的情绪"。但这种非好即坏的认知容易将青少年引向无法释怀的深渊。每一种情绪的产生都是对生活的反馈，其存在都有特定的价值和意义。因此，青少年要学会觉察情绪，尊重自己的情绪，合理地表达情绪，接纳并理解自己的情绪，这都是系统地管理情绪的组成部分。

在管理情绪的系统中，情绪本身不是问题，失去对情绪的理解与把控才是问题。在不同的文化熏陶下，人们对情绪的认知也是不一样的。中国古代哲人认为情绪来自人的本能，虽然实证性的科学实验研究不多，但是从经验出发对不同的情绪及其功能获得了深刻的认知。当代青少年需要熟悉中国传统文化是如何深度关注情绪管理的。

3. "致中和"是中国情绪管理的内核

中华文化精神的底层逻辑有一层中庸之道，"扣其两端而竭焉"。在情绪管理方面，"致中和"则是相应的表达。"致中和"具有鲜明的整体感，关注的是"普遍的和谐"，其中包括了自然万物之间、人与自然、人与他人、人的身心内与外之间。[2] "致中和"的整体感将人之常情的喜怒哀乐从感性层面升华到了理性层面，从个人范畴扩展到社会范畴，从思维方式链接到目标与结果，从人触达天地万物，而且将适于君子的理论转化成为大众日常待人处事的行为规范。

1　郑日昌，刘视湘.中小学心理健康教育 [M].武汉：武汉大学出版社，2010：129.
2　汪凤炎等.中国文化心理学 [M].广州：暨南大学出版社，2015.

很多相应的古典名句得以在民间世代流传和广泛传播，遂成为大众化的最朴素的情绪管理方法，人们可以受用终生。比如："喜怒哀惧爱恶欲，七者弗学而能""急则有失，怒中无智""君子威而不猛，忿而不怒，忧而不惧，悦而不喜""小不忍则乱大谋""大丈夫能屈能伸""过犹不及""发乎情止于礼""忍一时风平浪静，退一步海阔天空"等，都是对"致中和"这一思想不同角度的表达。

值得重视的是我国先贤在"致中和"的思想中强调了"大本"和"达道"。杨立华教授对此有一段精彩的分析："个人情绪状态所积累而成的个人的心态，积累而成为一个社会的普遍心态，并决定了天地万物的状态。"[1]因此，在引导青少年面对千姿百态的情绪时，仅局限在就事论事还不够。如果逐渐在教育中渗透"致中和"的内涵，就能对青少年的身心产生更深刻、更长远的影响。他们可以在情绪管理中修身养性，修心养德，修行养智。

4. 情绪管理需要积极心理品质

青少年在成长过程中会面临一系列的情绪困扰。在学校和家庭的环境中都有可能看到青少年呈现愤怒、焦虑、抑郁、失落等令人担忧的情绪状态。这些状态一开始多是暂时的，但是如果缺乏恰当的调节就有可能发展成为心理疾病。如何及早采取行动以避免这样的恶果发生呢？

承认和发扬人性固有的积极心理品质是最适合广泛使用的手段。孟子提出"四心"概念，即恻隐之心、羞恶之心、辞让之心、是非之心，并说："人之有四端，犹其有四体也。"他说人的四心代表仁、义、礼、智，而这些人性的内涵就像人有四肢一样自然。马斯洛则说："每一个人的内部本性一部分是他自己独有的，另一部分是人类普遍具有的……在这里，甚至可以大胆地说，人的这种内部本性是好的，或者是中性的，而不是坏的。"[2]在前人的基础上，西方积极心理学家马丁·塞利格曼谈到，过去的心理学更关注的是解决已经发生的心理疾病，而忽视了出现症状之前的正常的心理状态的建构。他认为积极心理状态的构建可以帮助人们更好地经历和应对生活中的挑战，获得更好的体验和幸福感。"积

1　杨立华．中国哲学十五讲 [M]．北京：北京大学出版社，2019.

2　马斯洛．动机与人格 [M]．方士华，译．北京：北京燕山出版社，2013：72

极心理学更在意积极的情绪体验，通过积极的情绪、优势和美德引领我们抵御伤害。"[1]

在学校实践积极心理学是一个立体的过程，关系到整个教育环境和教育过程的设计，这是青少年生活与成长的场景。就心理健康教育课程的角度而言，引导青少年构建价值观，提高自我效能感，找到方向感和意义感，增强自尊自信，处理好人际关系等，都需要积极心理品质的参与。正如芭芭拉所说："在日常生活中培养积极情绪，不仅可以避免忧郁和焦虑，还能扩大心理的积极面，发现日常经历的意义，获得真正让自己蓬勃发展的能力。"

综上所述，本章专注青少年的情绪管理：通过互动活动一"五颜六色的情绪"，认识不同的情绪，了解积极情绪和消极情绪的意义；在互动活动二"揭开情绪的秘密"中了解和体验对情绪加以分析的方法；互动活动三"与愤怒握手言和"则集中讨论愤怒这一可能导致青少年失控的情绪；互动活动四"做个开心果——培养积极心态"聚焦积极情绪的培养。

～❤❤～ 延伸阅读 ～❤❤～

♥ 推荐书籍

《中庸》

《中庸》是儒家经典之一，原属《礼记》第三十一篇，相传为战国时期子思所作，宋代学者将《中庸》从《礼记》中抽出，与《大学》《论语》《孟子》合称为"四书"。程颐、程颢认为《中庸》是"孔门传授心法"，"放之则弥六合，卷之则退藏于密"。朱熹认为它"历选前圣之书，所以提挈纲维，开示蕴奥，未有若是之明且尽者也"。

1　马丁·塞利格曼.真实的幸福[M].洪兰，译.杭州：浙江教育出版社，2020：57.

《情商：为什么情商比智商更重要》
丹尼尔·戈尔曼，中信出版社，2010 年

这本书第一次出版于 1995 年，产生了极大的社会影响。在十周年纪念版中，作者在"情绪智力"的概念之下，综合了大量科学成果，不仅探讨了相关科学理论，还介绍了其他关于脑科学的激动人心的研究成果。作者认为："情绪智力决定了我们学习自控等基础能力的潜能，而情绪竞争力代表我们掌握的这种潜能在多大程度上转化为职业能力。"情商的概念现在已经无处不在，在教育界也深受欢迎。作者希望对情商的普遍理解能够使之与大家的生活融为一体。

《积极情绪的力量》
芭芭拉·弗雷德里克森，中国纺织出版社有限公司，2021 年

本书通过各种科学实验向我们系统地介绍积极情绪从何而来，以及积极情绪的表现形式和作用，同时还告诉我们积极情绪和消极情绪实际上存在一个 3：1 的比例。本书用积极的视角引导我们如何减少消极情绪，增加积极情绪，构建幸福美满的人生。

《幸福的要素》
泰勒·本－沙哈尔，中信出版社，2022 年

作者曾经在哈佛大学开设了"积极心理学"课程，并使其成为最受欢迎的课程。在本书中，作者以"逆境中的幸福"作为前言的标题，讨论了在逆境中成长、从研究到自我研究、成功和幸福的神话、为什么幸福很重要、幸福是什么、幸福的悖论、真正的改变是可能的等话题，描述了构成幸福模型的五个元素：精神幸福、身体幸福、心智幸福、关系幸福和情绪幸福。作者认为这个模型使"你不仅能在各种挑战中生存，还可以成长得比以往任何时候都更强大、更幸福"。

《正道：中国文化传统》
张岱年，北京大学出版社，2023 年

张岱年先生认为，中国文明有五千年的历史，新中国成立以后进入了中华文

化发展的新阶段。中国文化能够历久不衰、虽衰而复盛的情况，证明了中国文化中一定有不少积极的、具有生命力的精粹内容。指导中国文化不断前进的基本思想包括：刚健有为，和与中，崇德利用，天人协调。"致中和"在本书第二章第四节和第九章第六节中有专门的讨论。

♥ 推荐影视

《烈火中永生》

这部电影首映于 1965 年，现在已经成为经典。影片重点再现了江竹筠烈士感天动地的人生故事。她为劳苦大众谋幸福的理想、对事业的信仰、对革命同志的爱、与孩子的诀别、忍受酷刑和大义凛然就义等，都成为当代人思考什么是幸福时不可或缺的参照。

《头脑特工队》

《头脑特工队》系列共两部电影，分别于 2015 年、2024 年上映。这是朝气蓬勃、带有甜甜味道的皮克斯喜剧。五种情绪角色在影片里折腾得天翻地覆，也在所有观众脑海里留下了一场五味俱全的情感风暴。影片新颖地呈现爱是所有情绪的融合，无论快乐或悲伤，都是生命中最重要的经历。

传道授业解惑

互动活动一：五颜六色的情绪

一、活动目标

1. 我能了解情绪的分类，了解不同情绪的价值和意义，了解什么是情绪智力。

2. 我能够觉察自己的情绪并初步分析情绪产生的原因。

二、引领问题

1. 大家听到过"觉察"这个词吗？你觉得这个词是什么意思呢？

2. 你最近都经历了哪些情绪？这些情绪是在什么情景之下产生的？

3. 你可以用什么样的词汇描述这些情绪？

4. 这些情绪对你的认知产生了什么样的影响？引起了你的什么行为？

5. 哪些情绪是积极的？哪些是消极的呢？

6. 我能选择在什么样的情绪中度过每一天吗？

7. 什么是情绪智力？

三、活动准备

❖ 彩笔

❖ 情绪词汇卡片

❖ 音乐《雪之梦》

❖ 视频《头脑特工队》

❖ 活动卡"我的情绪调色盘"

❖ 学习资料"情绪智力与幸福"

四、活动过程

第一步：情绪猜猜猜

1. 游戏说明

❖ 准备七种基本情绪的词汇卡片

❖ 说明进行"情绪猜猜猜"游戏的规则

❖ 每一列座位的学生为一组

❖ 看哪组同学最快按指令完成多少轮游戏

2. 引领学生做一个深呼吸，同时请同学们顺势趴在桌子上。

3. 每列第一位同学听到老师指令抬起头，看老师出示的情绪词汇卡片，提醒后面的一位同学抬起头，自己用表情向他/她表现词汇卡片上的情绪，然后重新趴下。第二位同学向第三位同学传递该表情。如此依次模仿并传递到每列最后一位同学，由该同学猜传递过来的表情是什么情绪，用一个词来表达。

4. 请学生分享游戏过程中自己产生的不同情绪。

第二步：认识情绪

刚刚的游戏活动就是一种对情绪的体验和觉察。现在一起来探究一下情绪的种类。

1. 播放《头脑特工队》的两个片段。

2. 邀请同学们说说在电影里看到的情绪，由其他同学进行补充，共同完成对基本情绪的勾勒，比如悲伤、快乐、愤怒、害怕、厌恶、爱、惊喜。老师边引导边在黑板上列出同学们说到的情绪。

3. 鼓励同学们提问和讨论。

❖ 你认为黑板上写出的多种情绪里，哪些是积极情绪，哪些是消极情绪？为什么？

❖ 你体验过这些情绪的哪几种？

❖ 说说你对这几种情绪的理解，每种情绪的作用是什么？

第三步：制作我的情绪调色盘

1. 播放音乐《雪之梦》。

2. 发放活动卡"我的情绪调色盘"。

3. 引导：同学们，请你找到一个舒服的姿势，慢慢地闭上眼睛，做几个深呼吸。然后，静静地回想一下最近一周自己经历了哪些情绪体验？不同的情绪在自己本周的生活中占据的比例是多少？如果为它们赋予颜色的话，它们分别是什么颜色的？……

4. 静开眼睛，使用活动卡上的同心圆和情绪词汇表，制作自己的情绪调色盘，并标出对应的情绪名称，涂上颜色吧！

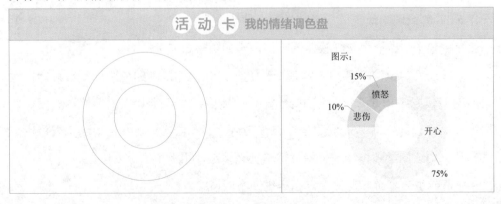

其中积极情绪的词汇：
其中消极情绪的词汇：

5. 讨论分享：

❖ 请几位同学分享自己的情绪调色盘，说一说这些情绪发生的情景。当时让你想到了什么？你是如何处理的？

❖ 其他同学在活动卡上把听到的情绪词汇分别归到积极或消极的类别中。

❖ 有没有被定义为消极的情绪，其实具有积极的作用？请举例说明。

6. 同学们分别朗读自己体验过并做了记录的两类词汇，觉察不同情绪词汇带来的不同的心理体验，思考在什么情绪中会获得幸福感。并阅读学习资料。

学习资料 情绪智力与幸福

从某种意义上说，我们有两个大脑、两种心理，以及两种不同的智力—理性智力和情绪智力。我们的行为由两者共同决定，智商和情商同时在发挥作用。实际上，没有情绪智力，思维就无法达到最好的效果。

情绪智力包括自我激励、百折不挠；控制冲动和延迟满足；自我调节清晰和防止困扰情绪影响思维能力；以及富有同理心和充满希望。

在学校里获得高分不一定预示着成功幸福的人生。擅长处理情绪的人，在人生的任何领域都有优势。情绪技能出色的人在生活中也更有可能获得满足，由于掌握了提高自身效率的心理习惯而效率更高。不善于控制情绪的人，常常会经历内心的斗争，其专注工作和清晰思考的能力受到破坏。

——选自丹尼尔·戈尔曼，《情商》

小结：我们每天都在经历多样化的情绪，每一种情绪的存在都有它的价值。情绪没有对错，我们都需要先接受它，因为情绪的产生一定是有原因的，重要的是我们要及时觉察它们的存在，并且思考每一种情绪的作用。情绪的作用不是绝对的，需要根据情绪产生的原因而定。我们都希望自己的情绪调色盘里的积极情绪占的比例越大越好。消极情绪主导还是积极情绪主导，对我们自身的健康发展具有重要意义。我们也初次接触了情绪智力这个重要的概念。

第四步：静心沉淀

收获	自我评价	给自己打个分
心智成长	1. 我能了解情绪的分类、不同情绪的价值和意义、什么是情绪智力。	
	2. 我能够觉察自己的情绪并初步分析情绪产生的原因。	
学习状态	倾听	
	用心参与	
	积极表达	
用我喜欢的方式（文字或绘画）沉淀收获：		

五、活动反思

在"情绪猜猜猜"环节要充分调动学生的积极性，鼓励学生积极表达自己的想法，不要误认为是消极情绪就不好意思说出来。目前的互动是学习坦然面对并接纳自己产生的情绪，至于如何提高情绪智力以及培养积极情绪，在后面的活动中会循序渐进地涉及。

互动活动二：揭开情绪的秘密

一、活动目标

1. 我能了解为什么要对情绪全然悦纳。

2. 我能结合自身案例，初步运用情绪 ABC 理论，学习管理自己的情绪。

二、引领问题

1. 人为什么会产生各种情绪？

2. 令人不愉快的情绪应该被回避或者忽视吗？

3. 什么是不合理信念？能举自己身边的例子加以说明吗？

4. 认知中的不合理信念是怎样影响我们的情绪的？

5. 什么是情绪 ABC 理论？

6. 情绪 ABC 理论如何帮助我们调节情绪呢？

三、活动准备

❖ 带黑点的白纸若干（根据组数确定）

❖　彩笔

❖　胶带

❖　剪刀

❖　活动卡"举一反三·理解情绪 ABC 理论"

❖　活动卡"情绪 ABC 的实际应用"

❖　学习资料"全然悦纳"

四、活动过程

第一步：让黑点"消失"

1.发放带黑点的白纸，每人一张。

2.说明游戏要点：每个人手中都有一张白纸，在白纸上有一个黑点。现在的任务是把黑点去掉，让黑点"消失"或者改变。每人至少尝试两种方法，可以使用身边任何工具。

3.鼓励学生发言，让学生都有机会把采用过的各种方法分享出来。可能会有（但是不限于）的方法包括：

❖　用胶带纸去除；用剪刀剪掉；把白纸其余部分也涂成黑色；用涂改液涂上一层白色。

❖　在黑点的周围画上图案，把黑点当作眼睛，画一个可爱的小动物，就看不出黑点了。

❖　把 A4 纸折叠起来，黑点被折在里面看不出来了。

❖　想象将白纸放置在空气中或阳光下，时间一长黑点会变淡。时间可以改变很多东西。

❖　"佛系"做法，闭上眼睛就看不见了。

第二步：观察与讨论

1.观察并描述去除黑点之后的白纸发生了什么变化。

2.小组讨论：如果这张白纸代表的是我们自己，黑点代表的是我们的消极情绪，如压抑、缺乏动力、失望、嫉妒等，黑点之外的白色部分代表我们的积极情绪，比如快乐、希望、感恩、愉悦、欣喜等，那么我们在去掉黑点的时候，可以有什么更进一步的思考呢？

3. 阅读学习资料，并且展开讨论。

> ### 学习资料 全然悦纳[1]
>
> 　　有这样一个悖论：拒绝接受痛苦情绪，只会使其加剧。如果我们继续拒绝接受这些情绪，它们就会变得更强烈，更凶狠地撕咬我们。而当我们接受并拥抱痛苦情绪时，它们反而不会停留太久。来过后，就走了。
>
> ·············
>
> 　　接纳所有的情绪并不是任由情绪发展。也就是说，并非要你举起手说："好吧，我现在非常难过且感到愤怒，我听之任之了。我感觉糟透了。"我希望你能采取"全然悦纳"的态度。全然悦纳就是要拥抱情绪，然后选取最合适的应对方式。经历痛苦没有错，就像万有引力定律的存在也没错一样，二者都是自然出现的现象。问题是，我们要如何应对？我们是无视引力的存在而任由自己从高处坠落，还是制造出梯子、桥梁和飞机？我们是向痛苦的情绪屈服，还是选择适当的方法行动起来？
>
> ·············
>
> 　　我在上面介绍的悖论之一是，当我们拒绝痛苦的情绪时，痛苦的情绪会加剧，也就是说，当我们拒绝痛苦的情绪时，我们更有可能会被痛苦情绪控制。而当我们接纳痛苦情绪时，我们就能更好地控制自己的情绪并采取行动。拒绝恐惧的人不太可能采取勇敢的行动。那些拒绝接受对他人感到愤怒这一事实的人最终更有可能会怒发冲冠。相反，接纳恐惧的人更有可能站起来，采取大胆的行动。有勇气不是没有恐惧的感觉，而是虽然心怀恐惧，但仍然要向前迈进。那些因为自己是一个普通人而接纳愤怒的人，更有可能对别人慷慨仁慈。

4. 请小组代表依次分享，老师在黑板上提炼同学们的思考，用以强化大家刚刚获得的新的认知。

小结：大家刚刚采取了很多方法来处理白纸上的黑点，有撕掉，有涂抹掉，有盖住，有在原来的基础上增添其他的图案，也有放置不管的。大家一定注意到了，有的方法可以保持白纸的完整，有的方法虽然去掉了黑点，但是白纸也受到了损伤。现在我们懂得了为什么要悦纳自己的情绪。但是，接纳所有的情绪并不是任由情绪发展，而是使用适当的方法应对情绪。下面我们学习一种应对情绪的理论和方法。

第三步：了解情绪 ABC 理论

1. 小故事

　　我们每天都会经历很多事情，产生很多不同的情绪。但是有时候我们会发现即使经历同一件事，不同的人也会产生不同的情绪。我们一起来看看两位探险者

1　泰勒·本-沙哈尔.幸福的要素[M].倪子君，译.北京：中信出版社，2022.

的故事。

> 在广袤无垠的沙漠中，探险者乐乐和忧忧迷失了方向，他们在沙漠中已经行进了多日，又渴又饿。就在他们绝望的时候，发现前面有一个水壶。两个人跌跌撞撞着奔跑过去，却发现只有半壶水！
>
> 乐乐："呀！我终于找到水了！虽然只有半杯水，但千里之行，始于足下，我一定还能找到更多的水！"于是，他又有了走下去的信心！
>
> 忧忧："啊？怎么就只有半杯水？就这半杯水有什么用？我肯定走不出去了！"他一气之下摔掉水壶，坐以待毙……

2. 提问

乐乐和忧忧分别产生了什么情绪？同样的事情，为什么乐乐和忧忧产生的情绪不一样？可能是什么因素影响他们产生了不同的情绪？现在让我们带着这个问题学习一下情绪 ABC 理论。

3. 学习情绪 ABC 理论

心理学家埃利斯提出的情绪 ABC 理论认为：引发情绪和行为的结果（consequence）不是事件（activating event）本身，而是个体对事件产生的信念（belief）。不同的信念会产生不同的情绪。不同的情绪会带来不同的结果。

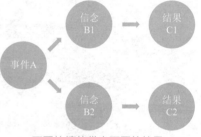

不同的情绪带来不同的结果

第四步：理解理论，举一反三

1. 请每个人都安静地填写活动卡。

活 动 卡 举一反三·理解情绪 ABC 理论

> 期末考试结束了，小明没有考好，两门科目没及格。看到其他同学取得了好成绩，他十分自责，觉得自己很笨，十分伤心……
>
> 上述情境中信念 B 是什么？在信念 B 的影响下，小明产生了什么样的情绪？
>
> 除了你自己想到的之外，其他同学还提出了什么可能存在的不合理信念呢？

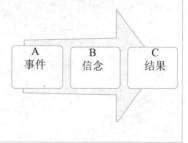

2.交流分享，提醒同学们收集一下还可能存在什么样的不合理信念。

小结： "期末考试成绩不好"是事件 A，由此产生的失落伤心的情绪是 C，而之所以会产生情绪 C，是因为在事件发生后，在小明的头脑中闪过了一些不合理的信念，这些信念就是 B。这样的不合理信念可能是父母一定会责备自己，可能是认为自己不适合学习，可能是认为考试当天自己状态不好，等等。

显而易见，不合理的信念是让我们产生消极情绪的原因之一。所以当我们觉察到自己产生了负面情绪的时候，不妨有意识地问自己：这里面有什么不合理信念在作怪吗？这样我们会主动摆脱不合理信念的纠缠，进一步探寻什么是这种情景的合理信念。

3.结合下面的常见情景，尝试把不合理信念改变为积极的更合理的信念吧！

第五步：把情绪 ABC 理论带入真正的生活

1.让同学们回顾最近经历过的负面情绪，邀请部分学生进行分享。

2.从同学们的分享中选择一个，引导大家积极思考：事件 A 是怎么回事？如何改变信念 B，才能帮助分享的同学改变消极情绪，获得积极的结果？

3.让同学们联想最近一次负面情绪的经历，找到自己的信念 B，并尝试改变它，获得积极情绪和积极的结果。

活动卡 情绪 ABC 的实际应用

同学的事件 A	信念 B	结果 C
	曾经的 B1：	曾经的 C1：
	现在的 B2：	现在的 C2：

自己亲历的事件 A	信念 B	结果 C
	曾经的：B1	曾经的：C1
	现在的：B2	现在的：C2

小 结：在学习了接纳自己出现的情绪之后，我们学习了分析情绪进而转化情绪的一种方法。很多负面情绪的产生就是因为我们存在不合理信念，这为我们管理自己的情绪提供了思路。我们要尝试界定并改变自己的不合理信念，这样做就有可能转化消极情绪，建立积极情绪，避免消极情绪给学习和生活带来负面影响。

第六步：静心沉淀

收获	自我评价	给自己打个分
心智成长	1. 我能了解全然悦纳的道理所在。	
	2. 我能结合自身案例，初步运用情绪 ABC 理论，管理自己的情绪。	
学习状态	倾听	
	用心参与	
	积极表达	
用我喜欢的方式（文字或绘画）沉淀收获：		

五、活动反思

想要恰当地管理情绪，理解为什么要全然悦纳情绪是第一步。能够识别情绪 ABC 理论中的不合理信念是情绪管理的一种方法。通过加强对不同情境的举例和分析，在举一反三环节进行多次练习，能够动摇已有的不合理信念。随着人生阅历的丰富，合理信念会逐步积累而变得强大起来。对于学生而言，在情境中将自己代入进去，才能更好地体会到改变不合理信念带来的积极效果。

互动活动三：与愤怒握手言和

一、活动目标

1. 我能够及时觉察自己的愤怒情绪，并悦纳它。

2. 我能与中国民间流传的排解愤怒的成语和短句建立连接。

3. 我能够学会几种化解愤怒情绪的方法。

二、引领问题

1. 回忆一下，当你出现愤怒的表现时，一般过多长时间你能够自我觉察呢？

2. 你能不能做到先悦纳自己的愤怒情绪呢？

3. 通常会是什么原因使自己产生愤怒的情绪？

4. 这些原因里面有没有不合理信念呢？

5. 你听说过"致中和"这个非常重要的理念吗？

6. 咱们的成语和俗语里有哪些是表达"致中和"的理念的呢？

7. 现在我能够怎样化解愤怒情绪呢？

三、活动准备

❖ 体现愤怒表情或状态的照片

❖ 案例"愤怒至极"

❖ 大白纸

❖ 彩笔

❖ 活动卡"化解愤怒"

四、活动过程

第一步：认识愤怒

案 例 愤怒至极

据《人民日报》报道，2019年4月17日的晚上，在上海浦东新区的卢浦大桥上，车辆川流不息地行驶着。突然，一位17岁的少年，打开后车门，快速从车上下来跑向桥边的栏杆，然后从桥上一跃而下，结束了自己年轻的生命。男孩的妈妈也立刻下车追了出来，看着儿子毫不犹豫地跳了下去，绝望地跪地痛哭。据了解，当天男孩在学校和同学发生了矛盾，又在车上和母亲沟通不顺畅，心情很糟糕，于是从桥上跳了下去。

1.案例分析：阅读案例，你认为男孩为什么会产生这样的情绪，以至于造成这么悲惨的结局？

2.深入探讨：大家认为长期的愤怒情绪会有哪些危害？一边讨论一边将思考提炼归纳到活动卡上。

第二步：化解愤怒

1.小组讨论：针对这个案例，如果男孩再有一次机会，可以怎样应对这种情境，使得结果不会这么绝望？

2.把新的思路编排成小情景剧。

3.列举中国民间流传的关于化解愤怒、看开纷争的成语、短句等，由此引出对"致中和"的解释。

4.就学生讨论的"再有一次机会该如何做"，选两个小组进行现场的情景演绎，大家进行评价和补充。

活 动 卡　化解愤怒
长期的愤怒情绪会对自己、对他人、对社会造成什么样的结果？
我是否应该先悦纳自己的愤怒情绪，然后再分析原因、思考对应的办法？
有哪些流传在中国民间的表达，包括成语、对联、短句、诗词等，可以启发和规劝我们不走极端，化解愤怒？
就此案例而言，如果再有一次机会，我们可以在哪些环节、哪些方面采取不同的做法？

第三步：静心沉淀

收获	自我评价	给自己打个分
心智成长	1. 我能够及时觉察自己的愤怒情绪，并悦纳它。	
	2. 我能与中国民间流传的排解愤怒的成语和短句建立连接。	
	3. 我能够学会几种化解愤怒情绪的方法。	
学习状态	倾听	
	用心参与	
	积极表达	

用我喜欢的方式（文字或绘画）沉淀收获：

五、活动反思

对学生愤怒情绪的引导非常考验老师的能力，因此除了自己进行归纳总结外，老师要利用好情景表演这个方法。在表演的过程中，既能让学生进一步感受愤怒情绪，也会引发他们对于愤怒情绪的思考。在人际交往中，学生非常在意"对与错"的责任划分，甚至在没断定是非对错之前，很难化解愤怒的情绪。因此在化解愤怒的过程中，老师要针对这一问题进行充分的解释或讨论，并注意引导的用语或举例的适宜程度，避免让学生产生化解情绪就是"不辨是非"的误会。

互动活动四：做个开心果——培养积极心态

一、活动目标

1. 我能够知道开心果的心理特点是什么样的。

2. 我能够学习培养自己的积极心态。

二、引领问题

1. 我的家庭中或者同伴里，有没有被人称为"开心果"的人？

2. 他们的言行有什么特点呢？

3. 他们之所以是"开心果"，是因为生活中的什么事情都顺利吗？

4. "开心果"们的心态特征是什么？

5. 积极情绪是怎样的状态？

6. 积极情绪与消极情绪有对应关系吗？

7. 情绪的积极功能或消极功能有可能转化吗？

8. 人为什么要具备积极情绪呢？

9. 怎样培养真实的积极情绪？

三、活动准备

❖ 大白纸

❖ 彩笔

❖ 活动卡"'开心果'变变变"

❖ 活动卡"认识负面情绪的积极一面"

❖ 活动卡"成为开心果，五施在行动"

❖ 学习资料"积极情绪的 10 种基本形式"

四、活动过程

第一步："开心果"变变变

1. 头脑风暴，学生在下列圆圈中写出自己认为"开心果"是什么样子的，越多越好。

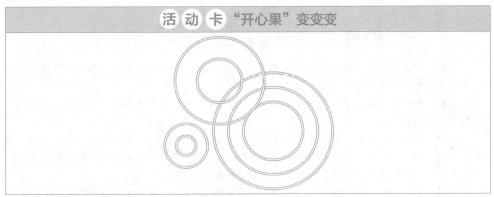

活 动 卡 "开心果"变变变

2. 小组内分享并汇总，小组代表进行交流。

3. 老师对全班头脑风暴的内容进行汇总归类，在黑板上提炼出来。

小 结："开心果"拥有很多积极心理品质和积极情绪，能让自己快乐，也能让他人快乐，容易受人欢迎且得到认可。那么，"开心果"是怎样炼成的呢？我们一起来继续探讨。

第二步：认识负面情绪的积极一面

我们说某一种情绪是负面的，常常是因为这类情绪给我们带来的感受是不快乐的、紧张的，或者是不舒服的、压抑的。但是有些被称为负面的情绪却有可能引出积极的结果。比如愤怒，如果一个人感到愤怒是因为看到了不公平的现象，那么这个人就有可能路见不平拔刀相助；又比如因为对学习或生活感到焦虑，这种情绪可能会激发出人改变现状的意愿与行动。换个角度，就可能转化负面情绪，引出正向的行动，创造积极的结果。我们来尝试一下。

活 动 卡 认识负面情绪的积极一面	
沉浸于负面情绪的危害	危害举例：
分析负面情绪	小组讨论：回忆一下自己产生负面情绪的场景，是不是有些负面情绪可能给自己带来正面的作用？大家一起分析一下！
转化负面情绪的功能	你觉得哪些负面情绪可以转化，并产生积极的结果？ 1. 2. 3.

第三步：走进积极情绪

1. 阅读学习资料

学 习 资 料 积极情绪的 10 种基本形式[1]

喜悦：喜悦给我们的感觉是明亮又轻松的。你的周围是安全熟悉的，一切按预定的方式发展。目前的形势不要求你付出多大的努力。

感激：会打开你的心灵，并带来回报的冲动—做一些好事作为回报，无论是对帮助过你的人还是对其他人。

宁静：宁静是当你的周围安全而熟悉、自身不需要付出太多努力的时候出现。

专注：由一些新颖、奇怪的事物吸引你的注意，用一种带着可能性和神秘性的感觉将你填满。它不同于喜悦和宁静，兴趣感觉需要你的努力和更多的关注，

希望：在事情看来将要无望或绝望时产生。希望的核心深处，是相信事情能够好转的信念。

自豪：我们在深层次上，感觉到自己的行为被他人认可重视。

幽默：有时意想不到的事就让你发笑。逗趣是社会性、娱乐性的。

激励：有时你无意中发现了真正的卓越，目睹人性善良的一面能够启发和振奋你。

敬佩：它与激励关系密切，它在频繁地邂逅善举时产生。

爱：它不是一种单一的积极情绪，而是上述 9 种的所有。

2. 成为开心果，五施在行动

增加积极情绪的力量，我们可以采用五施法[2]：

---

1 芭芭拉·弗雷德里克森. 积极情绪的力量 [M]. 王珺，译. 北京：中信出版社，2020.

2 彭凯平，闫伟. 活出心花怒放的人生 [M]. 北京：中信出版社，2020.

❖ 颜施：要保持积极乐观，多对自己、对别人微笑。

❖ 身施：应积极参与到各种运动与活动中去，以此激发自己的活力。

❖ 言施：重视沟通，尽量不压抑自己的情绪。

❖ 心施：要重视感悟，重视寻找生活、经历的意义与价值。

❖ 眼施：带一双发现美好的眼睛，去欣赏熟悉的事物，用心去见微知著，感受意外的惊喜。

五施法

根据五施法，我们可以设计一些行动计划，把它写在活动卡中吧！身施方面，你会如何开展体育活动？言施方面，你会怎样去沟通一件事？眼施方面，你会每天关注哪些身边的事情？……

活 动 卡　成为开心果，五施在行动	
我的颜施	
我的身施	
我的言施	
我的心施	
我的眼施	

3.小组讨论并分享

结合"积极情绪的十种表达形式"和"积极情绪的五施法"，请思考一下，当我们这样做的时候，表面的行为表现出了自己的哪些价值观取向？老师在黑板上进行提炼和梳理。

小 结：通过活动我们不仅了解了积极情绪的种类，还分析了有些消极情绪可以向积极结果转化，也学习了用五施法来表达我们的积极情绪。当我们拥有更多积极情绪时，会发现我们内心价值观的力量，不仅我们自己会变得愉悦，还能有效地感染身边的人，成为我们要做的"开心果"。心动起来，我们都是"开心果"！

第四步：静心沉淀

收获	自我评价	给自己打个分
心智成长	1. 我能够知道开心果的心态是什么样的。	
	2. 我能够学习培养自己的积极心态。	
学习状态	倾听	
	用心参与	
	积极表达	
用我喜欢的方式（文字或绘画）沉淀收获：		

五、活动反思

情绪是一个复杂的主题。本章精选了一些基础概念与学生共同探索。互动活动之间的逻辑关联性强，需要依次铺垫开展，最好不要调整顺序或跨越、省略小主题。情绪是学生每天都要体验和思考的话题，也触及更深刻的价值观取向问题。在学习时要以学生为中心，举一个学生身边的、体验过的例子，在创设情境的过程中要结合学生现实中遇到的困惑，这样才能调动学生的真实感受，促进认知和行为的改变。

～•❖ 家校共育——"家长课堂"小活动 ❖•～

♥ 剔除不合理信念

很多家长满怀爱心，高度关注孩子的学习和生活，但是家庭里面还是经常发生矛盾，产生亲子冲突。常见的一种情况是很多的家长抱着"不能让孩子输在起跑线上"的想法，为孩子安排了每天的时间规划，在落实这些想法时却经常困难重重。本章介绍的不合理信念也许能帮助家长拓展解决问题的思路。不合理信念常常是家长情绪爆发的导火索，也成了家庭成员感受到较大压力的来源。

请尝试自问自答：我的这些信念是否合理呢？家长可以参考前面所述孩子在学校经历过的活动，在家里找适宜的时间和场所，全家一起做一做情绪ABC练习。

♥ 共享三件好事

改善家庭成员的关系不妨从发展积极情绪开始。家人聚在一起的时候互相分享三件好事，不论大小，只要是让自己开心的事情就可以分享。可以采用从小到大或从大到小的顺序，或石头剪刀布等游戏决定第一位分享人。总之，让这个过程轻松愉悦地进行。时间允许的话可以多分享几轮。分享的过程中，每位成员要认真倾听，结束后可以分享听到其他成员分享好事后的感受，也可以为其点赞鼓劲。彼此分享自己的快乐，让大家体验到更多的幸福感，让彼此的关系更和谐！

～♥ 蒲公英的教学做 ♥～

♥ 自我关注的静心练习

很多学科老师都会把开课的最初三分钟用于学生的"自我关注的静心练习"。大家都相信只有情绪得到合理地引导，才能带领学生进入积极学习的状态。

比如，周一的"自我关注"练习引导学生关注周末体验。学生在周末往往是非常活跃的，会接触到不同的人和事，产生丰富的情绪。学生如果在周一能够有机会梳理自己周末经历的体验，对其中的情绪进行自我觉察，就有利于他们带着积极情绪走进新的一周。如果有什么不良情绪，也有机会表达，并进行必要的调节，因而减少负面的影响。

同样，在大课间之后，在午休之后，或在刚刚参加了学校的某项活动之后，学生的情绪都可能大起大落，因此在正式上课之前都可以考虑给学生一点时间，鼓励他们静心关注自己的感受，表达自己的情绪变化，寻找这些事情中的积极因素。这个练习不仅对学生当天的状态有益，也会潜移默化地鼓励学生发展自我觉察的习惯，这个习惯能使学生终身受益。

第八章

友谊从此开始——
与人为善

❤️ 访古探今 ❤️

❤️ 现实中的困惑

❖ 我渴望友谊，但是真正的友谊是什么样的呢？

❖ 我非常希望与同学交朋友，但是感觉交朋友挺难的。

❖ 我发现自己的兴趣爱好和有的同学相似，但是接触多了又发现我们之间还存在很多不同之处。我们还能成为朋友吗？

❖ 我的好朋友成绩总是名列前茅，我为她高兴，但是心里也会有些不舒服。我不知道该怎么办。

❖ 有时同学的误解让我感到有苦说不出。我不知道怎样冷静地表达自己的感受和想法。

❖ 有的同学总是让我陪他做一些他喜欢但我并不感兴趣的事。我不好意思拒绝，心里很纠结。

❤️ 值得思考的问题

❖ 人与人为什么会成为朋友呢？

❖ 什么是好的人际关系？

❖ 什么是真正的友谊？

❖ 如何建立和维护友谊？

❖ "三人行，必有我师焉"告诉了我们什么？

❖ "和而不同"对我们把握好朋友关系做了什么指点？

❖ "己所不欲，勿施于人"在人际关系中有什么意义？

❖ 如何理解"与人为善"包含的教诲？

❖ 与同伴发生分歧怎么办？

❖ 如何跟他人平和地解决矛盾？

❖ 什么是非暴力沟通？

♥ 经典永流传

❖ 子路，人告之以有过，则喜。禹闻善言则拜。大舜有大焉，善与人同，舍己从人，乐取于人以为善。自耕稼、陶、渔以至为帝，无非取于人者。取诸人以为善，是与人为善者也。故君子莫大乎与人为善。——《孟子·公孙丑上》

❖ 子曰："不患人之不己知，患不知人也。"——《论语·学而》

❖ 子曰："三人行，必有我师焉。择其善者而从之，其不善者而改之。"——《论语·述而》

❖ 子曰："德不孤，必有邻。"——《论语·里仁》

❖ 子曰："己所不欲，勿施于人"。——《论语·颜渊》

❖ 子曰："夫仁者，己欲立而立人，己欲达而达人。"——《论语·雍也》

❖ 子曰："益者三友，损者三友：友直，友谅，友多闻，益矣；友便辟，友善柔，友便佞，损矣。"——《论语·季氏》

❖ 子曰："君子成人之美，不成人之恶。小人反是。"——《论语·颜渊》

❖ 子曰："君子和而不同，小人同而不和。"——《论语·子路》

❖ 子曰："何以报德？以直报怨，以德报德。"——《论语·宪问》

❖ 故与人善言，暖于布帛；伤人之言，深于矛戟。——《荀子·荣辱》

♥ 相关心理学知识

1. 友谊（friendship）

友谊是在同伴关系中得到最广泛研究的一个主题。友谊的强度、重要性以及和朋友共处时间的长度，在青少年时期可能要超过一生中的其他任何阶段。青少年开始更多地依赖朋友而非父母获得亲密感和支持，与伙伴之间也会比年幼时更多地分享彼此的秘密。总体来说，友谊通常会变得更互利、平等，也更稳定。缺少这些特征的友谊会失去价值或被抛弃。青少年往往会选择同性别、同民族 / 种族或其他方面和自己相似的人作为朋友。强调亲密、忠诚和分享标志着青少年的友谊开始向成人的友谊转变。[1] 与拥有亲密友谊的青少年相比，只拥有肤浅友谊或

---

1 帕帕拉，奥尔兹，费尔德曼. 发展心理学：从生命早期到青春期：第 10 版·上册 [M]. 李西营，等译. 北京：人民邮电出版社，2013.

没有亲密友谊的青少年会感受到更多的孤独感和沮丧情绪，甚至影响到自尊感。[1]

2. 完整的人（whole person）

理性和感性在青少年的成长中各有什么样的作用？人本主义教育思想的代表人物卡尔·罗杰斯说："我深刻地感到每个人都有向整体发展、实现自己潜能的定向倾向。……如果提供促进成长的环境，这种积极的定向倾向会带来建设性的结果。""正是过度强调意识和理性并低估我们整个反应机制的智慧，阻碍了我们作为完善的、完整的人类个体而生活。"罗杰斯认为完整的人是处于把头脑和身体、感性和理性聚合在一起的状态。[2] 这个思想对心理学、教育学、社会学等产生了深远的影响。

3. 恕（forgiveness）

"恕"是儒家倡导的待人处事的基本精神之一。这个经典的理念出自《论语·卫灵公》："子贡问曰：'有一言而可以终身行之者乎？'子曰：'其恕乎！己所不欲，勿施于人。'"子贡问："有没有一句可以终身奉行的话呢？"孔子道："大概是'恕'吧。自己所不想要的任何事物，就不要施加给别人。"[3]

"在汉字的形体结构及内涵中，浸透着人性的本色。""恕"字由"如"与"心"组成，"乃包含了'如心'之寓意：如同一心，如同本心"。[4] 可以说，"恕"这一石可以激起中国心理学的千层浪。"恕"所表达的待人处事原则，既是修身，也是情商，把人我关系建立在对人的心灵的感知和理解上，而且强调了解自己也就懂得了如何对待他人。

"恕"包含着中华传统文化中对修心与人际关系的深刻洞察，尤为重要的是，"'恕'只是'己所不欲，勿施于人'，则谁都可以这样做。"[5] 事实上，经过两千多年的流传，这个思想在中国已经广为人知、化民成俗了。为了能够更加充分地理解这个重要的理念，现将关于"恕"的更多经典略举如下。

1　约翰·桑特洛克. 青少年心理学 [M]. 寇彧，译. 北京：人民邮电出版社，2013：第 10 章.

2　卡尔·罗杰斯. 论人的成长 [M]. 石孟磊，等译. 北京：世界图书出版公司，2019：104，213-222.

3　杨伯峻. 论语译注 [M]. 北京：中华书局，1980：166-167.

4　申荷永. 中国文化心理学心要 [M]. 北京：人民出版社，2002.

5　杨伯峻. 论语译注 [M]. 北京：中华书局，1980：166-167.

关于"恕"的经典

❖ 子曰:"参乎,吾道一以贯之。"曾子曰:"唯。"子出,门人问曰:"何谓也?"曾子曰:"夫子之道,忠恕而已矣。"——《论语·里仁》

❖ 忠,谓尽中心也。恕,谓忖己度物也。——邢昺《论语注疏》

❖ 或曰:"中心为忠,如心为恕"。程子曰:"以己及物,仁也;推己及物,恕也",忠恕一以贯之:忠者天道,恕者人道。——朱熹《论语集注》

❖ 强恕而行,求仁莫近焉。——《孟子·尽心上》

❖ 以心度物曰恕。——《声类》

❖ 以己量人谓之恕。——《贾子道术》

❖ 恕,明也。——《墨子·经上》

❖ 忠恕违道不远。——《中庸》(注:"恕,忖也。忖度其义于人。")

❖ 如心为恕,会意。——《康熙字典》

❖ 恕为如己之心,如人之心。恕当兼人我为说矣。——潘任《说文粹言疏证》

❖ 以心揆心为恕。——王逸《楚辞章句》(注:揆,有估量、揣测之意。)

❖ 责人之心责己,恕己之心恕人。——《增广贤文》

4. 己所不欲,勿施于人

孔子在解释"恕"的时候,用到"己所不欲,勿施于人"。这句话的字面不难理解,内涵却非常耐人寻味。从心理学的角度理解,这句话一方面谈到了将心比心,也就是共情、同理心;另一方面指出了人首先要了解自己才能推己及人,把自知作为构建良好人际关系的前提。

与此话表达不同但是意思相似的语句在世界古老的文化中屡屡可见,比如印度的《摩可婆罗多》、基督教《圣经》的《马太福音》和伊斯兰教的《圣训集》里都表达了这样的理念。这说明了文明世界早就普遍认识到了人我关系对于人类心灵成长和社会和谐的重要性。[1]

5. 共情(empathy)

共情是由人本主义创始人罗杰斯提出的,是对应于另一个人感受的一种情绪反应,是对其他个体的感受的理解,也就是体验别人内心世界的能力。同理心、同感、换位思考、将心比心都包含部分共情元素,比如在《非暴力沟通》中谈到"同理意味着以尊重的态度来了解他人的体验"。[2]罗杰斯深入地讨论了共情的重要性,他认为看似简单的共情互动有许多深刻的影响,"关系中的高度

---

1 傅杰.傅杰的论语课[Z].喜马拉雅,2018:第38节.

2 马歇尔·卢森堡.非暴力沟通[M].阮胤华,译.北京:华夏出版社,2018.

共情可能是引起变革和学习的最有效的因素""共情提供了更多了解自我的氛围，当教室中的学生遇到一位通情达理的老师时，他也会发现自己处于了解知识的氛围中"。[1]

6. 偏见（prejudice）

偏见的本质是对一个群体及其个体成员的负性的预先判断。正如戈登·奥尔波特在其经典著作《偏见的本质》中界定的那样，偏见是"基于错误和僵化的概括而形成的憎恶感"。偏见是一种态度，[2] 它包括支持这种态度的消极情感（厌恶）和消极信念（刻板印象），以及逃避、控制、征服和消灭目标群体的行为意向。产生于人脑的偏见，能够贬低人的人格和毁灭人的生命。在所有人性的弱点当中，没有什么比偏见对人的自尊和社会关系更有害，它是社会现实被扭曲的最主要例证。[3]

7. 非暴力沟通（non-violent communication）

马歇尔·卢森堡在《非暴力沟通》里详细阐述了非暴力沟通[4]的原则。书中指出人所有愤怒的根源是因为需求没有被满足，恰当地表达自己的需求需要共情和方法。

非暴力沟通要素	典型表达用语
1.观察：留意观察发生的事情，不加评判地描述你观察到什么。	我看到…… 我听到……
2.表达你的感受。	我感觉到……
3.表达需求：说出你的哪些未经满足的需求导致你有这些感受。	是因为我需要……
4.表达请求：为了满足你的需求，你有哪些具体的请求。	所以我希望你……

8. 无主、他主和自主

人在成长过程中需要不断地做出决定。人们做出的各种决定来自理智感受与情感感受的共同作用。理性思维与感性思维之间存在着不同的合拍程度，导致个体在做决定时相应地产生自主、无主或他主的状态。三种状态与人幼年的成长环境密切相关。它们常常不是绝对分割的，而是可以混合出现，也会互相切换。

❖ 自主：人处于自主状态时内心是自洽的，具有向上生长的内在动力，产生积极主动甚至开心的行为。

1　卡尔·罗杰斯.论人的成长 [M].石孟磊，等译.世界图书出版公司，2019：第七章.

2　戴维·迈尔斯.社会心理学 [M].侯玉波，乐国安，张志勇，译.北京：人民邮电出版社，2014：243.

3　格里格，津巴多.心理学与生活 [M].王垒，王甦，等译.北京：人民邮电出版社，2003：521.

4　马歇尔·卢森堡.非暴力沟通 [M].阮胤华，译.北京：华夏出版社，2018.

❖ 无主：当自主感缺失时人就倾向于处于无主状态，找不到意义感，缺乏行动的动力。

❖ 他主：为了迎合他人或者外在的目标而行动。处于他主状态的人，有的是因为太在意别人的想法，经常对他人的想法妥协；有的人是看重对外在事物、表面事物的追求，行动的动力被这类事物控制，忽视了在内心寻找乐趣、意义感和满足感。

无主和他主都是可以通过调节而变成自主的。调节的方法包括培养自己的积极情绪，走上内心发现之旅，为自己创建一个富有激励感的环境等。[1]

～♥≪ 主题思辨 ≫♥～

1. 人际关系与为学

人的一生都是为学路上的行走者，而人际关系的构建是为学的重要组成部分。青少年正处于为学的一个十分特殊的阶段。在我国《中小学心理健康教育指导纲要》中把人际关系放在了非常重要的位置。《纲要》明确指出初中阶段的心理健康教育需要帮助学生建立良好的人际关系，能够积极与老师、父母、同伴进行沟通，鼓励学生进行积极的情绪体验与表达。青少年时期的人际关系主要是亲子关系、师生关系、朋辈关系。引导青少年学习如何建设性地发展这些关系会为青少年的当下乃至一生的成长和幸福奠定基础。

孔子对于为学的内容和方法有一个非常清晰的概括，其中包括了对人际关系的深刻见解。孔子说："志于道，据于德，依于仁，游于艺。"四句十二字，整体上都与本书主题息息相关，尤其是其中的"依于仁"更为直接地进入了本章关于人际关系的话题。"仁"字，在许慎的《说文解字》中解释为"从人从二"，深含人际关系的指向。"依于仁"表达了人在"志"的引领之下，在"道"与"德"的基础上"向外关联感通的倾向"，使生命"向更高更扩大的方向展开"。这种展开

1　Ryan R M，Deci L E. Self-Determination Theory and the Facilitation of Intrinsic Motivation[J].Social Development and Well-Being，2000.

所依据的是"仁"，这里体现出孔子"对人基本的生存结构的解释"，那就是"人永远在自我跟他人的关联里"，而且"只要心中始终有他人，就保持了向外关联感通所依循的方向"。[1] 孔子的教诲将人际关系纳入了为学的范畴，对当代的青少年教育是一个重要的点拨。

积极心理学对人际关系的重要性也极为强调。当积极心理学创建人之一克里斯托弗·彼得森被问到究竟什么是积极心理学时，他的回答是："他人重要。"[2] 人本主义心理学先驱、个体心理学的创始人阿尔弗雷德·阿德勒也曾谈到"人的烦恼皆源于人际关系"。[3]

我们认识到构建积极的人际关系贯穿在青少年成长的整个过程中，因此本章会与其他章节已经涉及的自我认同感、价值感、结交新同伴、对情绪的管理等相互渗透，继续引导学生为发展良好的人际关系奠定基础。

2. 整体发展与交友

与学生讨论交友话题的时候，仅仅介绍一些关于沟通的知识和技巧是错误的，因为掌握知识和技巧只是学习的一个侧面，对于促成人的身与心、文与质、感性与理性的协同发展是不够的。现在从存在主义心理学的视角探知一下交友对人的整体发展意味着什么。

关于整体发展，罗杰斯说："我深刻地感到每个人都有向整体发展、实现自己潜能的定向倾向……如果提供促进成长的环境，这种积极的定向倾向会带来建设性的结果。"罗杰斯进一步说明"正是过度强调意识和理性并低估我们整个反应机制的智慧，阻碍了我们作为完善的、完整的人类个体而生活"。他认为完整的人是处于把头脑和身体、感性和理性聚合在一起的状态。[4]

正是罗杰斯对人的整体发展的思考引申出了"以学生为中心"和"全人教育"的教育思想，在教育界引起了重大变革，也把"教育应该既包括认识学习，也包括情感学习"提上了议事日程。罗杰斯在他的著作《论人的成长》里引用了阿奇

1　杨立华.北大杨立华教授讲《论语》[Z].喜马拉雅，2023：第54讲.

2　克里斯托弗·彼得森.打开积极心理学之门 [M].北京：机械工业出版社，2016：252.

3　岸见一郎，古贺史健.被讨厌的勇气——"自我启发之父"阿德勒的哲学课[M].渠海霞，译.北京：机械工业出版社，2015：190.

4　卡尔·罗杰斯.论人的成长[M].石孟磊，等译.北京：世界图书出版公司，2019：104，213-222.

巴尔德·麦克利什的话："……缺少感受的知识不是知识……"这给我们最直接的提示是：重视感受，激发感受，心理健康课不应该是以技术片段的形式组合起来的，交友也不是脱离了学生自己的环境能够学习的理论或知识。课程要为学生创设产生交友体验的过程，并且理解自己的感性体验，由此获得将感性和理性融合起来的心智的整体成长。

3. 与人为善与友谊

"友谊"是一个很神圣的词，其神圣的原因之一是其中蕴含了"与人为善"的行为准则。孟子提出的"与人为善"是中华传统文化精神的精髓之一，教导我们在社会中构建人际关系时应当秉持这一理念。《孟子·公孙丑上》："子路，人告之以有过，则喜。禹闻善言则拜。大舜有大焉，善与人同，舍己从人，乐取于人以为善……是与人为善者也。故君子莫大乎与人为善。"

曾国藩曾为孟子"与人为善"的思想做了详尽的解释："思古圣人之道莫大乎与人为善。以言诲人，是以善教人也；以德熏人，是以善养人也。皆与人为善之事也。然徒与人则我之善有限，故又贵取诸人以为善。人有善，则取以益我；我有善，则与以益人。连环相生，故善端无穷；彼此挹注，故善源不竭。"曾国藩还作对联曰："取人为善，与人为善；乐以终身，忧以终身。"[1]

把孟子和曾国藩对"取人为善，与人为善"的解释结合起来思考，我们可以认识到在友谊的关系中含有"善"的三个层次：

- ❖ 第一层：呵护、滋养、散发自己内心的善。
- ❖ 第二层：相信、感知、欣赏他人内心的善。
- ❖ 第三层：在与人相处过程中使善相互呼应，发扬光大，连绵不绝。

这就是在人际关系中达成友谊的基础，也是友谊超出了个人关系范畴的价值所在。这与阿德勒个体心理学所提出的"与社会和谐共处"的目标和"人人都是我的伙伴"的想法是相通的。

友谊是值得追求的，与人为善是通向友谊的基石。青少年对此有所理解，才有可能识别和拒绝社会上的酒肉朋友、狐朋狗友，拒绝这类病态的人际关系对神

---

1 曾国藩. 挺经冰鉴 [M]. 北京：中国友谊出版公司，2022.

圣友谊的贬低。

4. 构建积极的朋辈关系

朋辈关系是青少年生活中的重要组成部分，但是当代青少年在发展正常朋辈关系时又面临诸多挑战，首当其冲的包括后疫情时代、流动的人口、网络和 AI 技术带来的对人际交往方式的改变。受到三年疫情的影响，青少年经历了与同伴的隔绝；农村和乡镇劳动力流动产生了大量流动儿童与留守儿童；贫困和战争导致了大量的移民儿童；网络平台对青少年线上线下生活空间和交友方式产生影响；AI 的发展给教育和各行各业带来的不确定因素……种种因素使得构建积极朋辈关系成为世界各国的教育者和家长共同迫切关注的话题。

青少年已经获取了一定的社交知识，对于在交友中需要什么技巧、如何让同伴喜欢自己等方面已经表现出显著的个体差异。发展心理学家把同伴地位分成 5 类[1]：

❖ 受欢迎的儿童

❖ 普通的儿童

❖ 被忽视的儿童

❖ 被拒绝的儿童

❖ 有争议的儿童

在一个相对稳定的集体里，会逐渐看到学生在不同同伴关系中处在不同的地位，这些情况不是一成不变的，但是总有一些青少年会处于不利的地位，在同伴关系中遇到困难。有些学生会为了得到自己希望得到的同伴地位而出现消极从众的心理和行为，反而给发展友谊关系制造了障碍。

构建同伴关系在心理健康教育中是循序渐进的系统性工程，相关的内容至少需要包括：建立良好的自我认知，认识品格优势，懂得与人为善，学习健康的社交技能，丰富对社会的认知，提高自我情绪觉察与调节能力等。实施的办法也是系统的，需要使用取自学生生活的案例，在真实的情境中进行体验和观察，并且展开讨论，进行分析，做出反思等。

---

1 约翰·桑特洛克. 青少年心理学 [M]. 寇彧，译. 北京：人民邮电出版社，2013：347.

5. 学习非暴力沟通方法

在提高学生把握人际关系的能力时，非暴力沟通是一种实用的社交技能。马歇尔·卢森堡博士在《非暴力沟通》中详细阐述了非暴力沟通的原则和方法。书中指出人所有冲突的根源是因为需求没有得到满足，人们需要通过倾听和共情来更好地体察他人的需求，从而让善意在彼此的沟通和互助中流淌。这个方法鼓励换位思考，与中国传统文化中关于"恕"和人际关系中所推崇的"己所不欲，勿施于人"的原则有所相通，同时也提供了操作性很强的步骤方法，是青少年需要也能够掌握的方便工具。因此，课程需要设计出有效的相关学习活动。

综上所述，本章设计了三个互动活动。互动活动一"'见贤思齐'带我飞翔"，引导学生尝试发现同伴身上的"贤"，放下偏见，用恰当的方式真诚地表达对周围同伴的欣赏，互相学习；互动活动二"非暴力沟通——有话好好说"，用非暴力沟通的系统做法帮助学生体验"情绪是信使"，尝试了解信使带来的信息，化解矛盾；互动活动三"朋友间如何说'不'"，用"己所不欲，勿施于人"的思想引导学生在与朋友相处时觉察"自我"和"他我"，减少青少年之间因人际关系引起的不必要的情绪波动，甚至矛盾。

～✦ 延伸阅读 ✦～

♥ 推荐书籍

《象与骑象人》
乔纳森·海特，浙江人民出版社，2012 年

作者是坦普尔顿积极心理学奖获得者。他融合了心理学、社会心理学、文学、哲学、伦理学、宗教、人类学、神经科学等学科的理论和发现，大量借鉴了古今东西方的思想，用大象比喻"心""情感"，用骑象人比喻"理智"，讨论了人在做出决定时的心理是如何运作的，聚焦理智与情感在人们做出决定时的机理，并

讨论了成年人与儿童之间的互动是如何对理智和情感的协同发展产生正面或负面作用的。

《教室里的非暴力沟通》

苏拉·哈特，维多利亚·霍德森，华夏出版社，2015 年

这本书用具体方法＋观点引导＋沟通技巧解决了老师和家长的诸多问题：为何自己不辞辛苦地努力备课、上课，可学生却不愿听课？为何学生要对抗老师、互相欺凌、不愿意做作业？除了奖惩，还有什么办法可以激励学生？如何消除恐惧、学习能够增加信任感的沟通方式？如何释放孩子天性中的学习渴望？怎样通过合作达成共同的目标？

《被讨厌的勇气》

岸见一郎／古贺史健，机械工业出版社，2015 年

被讨厌的勇气并不是要去吸引被讨厌的负向能量。如果这是我的生命想绽放出最美的光彩，那么，即使有被讨厌的可能，我都要用自己的双手双脚往这个目标走去。因为拥有了被讨厌的勇气，于是有了真正幸福的可能。我们如何能够在繁杂的日常琐碎和复杂的人际关系中获得真正的幸福？这本书会为我们提供有价值的思考。

《非暴力沟通》

马歇尔·卢森堡，华夏出版社，2018 年

作为一个遵纪守法的好人，也许我们从来没有想过和"暴力"扯上关系。不过如果稍微留意一下现实生活中的谈话方式，并且用心体会各种谈话方式给我们的不同感受，我们一定会发现，言语上的指责、嘲讽、否定、说教以及任意打断、拒不回应、随意出口的评价和结论给我们带来情感和精神上的创伤，让人与人之间充满冷漠、隔阂、敌视。非暴力沟通的方法有助于人们避免不必要的争议，消除误解，合理解决冲突。

《学校是比家大一点的地方》
李一诺、一土老师，中信出版社，2020 年

本书作者为一土学校的创始人李一诺和一土老师。书中汇集了 105 篇有温度有活力的课堂记录，105 封有笑声有感动的老师来信。认识自我，沟通协作，尊重与包容，倾听与表达，是本书中着重书写的几个主题。相信来自一线老师的观察实录会带给教育者和关心教育的人一些思考和启发。

♥ 推荐影视

《人世间》

电视剧《人世间》改编自梁晓声茅盾文学奖同名小说，于 2022 年上映，讲述了新中国成立之后，一个普通的周姓五口之家在五十年光阴中命运辗转起落的人生故事，描述了十几位平民子弟的悲欢离合，书写了一部当代中国百姓的生活史诗。剧中包含了各种关系的沟通，最重要的是，里面的主人公就是与人为善的典范。

～♥～ 传道授业解惑 ～♥～

互动活动一："见贤思齐"带我飞翔

一、活动目标

1. 我能够发现和学习同伴身上的"贤"。

2. 我能用恰当的语言和方式表达我对同伴的欣赏。

二、引领问题

1. 良好的同伴关系的基础是什么？

2. 我的同伴身上有哪些值得我学习的闪光点？

3. 我可以怎样真诚地欣赏我的同伴？

4. 同伴可以成为自己的榜样吗？

三、活动准备

❖ A4 白纸

❖ 胶带

❖ 马克笔

❖ 硬纸卡片

❖ 活动卡"遇见'贤'机"

❖ 学习资料"人际关系与幸福"

四、活动过程

第一步：思考

同学们思考并讨论以下几个问题。

❖ 大家在平时生活中有机会观察同伴的优点吗？

❖ 你能够真诚地欣赏同伴的优点吗？

❖ 如何表达对别人的欣赏呢？

❖ 赞美有哪些方法？

❖ 什么是偏见？

第二步：梳理同伴的"贤"

1.同学们先在活动卡上写上自己的名字，然后全班同学有序传递。

2.同学们在每颗星星的周围写下自己从这位同学身上看到的"贤"，可以在星星的中心写上自己认为该同学身上最亮的闪光点。

第三步：表达对"贤"的欣赏和赞美

1.完成活动卡之后，老师统一组织，请每位同学把手里的活动卡折成飞机并放飞到教室里的各处。

2.每个同学捡一张活动卡，真诚地念出来自己捡到的这张活动卡上都写了哪些关于这位同学的"贤"。

3.每念出一个关于这位同学的"贤"，其他同学可以用打响指的方式来表达自己的认同。

4.如果意识到自己从前对某位同学有偏见，请及时纠正。

5.每位同学选择一张喜欢的硬纸卡片，并写下自己想对那位同学说的话，下了课就送给那位同学。比如可以这样表达："×××同学，我以前觉得你……我现在觉得你……"

小 结：身边每位同学身上都有我们可以学习的优点。看见并且学习别人身上的优点是我们友谊的起点，也是友谊带来的礼物。

第四步：阅读学习资料

学习资料 人际关系与幸福[1]

友情能够使喜悦倍增，让悲伤减半。

——弗朗西斯·培根

什么是获得幸福感最重要的因素？经过近一个世纪的研究，这个简单的问题逐渐有了答案。从20世纪30年代末开始，哈佛大学的研究人员进行了一项大规模的长期研究，这项研究至今仍在继续。他们对研究对象几代人的生活进行了跟踪记录。研究对象被分为两组：一大群学生和来自邻近城市的居民。通过问卷调查、访谈、心理评估和环境测量等方法，研究人员对参与者的生活进行了研究。历经几十年，收集了大量数据，研究人员一直致力于寻找让生活变得幸福的最重要的因素。

他们发现了什么？想必你猜得到。研究表明，能让生活幸福的最重要因素，不是金钱或名望，也不是物质层面的成功或威望，而是人际关系，特别是能在社交上提供支持的、亲密的人际关系。它能使快乐时光更加美好，也能帮助我们度过困难的日子。这个发现的有趣之处在于，和谁产生了这样的关系并不重要。有些人和伴侣或最好的朋友有这样的关系，而另一些人可能和他们的亲人或同事有这种关系。尽管健康的关系不是幸福的唯一因素，却是最重要的因素。

第五步：静心沉淀

收获	自我评价	给自己打个分
心智成长	1.我能够发现和学习同伴身上的"贤"。	
	2.我能用恰当的语言和方式表达我对同伴的欣赏。	
学习状态	倾听	
	用心参与	
	积极表达	

---

1 泰勒·本－沙哈尔.幸福的要素 [M].倪子君，译.北京：中信出版社，2022：121-122.

用我喜欢的方式（文字或绘画）沉淀收获：

五、活动反思

在活动过程中需要引导学生放下偏见，用积极的视角观察同伴，为浇灌友谊之花做出切实可行的努力。当我们"见贤思齐"的时候，会发现同伴身上的闪光点，它们像星星一样照亮我们的友谊之路。

互动活动二：非暴力沟通——有话好好说

一、活动目标

1. 我能意识到在与人交往中，不同的沟通方式会产生不同的结果。

2. 我知道什么是非暴力沟通，并且能够在生活中尝试运用非暴力沟通的方法化解矛盾，从而让善意和真诚在沟通之间流动。

二、引领问题

1. 你有没有与同学之间想法不同的时候？

2. 你有没有与同学说着说着就吵起来的时候？

3. 你是不是意识到了不同的沟通方式会产生不同的结果？

4. 非暴力沟通能帮助我们解决什么问题？

5. 非暴力沟通的四要素是什么？

三、活动准备

❖ 非暴力沟通四要素讲解视频

❖ 活动卡"非暴力沟通四要素"

❖ 活动卡"案例分析'关你什么事？'"

❖ 活动卡"举一反三·非暴力沟通练习"

四、活动过程

第一步：正念画表盘

1. 同学们两两结对，与自己的伙伴正面站立，双手合十掌心两两相对，并且把手举起来，举过头顶，在 12 点钟的位置。

2. 在 1 分钟之内，按秒针走，一秒一秒走，双手顺着逆时针方向旋转。过程中不用语言沟通。

3. 老师向同学讲解共情的概念。

4. 引导同学初步感知共情和无言交流的体验。

5. 邀请同学分享。

第二步：观看非暴力沟通四要素讲解视频

1. 观看视频，感知非暴力沟通在化解矛盾时的作用，并思考如何做到非暴力沟通。

2. 思考视频里哪一种沟通方式会让自己觉得更舒服？为什么？

3. 请同学们在笔记上梳理出非暴力沟通四要素，根据示例完成活动卡"非暴力沟通四要素"。

活 动 卡 非暴力沟通四要素

观察（我看到…… 我听到……）+ 感受（我感觉到……）+ 表达需求（是因为我需要……）+ 表达具体请求（所以我希望你能够……）= 非暴力沟通

非暴力沟通四要素	我可以这样说
1.观察：留意观察发生的事情，不加评判地描述你观察到什么。	例子：我看到…… 我听到……
2.表达感受。	
3.表达需求：说出你的哪些需求导致你有这些感受。	
4.表达具体请求：为了满足你的需求，你有哪些具体的请求。	

第三步：情景演绎与学习

活 动 卡 案例分析"关你什么事？"

情景描述

在一次小组情绪画本制作课上，小丽和同组小林、小琴、小志一起围着桌子制作本组的情绪画本。小丽负责画封面，其他几位同学负责其他内容。

小林自己负责的内容弄完后，就凑过来看小丽的封面设计得怎么样了，发现有些不妥后，不由自主地跟小丽说："诶，这样画不太合适吧？你为啥不这样画？"然后还在小丽旁边比画。

"关你什么事？我想怎么画就怎么画呗！"小丽随口就回应了一句。

小林很委屈，就说了一句："真是的，好心建议，干吗那么横呢？"

"我就这样，怎么着？"小丽的情绪又升级了一些。

在一旁的小志有些看不过去，想打抱不平："你横什么横？这事不是你一人说了算！"

"关你什么事？关你什么事？"小丽有些疯狂地对着小志吼。

小琴也坐不住了，加入声讨小丽的队伍。

这事让小丽彻底崩溃，把画纸撕得粉碎，扔到其他几位成员面前："关你们什么事？为什么要针对我？你们就知道欺负我……"然后大哭起来，并往教室外跑。这种情形使得班里同学目瞪口呆，一时不知道该怎么办。

小丽

我看到 / 我听到：

我感觉到：

因为我需要：

所以我希望你：

小林

我看到 / 我听到：

我感觉到：

因为我需要：

所以我希望你：

1. 使用活动卡进行情绪梳理练习。

❖ 阅读"情景描述"。

❖ 小组讨论

（1）如果你是小林，你会如何向别人提出建议？

（2）如果你是小丽，当别人提出你不太能接受的建议时，你一般会如何表达？

❖ 参考非暴力沟通四要素，尝试运用非暴力沟通，想想如果用非暴力沟通的方法，小丽和小林会怎样沟通呢？

2. 请两人一组，尝试用非暴力沟通的方式进行情景演绎新版"关你什么事？"

第四步：举一反三

情景案例：

❖ 当我做值日，卫生委员很严厉地和我说："你看你，都不会打扫卫生，赶紧把这扫一扫！"

❖ 又听到同学给我起外号。

❖ 某些同学当着我的面开玩笑，说的内容我不太爱听。

❖ 周末放假回家，想要先放松一下，刚拿起手机，老妈就严厉地和我说：

"一天就知道玩手机，就不能回来先把作业写了？"

请从以上情景中选择一个，或者使用自己生活中遇到的其他真实情景，运用非暴力沟通的方法，思考你会如何与对方进行沟通。

活 动 卡 举一反三·非暴力沟通练习

当遇到这样的事情的时候（情境描述）：

我会尝试这样来沟通：

第五步：静心沉淀

收获	自我评价	给自己打个分
心智成长	1. 我能意识到在与人交往中，不同的沟通方式会产生不同的结果。	
	2. 我知道什么是非暴力沟通，并且能够在生活中尝试运用非暴力沟通的方法化解矛盾，从而让善意和真诚在沟通之间流动。	
学习状态	倾听	
	用心参与	
	积极表达	
用我喜欢的方式（文字或绘画）沉淀收获：		

五、活动反思

非暴力沟通是人际交往中一个非常重要的并且可以反复使用的方法。在这个互动活动中学生只是初步感知和体会到用非暴力沟通可能会带来的不同效果。最重要的还是需要帮助学生在日常生活中不断运用和练习非暴力沟通。这需要老师在日常生活中持续地引导。班主任运用非暴力沟通帮助学生处理人际关系，有利于塑造更加和谐的班级文化。

互动活动三：朋友之间如何说"不"

一、活动目标

1. 我知道了有时候朋友之间说"不"也是合情合理的。

2. 我能够从自主和他主的角度了解自我，找到恰当表达拒绝的方法。

二、引领问题

1. 友谊是建立在与朋友事事相同、时时相同的基础上吗？

2. 为什么"与人为善"在友谊中很重要？

3. "己所不欲，勿施于人"的原则给我带来什么启发？

4. 人为什么有时会处于"他主"的状态，为了帮助他人达成目标，即使自己内心不情愿，也不得不妥协？

5. 我如何才能恰当地拒绝朋友的某个请求而不伤害友情？

三、活动准备

❖ 大白纸

❖ 胶带

❖ 马克笔

❖ 活动卡"两难情境的心情"

❖ 活动卡"己所不欲，勿施于人——向朋友说'不'的金点子"

❖ 学习资料"做决定时的自主、无主、他主"

四、活动过程

第一步：两难情境的心情

情景 A：刚下英语课，你很想趴在课桌上休息一会儿，忽然听到你的好朋友小丽过来问你："可以跟我去一趟厕所吗？"

情景 B：临近期末了，你计划这周末好好复习你的薄弱学科——数学。周六中午，你正打算开始复习，你的好朋友小林找你陪他打几局王者荣耀。

情景 C：甲同学和乙同学是朋友。乙同学比较强势，总会请甲同学帮自己各种忙，任何事情都要甲同学陪着，且要甲同学听自己的，发生矛盾冲突了也都是甲同学主动求和才行。为此甲同学很困扰，如果拒绝乙同学，怕他／她不再跟自己玩，毕竟他／她们在一起相处的时间很长了，可是一直这样又感觉很委屈。怎么办呢？

1. 情景演绎

（1）现在请同学们两两结对，选择一个情景进行情景演绎。边演绎边体会当事人的情绪。[1]

（2）到台前进行情景剧演绎，并用语言表述角色的心情。

2. 思考自己演绎的情景，完成以下活动卡

活动卡 两难情境的心情
你遇到过这类情景吗？请用亲身经历举例两三个。
遇到这类情景你一般会怎么做呢？
不拒绝朋友的时候，你真正的担忧是什么呢？
如果是你拒绝了朋友，或者是你被朋友拒绝了，你会有什么感受呢？会产生什么样的情绪呢？

学习资料 做决定时的自主、无主、他主[1]

人在做决定的时候，既受到理智的影响，也受到情感的影响，做出的决定往往是理智与情感共同作用的结果。

人们的理性思维与感性思维之间有时是不合拍的，理性倾向于某种做法，感性可能倾向于不同的做法。有时理性思维占上风，有时感性思维占上风，这就导致个体在做决定时会产生自主、无主或者他主的状态。

自主状态：依据自己的价值观、兴趣、情绪做出选择或决定。当人处于自主状态时，内心是自洽的，具有自发向上生长的动力，派生出积极主动、让自己开心的行为。

无主状态：当自主感缺失时人就倾向于处于无主状态，缺乏兴趣，找不到意义感，缺乏自主行动的动力。

他主状态：处于他主状态的人会为了他人或者外在的目标而行动。有的时候是因为太在意别人的想法，会违背自己的心愿去迎合他人的想法，做出妥协；有的时候是因为太看重对外在事物的追求，行为会被一些外在的、表面的东西控制，却忽视了在自己内心寻找真正的快乐、意义感和满足感。

这三种状态也不是绝对分割的，可以混合出现，也会互相切换。无主和他主都是可以通过调节而变成自主的。调节的方法包括找到自己的积极情绪，走上内心发现之旅，为自己创建一个富有激励感的环境等。

1　Ryan R M，Deci L E. Self-Determination Theory and the Facilitation of Intrinsic Motivation[J].Social Development and Well-Being，2000.

第二步：向朋友说"不"的金点子

1.请结合前面的练习，回顾自己的情绪，思考现在读到"己所不欲，勿施于人"，自己会有什么新的想法？

2.如果是你自己在某事上被朋友拒绝，请本着"己所不欲，勿施于人"的原则，尝试换位思考，你可以怎样理解他人，并且调整自己的心情呢？

3.老师邀请每个小组的同学来讲台前分享，同时老师在黑板上将同学们谈到的金点子加以提炼和总结。

提示：

❖ 真诚地向朋友表达你的时间计划

❖ 抱歉××，我不能陪你××，因为我……

❖ 表达你的为难之处

4.请同学们在活动卡上收集金点子。

活 动 卡 己所不欲，勿施于人——向朋友说"不"的金点子

1.你对"己所不欲，勿施于人"的理解：

2.如果是你自己在某事上被朋友拒绝，请本着"己所不欲，勿施于人"的原则，尝试换位思考，你可以怎样理解他人，并且调整自己的心情呢？

3.收集向朋友说"不"的金点子：

第三步：静心沉淀

收获	自我评价	给自己打个分
心智成长	1.我知道了有时候朋友之间说"不"也是合情合理的。	
	2.我能够从自主和他主的角度了解自我，找到恰当表达拒绝的方法。	
学习状态	倾听	
	用心参与	
	积极表达	
用我喜欢的方式（文字或绘画）沉淀收获：		

五、活动反思

注意引导学生在对朋友说"不"时是不是真的清楚自己更看重什么，分清自主和他主，也要强调拒绝的方法是以"己所不欲，勿施于人"的将心比心作为前提的。同时也引导学生体会如果自己遇到朋友说"不"时应该怎样调整心态。这个练习会减少青少年之间很多不必要的情绪波动，甚至矛盾。

~❤~ 家校共育——"家长课堂"小活动 ~❤~

♥ 亲子关系的深度倾听

深度倾听真可谓家长的一项基本功。当孩子难免出现某种不良情绪的时候，家长最适宜的做法是先倾听，而不要急于发表意见、进行指导。孩子的情绪和行为问题常常是因为一些更深层次的合理的心理需求没有被满足，因此家长需要从这个层面上加以关注。

关于倾听，卡尔·罗杰斯在《论人的成长》中讲了这样一段话："人际沟通中暗藏着适合于任何人的系统的心理规律、心理面向。所以，倾听不仅让你懂得别人，也让你感觉自己触及了世间的真理。"[1]这对家长而言是忠告。

♥ 家庭成员的见贤思齐

家庭成员之间也需要鼓励见贤思齐的态度。可以在学校使用的活动卡基础上创建家庭的见贤思齐卡，在周末时开展这个活动。每一位家庭成员都可以在见贤思齐的家庭文化中更加开心，更加主动为家庭事务付出。

家长还可以与孩子分享自己从朋友的身上学习到了什么，言传身教，帮助孩子从小了解见贤思齐和与人为善对人生的意义。

♥ 家庭文化的非暴力沟通

日常生活中总是会产生矛盾的。家长可以在日常生活中运用非暴力沟通的方

---

1 卡尔·罗杰斯.论人的成长 [M].石孟磊，等译，世界图书出版公司，2019：104，213-222.

法相互沟通，并通过使用这个技巧与孩子互动，给孩子做出示范，教会孩子更加善于处理矛盾。这样做使得家庭成员之间有些不必要的负面情绪得到避免，家庭氛围会变得更和谐、更幸福。

♥ 家里的"己所不欲，勿施于人"

我们都希望自己的孩子在青少年时期拥有能带来正向影响的朋辈关系。家长可以以身示教，启发孩子理解"己所不欲，勿施于人"的古训，鼓励孩子实践这条构建积极稳定的朋辈关系的重要原则。青少年时期愉快的交友体验也为孩子在未来人生中结交朋友、建立友谊铺垫优质的心理素养基础。

～♥～ 蒲公英的教学做 ～♥～

♥ 小记者访谈

心理课上开展的"交友智慧访谈"活动，鼓励学生以小记者的身份访谈学校里的老师、志愿者或职工，询问身边成年人对友谊的观点，启发学生从身边人的经验中学习与思考。

"与朋友交，言而有信"——小记者交友智慧访谈		
学生姓名：_____　　　　班级：_____		
结交朋友是一门学问，我们的父母、老师或其他长辈在交友方面一定有很多智慧。为提高我们的交友认识，请调研两至三位成年人，认真完成以下表格的 6 个问题。		
"小记者交友智慧访谈"评估标准		
1　采访：请有礼貌地采访至少两位成年人，必须包括家长、老师，并记录姓名。		20分
2　记录：请认真记录他们对 6 个问题的分享。		40分
3　排序：自己整理并划出关键词，按照你认为的重要性排序。		20分
4　挑战题：这次采访，你发现了什么？比如：学习到了什么、产生了什么困惑、有什么新的思考、做出了什么归纳……		20分
采访内容	第一位受访者	第二位受访者
受访者姓名		
学生与受访者的关系		

请问您的关系圈里有几位可以被称为真正的朋友？		
您喜欢和什么样的人交朋友？		
您结交朋友有什么方法吗？		
您最看重朋友的哪些方面？		
您的朋友给自己带来了哪些影响？（正面的和负面的都请分享一下。）		
您在与朋友相处中会注意的事项有什么？		
访谈让我对友谊有了新发现！	1.	
	2.	
	3.	

♥ 爱心小屋的听与说

　　学校的爱心小屋是 2005 年由来蒲公英中学进行支教服务的第一批志愿者建立的。爱心小屋一直延续至今，成为了学校的心理辅导室，但名称一直保留，已成为学生托付信任的温馨空间。学校的心理老师在这里引导学生正确应对自己遇到的人生课题。在这间令人平静的小屋里，孩子们倾诉和聆听，探讨"我是谁"，领会"己所不欲，勿施于人""与人为善"的魅力，学习解决人际关系中的矛盾。通过体验听和说的过程，发现走向幸福人生的通道。

爱心小屋

第九章

学习有法——
知之、好之、乐之

访古探今

♥ 现实中的困惑

❖ 我希望把数学学好，也努力去学了，但是成绩并没有很大突破。我是不是不适合学数学？

❖ 有时在课堂上，我的大脑不由自主地想别的事，不知不觉半节课过去了，好像什么也没听到。

❖ 真羡慕我们班的学习委员，他很会安排学习的时间。我怎样才能做到呢？

❖ 有时老师让我们上网查资料，可我就是选不出有用的信息，真苦恼。

❖ 我很用心地背一些内容，觉得背会了，很快就又忘了，真是束手无策。

❖ 我心情好的时候就不觉得学习困难，心情郁闷时就什么都学不会。

❖ 开学初制订了学习计划，可大多半途而废，制订学习计划有什么用？

❖ 上课时老师经常举例子，有的我很容易理解，有的根本听不懂。这是为什么？

❖ 我学什么都比较快，可是老师时不时就让我们进行小组讨论，我觉得很浪费自己的时间。

❖ 今天老师说我的作业做得不认真，我一下子就泄了气，一点儿动力都找不到了。

❖ 我们村里出了好几个大学生，我也有志于考上大学，可是又觉得自己能力不够，很着急。

♥ 值得思考的问题

❖ 为什么要成为一个善于学习的人？

❖ 你见到过"生而知之"的人吗？是不是大多数人都是"困而学之"呢？

❖ 如何获得认真学习的内在动力？

❖ 人的智商、情商、个性和习惯对学习有什么影响？

❖ 善于学习的人有哪些特征？需要掌握哪些自我调节的能力？

❖ 有哪些可以改善学习的方法和策略？

❖ 情绪对于学习有什么影响，如何调节学习中的情绪？

❖ 面对挑战时，成长型思维和固定型思维会产生不同的影响吗？如何培养成长型思维？

❖ 如何提升记忆效果？

❖ 如何提升集中注意的能力？

❖ 什么是微习惯？如何培养微习惯？

❖ 如何有效管理时间，从而助力学习？

♥ 经典永流传

❖ 子曰："学而时习之，不亦说乎。"——《论语·学而》

❖ 子曰："知之者不如好之者，好之者不如乐之者。"——《论语·雍也》

❖ 子曰："生而知之者上也，学而知之者次也；困而学之，又其次也；困而不学，民斯为下矣。"——《论语·季氏》

❖ 子曰："我非生而知之者，好古，敏以求之者也。"——《论语·述而》

❖ 故不积跬步，无以至千里；不积小流，无以成江海。——《荀子·劝学》

❖ 心不在焉，视而不见，听而不闻，食而不知其味。此为修身在正其心。——《礼记·大学》

❖ 君子博学而日参省乎己，则知明而行无过矣。——《荀子·劝学》

❖ 子曰："学而不思则罔，思而不学则殆。"《论语·为政》

❖ 天下事有难易乎？为之，则难者亦易矣；不为，则易者亦难矣。人之为学有难易乎？学之，则难者亦易矣；不学，则易者亦难矣。——彭端淑《为学一首示子侄》

❖ 子曰："工欲善其事，必先利其器。"——《论语·卫灵公》

❖ 子曰："不愤不启，不悱不发。举一隅不以三隅反，则不复也。"——《论语·述而》

❖ 子曰："温故而知新，可以为师矣。"——《论语·为政》

❖ 子曰："古之学者为己，今之学者为人。"——《论语·宪问》

♥ 相关心理学知识

1. 学习心理学（learning psychology）

学习心理学是一门研究人类如何思考和学习的科学，关注各年龄段的学习者如何获得知识、技能，以及信念、动机、态度等。内容涵盖脑科学知识、多种学习理论、影响学习的因素等。学习心理学相关知识对于如何理解学习、如何更好地学习提供了科学指导。[1]

2. 元认知（metacognition）

人们对自己的思维、学习过程的意识和理解，以及对能促进学习与记忆的思维与学习过程的调节，称为元认知。学生的元认知越高级，其学习成绩可能越好。元认知可以看作个体学习的管理者或教练：它决定信息的加工，并监控各种策略是否被有效应用于任务的完成过程中。[2]

3. 成长型思维（growth-mindset）与固定型思维（fixed mindset）

成长型思维[3]是美国心理学家卡罗尔·S.德伟克提出的一种思维方式。成长型思维方式认为通过练习、坚持和努力，人具有学习与成长的无限潜力。采取成长型思维的人能够接受挑战，因为他们知道犯错和失败对于成长至关重要。成长型思维的对立面是固定型思维。固定型思维认为智慧及其他素质、能力与才华是固定特征，不可能发生显著的改变。不仅如此，两种思维在面对挑战与挫折的态度、对成功的归因方式、对批评和建议等反馈的接受程度、学习动机和目标导向的特点等方面都具有很大差异。一个人的成就与思维模式有很大的相关性。

4. 智商（intelligence quotient，IQ）与情绪智力

智商和情绪智力反映着两种性质不同的心理品质，对人的学习都很重要。

智商主要反映人的认知能力、思维能力、语言能力、观察能力、计算能力、

---

1 简妮·爱丽丝·奥姆罗德.学习心理学 [M].汪玲，李燕平，廖凤林，罗峥，译.北京：中国人民大学出版社，2015.

2 简妮·爱丽丝·奥姆罗德.学习心理学 [M].汪玲，李燕平，廖凤林，罗峥，译.北京：中国人民大学出版社，2015：272.

3 卡罗尔·德伟克.终身成长 [M].楚祎楠，译.南昌：江西人民出版社，2017：4-7.

律动能力等。也就是说，它主要表现人的理性的能力。

情绪智力是近年来心理学家们提出的与智商相对应的概念。丹尼尔·戈尔曼认为，在人的成功要素中，智力因素是重要的，但情感因素更加重要。情绪智力就是人们管理情绪的能力，由自我意识、控制情绪、自我激励、认知他人情绪和处理相互关系这五种特征组成。从情绪智力理论的视角，戈尔曼认为自我克制和同情心是当代最需要的两种道德立场。情绪智力的理论适用于教育机构、职场、家庭、社交、领导力、环保等现代生活的平台。[1]

5. 困而学之

"困而学之"出自《论语·季氏》："生而知之者，上也；学而知之者，次也；困而学之，又其次也；困而不学，民斯为下矣。"当孔子从不同的学习能力和学习态度方面对人进行归类时，谈到这样一类学习者，他们不是生而知之，也不是学而知之，而是有了困惑的时候就学习。历史上很多著名学者都把自己归为这类学习者。一些名人把自己的著作称为《困知记》《困学集》等，彰显了困而学、学而知的心性。这与当代成长型思维理论强调通过练习、坚持和努力而获得知识，相信人具有学习与成长的无限潜力不谋而合，殊途同归。

6. 好古敏求

孔子以自己为例，对"生而知之""学而知之"和"困而学之"做了进一步阐述。"好古敏求"这个成语出自《论语·述而篇》："子曰：'我非生而知之者，好古，敏以求之者也。'"这句话的意思是，我不是生来就有知识的人，而是爱好先贤文化，勤勉努力探求知识的人。孔子用"好古敏求"鼓励学生努力发奋。

7. 习得性无助（learned helplessness）

在一种情境中，对于不愉快或者痛苦的事件感到无法控制的人，在随后的情境中，即使有能力，也很可能不去尝试摆脱令人厌恶的事件，这种状态就是习得性无助。有一些对学习丧失信心的学生，很可能是在以往的学习经历中体验过痛苦、失败，不相信自己还可以学会，导致在面临新的学习情境时放弃努力，自暴自弃。[2]

---

1 丹尼尔·戈尔曼. 情商 [M]. 杨春晓，译. 北京：中信出版社，2010.

2 蒋艳菊，彭雅静. 习得性无助感研究及其对教育的启示 [J]. 心理研究，2008，1（4）：86-90.

主题思辨

1. 学生为什么要成为善学者?

（1）理想的实现需要有效学习

不少学生对于自己的志向有了比较成熟的思考，对目前的努力方向有了一些认知。这在一定程度上调动了学生学习的内在动力，此时"善学"就尤为重要。青少年在成长中缩小理想与现实的差距，朝着目标逐渐靠近，要靠持续进行高效主动的学习，在学习中获得自信，提高自我效能感。

（2）有效学习取决于学生是否会学习

《礼记·学记》中说："善学者，师逸而功倍，又从而庸之。不善学者，师勤而功半，又从而怨之。"会学习的人，老师教得省力，学习效果好，常对老师心怀感激；不会学习的人，老师费力地教，学习收效甚微，还可能埋怨老师。此句阐明了学习方法的重要性，劝勉人们只有掌握学习方法和学习策略，提高学习效率，才能达到事半功倍的效果。

没有哪一种学习策略适用于所有的学习情境，学生自身才是学习真正的主人。导致学生学业成绩存在差异有多种原因，我们不能否认天赋、智商对成就的作用，但是对于绝大多数的普通人，是否善学对于个人成就影响更大。

（3）会学习是时代的要求

埃德加·富尔在 1972 年提交给联合国教科文组织的报告《学会生存——教育世界的今天和明天》中说："未来的文盲将不再是不识字的人，而是那些不会学习的人。"成为善学者已经成为时代对学生的必然要求。近几十年互联网技术发展，知识大爆炸，AI 时代来临，要想适应社会的发展，更需要具备终身学习的态度和能力。只有掌握学习方法，才能随时随地学习新知识、产生新理解。时代对学校提出的挑战是，学校不能仅停留在教会学生具体的知识，更要让学生提高元认知，掌握"如何学习的知识"。

2. 什么是善学者的特征?

（1）善学者有较高的自我效能感

相信自己具有学习的能力是成为善学者需要跨越的第一道门槛。在学校里观察那些进步最显著的孩子，会发现他们往往也是最努力的人。他们在心理层面上有共同的特点，其中一个就是他们具有自我效能感。他们接受失败和挫折，把挑战当成学习的机会。这就是具有成长型思维的人。

在学校里也会看到一些放弃努力、自暴自弃的孩子。他们不是学习能力真的不行，而是经历过挫败让他们心里产生了对学习的无力感，不再相信自己可以通过努力改善现状。对待这样的学生，老师引领其创造学习中的成功体验就非常重要。

（2）善学者在学习中自我觉察并有效调整情绪

学习者的情绪在很大程度上影响学习的效果，有效的学习包括对情绪的控制。想一想考试时的紧张情绪让我们大脑空白，心情烦躁让我们难以集中精力思考，可以帮助我们理解情绪对于学习的影响。学习中的情绪可能来自当下学习任务带来的困难和挫败，也有可能是以往学习经历失败产生的消极情绪形成了条件反射，也有可能是与学业无直接关联的生活情绪干扰了当下的学习等。无论是哪一种来源的情绪，不可否认的是消极的情绪会干扰我们大脑的思考。

学习是一个动态的过程，自我调节的前提是自我对学习状态、学习过程中遇到的问题、生活中可能产生的干扰因素等有所觉知，按下暂停键，自问自答：

❖ 今天有些心神不定，究竟是为什么？

❖ 这个学科我现在学不进去，是不是可以先学别的呢？

❖ 我为什么不喜欢这个学科？如何让自己喜欢上这门学科？

❖ 我是不是可以向同学请教一下还有哪些学习规律和方法可以帮助我提高效率？

❖ ……

善学者在自我调节过程中，会采用有效策略在以下方面进行自我调整：

❖ 建立目标

❖ 制订阶段性计划

❖ 自我驱动

❖ 控制注意力

❖ 利用有效的学习策略

- ❖ 适当及时寻求帮助
- ❖ 进行自我评价
- ❖ 培养自我反省的习惯 [1]

（3）善学者是乐学的人

孔子提出了学习的三种境界："知之者不如好之者，好之者不如乐之者。"处于"知之""好之""乐之"三种不同境界的学习者，在学习时的情绪体验和学习效果方面都不相同。

"知之者"内心不太明确为什么而学，因此人与知识之间缺乏内在的呼应，被动学习，效果不佳，容易放弃。

"好之者"对某些方面的学习感兴趣，有好奇心，不太容易放弃。但是当学习变得艰涩甚至枯燥时，光凭兴趣又是不够的，所以也难以保持稳定的、百折不挠的学习动力。此外，兴趣不是一成不变的，可能消失，也可能培养。因此学习者可以有意识地发现新的兴趣。

"乐之"是学习者的最高境界，是为了自己内在的成长而学，不是为了外在的炫耀。此时学习者与学习过程融为一体，与学习对象融为一体。学习者沉浸在学习里，享受这种过程，念兹在兹。这样的学习者不会因为外界干扰而放弃学习，因而乐此不疲，日进无疆。

孔子谈到的学习三境界，根本问题在于人为什么要学习。现在社会上流行很多误区，对此需要给进入初中的学生创造自我反思的机会。

3.学生的学与思

在方法论层面上，伟大的教育家孔子鼓励学生"学而思"，"学而不思则罔；思而不学则殆"。杨立华教授对此有一个生动的比喻："学"的时候是进入了新的知识领域，"思"的时候是在已知的基础上推演出对新领域知识的理解，这就好像一个人走进了陌生的地方，需要找出回到自己熟悉的地方的路。学生能够在学与思之间建立联系才不至于迷路。孔子这一关于"学与思"的论述，与西方近代教育方法论强调的主动学习和审辩思维都是相通的。

1　简妮·爱丽丝·奥姆罗德.学习心理学 [M].汪玲，李燕平，廖凤林，罗峥，译.北京：中国人民大学出版社，2015：272-274.

基于以上对于善学者、学习中的情绪调节、成长型思维、乐学、"学而思"等问题的思考,本章设计了六个互动活动:"学习情绪彩虹"帮助学生意识到学习中情绪对学习效果的影响,培养主动调节学习情绪的意识;"我选择成长"帮助学生意识到成长型思维的价值,学会用成长型思维看待学习中的挫折,提升学习中的抗挫折能力;"把我的注意力拉回来"引导学生意识到注意力对学习的影响,觉察自己的注意情况,有意识地进行专注力的训练;"加速记忆的魔法城堡"旨在科普记忆规律,帮助学生学会遵循记忆规律,掌握记忆方法,提升记忆效果;"微习惯助力大梦想"让学生认识习惯背后的脑科学原理,学会利用微习惯的五步法养成微习惯,助力成长;"过好我的一天"帮学生掌握时间管理四象限法则,分清事情的轻重缓急,并运用时间管理四象限提高时间管理能力,助力学习。

❤️ 延伸阅读

♥ 推荐书籍

《学记》
潜苗金译注,浙江古籍出版社,2011 年

《学记》是《礼记》中的一篇,由西汉戴圣编纂。汉代的郑玄对《礼记·学记》的解释是:"《学记》者,以其记人学教之义。"《学记》中用较多的篇幅,阐述"教"与"学"的辩证关系。认为只有通过"学"的实践,才会看到自己学业方面的差距("学然后知不足"),只有通过"教"的实践,才会看到自己知识和经验方面的贫乏("教然后知困"),从而得出"教学相长"的结论。《学记》重视启发式教学("开而弗达则思"),重视教学的循序渐进("不陵节而教之谓孙"),强调激发学生内在的学习动机,培养学生学习的自觉性;重视因材施教,主张了解学生学习的难易点,将之作为启发诱导的依据。

《微习惯》
斯蒂芬·盖斯，江西人民出版社，2016 年

微习惯是指一种非常微小的积极行为。微习惯太小，小到不可能失败。正是因为这个特性，它不会给你造成任何负担，而且具有超强的"欺骗性"，它也因此成了极具优势的习惯养成策略。本书从大脑学习机制、日常生活现象等多角度分析习惯养成的机制，提供了养成微习惯的可行方法和策略。

《终身成长：重新定义成功的思维模式》
卡罗尔·德韦克，江西人民出版社，2017 年

斯坦福大学心理学家卡罗尔·德韦克在书中提出了两种不同的思维模式：固定型和成长型。才智和努力哪个重要，能力能否通过努力改变，关于这些问题的认知决定了你是会满足于既有成果还是会积极探索新知。只有用正确的思维模式看待问题，才能更好地达成人生和职业目标。德韦克揭示的成功法则已被很多具有发展眼光的父母、老师、运动员和管理者应用，并在实践中得到了验证。

《考试脑科学：脑科学中的高效记忆法》
池谷裕二，人民邮电出版社，2019 年

本书是关于学习与记忆的脑科学科普读物。作者围绕"如何有效记忆信息"这一问题，结合脑科学前沿研究与实验，讲解了人脑"记住与遗忘"的原理，不仅呈现了人脑筛选、存储信息的奇妙机制，还向读者传授了灵活运用人脑的规则，如何通过"欺骗大脑"实现长期记忆转化，以及应用人脑中信息理解与迁移现象的记忆方法与策略。针对学习者的记忆困扰、动机不足等咨询案例，作者从脑科学与心理学角度给出了建议。

《自驱型成长：如何科学有效培养孩子的自律》
威廉·斯蒂克斯鲁德，奈德·约翰逊，机械工业出版社，2020 年

本书的两位作者，临床神经心理学家威廉和启发型教育家奈德，揭示了养育孩子最本质的问题：我们如何帮助孩子获得对自己生活的控制感和找到自己的内

驱力，并充分发挥其自身潜能。书中分别讨论了"严重或慢性的压力""过低水平的控制感""所有健康的自我激励""培养出健康的控制感"。

♥ 推荐影视

《孔子》

这部纪录片由闫东执导，2016 年上映。本片以非常质朴的影像语言娓娓道来，通过故里寻访、历史再现、通俗生动的故事解说等现代视角和影视表现手法，以及翔实的素材、丰富的史料、生动的语言、精美的画面、通俗的形式，全方位地探索中国传统思想文化的杰出代表、举世瞩目的文化名人——孔子。

《嗝嗝老师》

该片于 2018 年在中国上映。《嗝嗝老师》是一部印度校园励志喜剧电影，讲述了患有图雷特综合症的女教师奈娜·玛瑟，如何带领全校垫底的 9F 班学生逆风翻盘的故事。奈娜老师不仅克服了自身的疾病挑战，更以极大的耐心和关爱因材施教，鼓励学生直面恐惧，积极改变自己。她不仅传授知识，更注重学生成长，用爱与包容救赎迷途的学生。在她的激励下，学生们挥别过去，对未来充满希望。奈娜老师的故事感人至深，展示了教师对学生的热情与关爱，是教育工作者的榜样。

～♥← 传道授业解惑 →♥～

互动活动一：学习情绪彩虹

一、活动目标

1. 我能观察到自己面对不同学习情境的不同情绪。

2. 我能理解积极情绪对学习有促进作用，消极情绪影响学习过程和结果。

3. 我能够主动对自己学习中的情绪状态进行调节。

二、引领问题

1. 你注意到自己在学习的过程中情绪会波动了吗？

2. 在学习中，你什么时候会感到情绪高涨呢？

3. 在学习中，你什么时候会感到心绪平静呢？

4. 在学习中，你什么时候会感到情绪低落呢？

5. 你在学习不同的科目时，情绪有变化吗？原因何在？

6. 你在学习中的情绪波动对于学习效果产生了怎样的影响呢？

7. 学习中的情绪能够调整吗？自己如何进行调整呢？

三、活动准备

❖ 小女孩背乘法口诀的视频《三五一十五太难了》

❖ 活动卡"我对自己学习情绪的觉察"

❖ 活动卡"及时调节学习中的消极情绪"

❖ 学习资料"情绪放松小妙招"

四、活动过程

第一步：感知情绪对于学习的影响

1. 引导：在第七章里，我们学习了"五颜六色的情绪"一课，认识了不同的情绪。其实在学习过程中，我们的情绪也如彩虹一样五彩斑斓。情绪和学习之间有什么关系？我们一起观看一个小影片。

2. 观看视频《三五一十五太难了》，思考以下几个问题。

❖ 视频中的小女孩儿此刻的感受是什么？她可能体会到哪几种情绪？

❖ 小女孩儿带着这样的情绪进行学习，效果如何？

第二步：觉察我的学习情绪，看到情绪的影响

请同学们回忆自己在学习时体会到的情绪，思考在这样的情绪感受中，自己当时学习的效果如何？产生了什么样的想法？不同的情绪对自己的学习有哪些影响？并完成活动卡。

活 动 卡 我对自己学习情绪的觉察

觉察我的学习情绪

当我学习不同的科目时，我的情绪感受不同，因此学习效果不同

科目	情绪描述（词语或颜色）	学习效果描述

身边学习环境与学习情绪的关联

情况及情绪描述	学习效果描述

身体情况与学习情绪的关联

情况及情绪描述	学习效果描述

其他影响我学习情绪的因素

小 结：不同的客观条件使学习者产生不同的情绪。不同的情绪对学习产生不同的效果。学习中的积极情绪包括好奇、兴奋、跃跃欲试、专注、能力感、快乐、轻松等，消极情绪包括不安、紧张、焦虑、厌烦、疲倦、缺乏信心等。两类情绪带来的学习效果也是天壤之别。因此，我们在学习中要注意学习的心理卫生——鼓励积极情绪，避免消极情绪。那我们产生消极情绪时怎么办呢？

第三步：调节学习中的消极情绪我能行

1. 发活动卡"及时调节学习中的消极情绪"。

2. 小组合作，彼此分享自己在学习中曾经使用过的调节情绪的方法，回顾曾经学过的情绪 ABC 理论，思考如何在学习中进行应用。

3. 对小组想到的方法进行提炼，选出三条大家认为比较有效的做法记录下来。

4. 进行全班交流，并且把其他组的想法补充到自己的活动卡里。

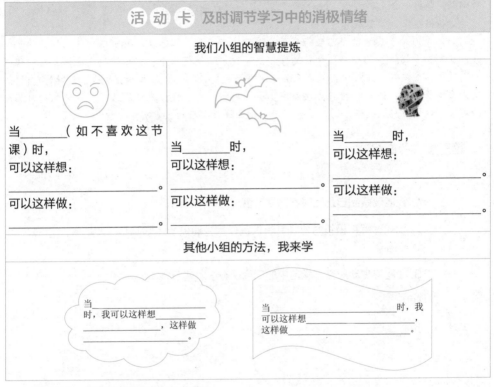

第四步：学习情绪调节小妙招

根据各组讨论和交流的内容，梳理一下各组的妙招都有些什么，并且加以补充，同时进一步做出解释。这样可以加深理解，便于在实际中应用。

学习资料 情绪放松小妙招

1. 积极暗示

学习中遇到困难和挫折容易使我们产生消极情绪，我们可以用成长型思维来重新看待问题，进行积极暗示。例如，这个问题或知识我只是暂未掌握，多向老师请教、多学习，我就可以学会；在学习中犯错是正常的，错误是一次成长的机会，解决了这个错误，对于我来说就是成长了……

2. 深呼吸

当上课或写作业时因不明原因感觉很烦，学不进去，可能是累了。我们可以尝试着进行深呼吸，慢慢吸气，吸向腹部，屏住呼吸，再慢慢呼出。反复做 3—5 次，每次深呼吸时想象不好的情绪就像呼出的空气一样被排出身体，每一次深呼吸后身心、大脑都放松一些。

3. 肌肉绷紧和放松

对于比较强烈的消极情绪，例如考试前或考试时的焦虑、紧张，我们可以在深呼吸的同时，配合绷紧肌肉。例如双手握拳，放在肩上，绷紧约十几秒再松开；或者双腿膝盖并拢，绷紧大腿与臀部肌肉，绷紧后坚持再放松。肌肉绷紧的原则是，哪里感觉不舒服就绷紧哪里，坚持一会儿再放松，配合深呼吸，这样可以在短时间内让身体和心理得到放松。

4. 积极想象，梦想成真

如果我们对于某一学科已经产生厌烦情绪，不爱学、不想学，就可以用超越现实的想象，在大脑中描绘自己心目中向往的学习这一科目的理想状态：轻松愉悦地上课，对知识充满期待，上课时专注听讲，偶尔不会就深呼吸放松，接受自己有不会的地方，继续听课，听懂多少算多少，课后积极想办法解决不会的内容，自己慢慢有所进步……最终取得可喜的成果。积极地想象暗示，对于改善学习情绪、提升学习动机具有重要意义。

第五步：静心沉淀

收获	自我评价	给自己打个分
心智成长	1. 我能观察到自己面对不同学习情境的不同情绪。	
	2. 我能理解积极情绪对学习有促进作用，消极情绪影响学习过程和结果。	
	3. 我能够主动对自己学习中的情绪状态进行调节。	
学习状态	倾听	
	用心参与	
	积极表达	
用我喜欢的方式（文字或绘画）沉淀收获：		

五、活动反思

学习时的情绪对于学生的学习效果具有重要影响。老师一方面需要有意识地引导学生觉察自己的积极情绪，比如快乐、跃跃欲试、兴奋、成就、满足，感受到被理解、被接纳、被尊重、被肯定；另一方面，及时帮助学生调节消极情绪，引导学生不带着焦虑、恐慌、不安、厌烦等不良情绪进行学习。相信学习的情绪可以通过调节得到改善。

带着积极情绪学习时，学生心情愉悦、大脑思维活跃，进而加强注意力、记忆力、在知识之间建立联系的能力，进入提升学习效果的良性循环。对于原因比较复杂的消极情绪，老师在课后还需要加大力度跟进。

互动活动二：我选择成长

一、活动目标

1. 我能理解成长型思维与固定型思维的含义。

2. 我能根据自己在不同科目上的情绪表现对自己的思维类型进行分析。

3. 我能尝试用成长型思维去看待学习中的挑战和困难，提升自我效能感。

二、引领问题

1. 你能举例说明成长型思维在我们的学习生活中如何体现的吗？益处在哪里？

2. 固定型思维的特点是什么？对人的成长有什么影响？

3. 面对不同的科目时，我分别使用哪种思维来面对该学科的挑战？

4. 当面对学习中的挑战和困难时，成长型思维和固定型思维各自会对你说什么话？

5. 如何弘扬自己的成长型思维？

6. 如何调整自己的固定型思维？

三、活动准备

❖ 活动卡"思维模式举一反三练习"

❖ 活动卡"辨一辨、变一变"

❖ 活动卡"成长型思维与固定型思维表现对比"

❖ 学习资料"孔子教导的学习方法"

四、活动过程

第一步：面对挑战时的情绪一览

1. 引导：每个人在成长、学习中，或多或少经历过一些艰难时刻。以我们现在学习的科目为例，也会遇到一些困难。前面的活动中我们已经描述过在不同科目的学习中自己的情绪，现在我们来重点关注一下当遇到挑战时自己的感受。

例如："数学——遇到难题很兴奋，跃跃欲试"，"英语——太难了，我学不明白"，"地理——我看不懂地图，密密麻麻那么多小字，记不住"……

2. 使用活动卡"辨一辨、变一变"，先对不同学科写出感触最深的想法。（提示：只须写出自己"遇到困难、挑战时的想法"，不需要完成"辨一辨"和"变一变"，此活动在后面环节展开。）

3. 学生分享自己经历过的困难或当下学习中的困难，老师对学生表达出的情绪表示共情和理解。

科目	遇到困难、挑战时的想法	辨一辨	变一变

活 动 卡 辨一辨、变一变

第二步：感知不同的思维模式

1. 案例分析：小固和小成是两兄弟，他们在遇到难题、遭遇挫折、落后了、听到批评、看到别人的成功这五种情境下，持有不同的态度和想法。请你根据两人表现出来的思维取向的不同，预测小固和小成未来的人生发展可能会如何？

2. 同学们分成若干小组，小组成员一起编写二人的人生故事。

3. 请全班一起分享编写的故事，表演情景剧更好。

4. 思考二人想法不同的本质是什么，填写在活动卡中。

活 动 卡 成长型思维与固定型思维表现对比

二人面对的情况	小固的态度	小成的态度
遇到难题	这么难，我是做不出来了。	知难而上，把挑战当作进步的机会。
遭遇挫折	我就这样了，好不到哪去了。	再尝试，继续尝试！
落后了	努力改变不了什么，不费那个劲儿了。	调动能量，更加努力。
听到批评	讨厌别人批评，即使承认对方没说错。	虽然不中听，但是能够帮助我。
看到别人的成功	别人的成功就是对自己的威胁。	为别人的成功高兴，学习他人经验。
二人想法不同的本质是什么？		

小结：小固和小成对待事情的态度不同，我们面对困难、挫折、努力、批

评和别人成功时的态度在很大程度上决定了未来成就。这从各组编写的故事里面已经体现得很清楚了。两人本质上的不同是思维模式的不同。二人的思维模式分别代表了固定型思维模式和成长型思维模式。

> 成长型思维：认为我们的智慧及其他素质、能力与才华是可以随着时间，通过努力、学习与专心致志培养出来的。
> 固定型思维：认为我们的智慧及其他素质、能力与才华是固定的特征，无法发生显著改变。

5. 小组讨论：小固和小成的故事对你有什么启发？

第三步：思维模式举一反三练习

判断活动卡中每一个陈述是什么类型的思维。在相应的空格里画√。

活 动 卡　思维模式举一反三练习		
关于不同想法的陈述	成长型思维	固定型思维
聪明人比其他人更容易学会东西。		
如果你犯了错误，人们会觉得你不够聪明。		
当老师点评我的学习时，我以后会因此做得更好。		
我的大脑无法发生太大的改变。		
如果我付出努力，我的大脑会成长得更加强大。		
我能够从自己的错误中学习。		
哪种思维模式常使用"尚未"这个词？		
哪种思维模式常使用"不行"这个词？		
我认为取得进步比暂时表现优秀更重要。		

第四步：思维模式变一变

1. 拿出活动卡"辨一辨、变一变"，完成"辨一辨"，判断自己关于科目的哪些想法持有固定型思维，用"○"表示，哪些科目持有成长型思维，用"√"表示。

2. 尝试用成长型思维的想法重新看待不同的科目，填写在"变一变"对应的栏目中。

小结：我们在不同的科目学习上、在不同的领域里或多或少都存在固定型思维，但是可以通过自我观察与反思找到自己固定型思维的部分，自我调整，主动改变对挑战、困难的看法，相信努力可以带来变化，让成长在持续的行动中渐渐发生。

第五步：阅读

学习资料 孔子教导的学习方法[1]

1. "学而时习之，不亦说乎。"

"学"是《论语》的第一章的第一句的第一个字。孔子的弟子这样开启《论语》的篇章，大有深意。孔子的时代是世袭分封制的时代，宗法血缘决定人的前途和人生。儒家在实施改良社会的理想中重视对民间的风俗影响力，而且抓住了学与教这一对互动的关系。"学"字里蕴含了对社会公平的开创之举，使得人们有可能通过后天的学习成为有道德有才干的人，改变命运，惠及家庭，有益于社会。"学"成为儒家改良社会的枢纽，也无疑具有当代的现实意义。

"习"是指温习或者实习。繁体字"習"象形地表示小鸟学飞的情况。在大鸟的引领下，小鸟主动地练习，勇敢地反复做出飞的尝试，在持续的循序渐进中，最终达成对飞翔技艺的掌握。

"时"，是指"习"需要实时进行，实地进行，循环往复地进行。

这段教诲告诉我们"学"与"习"密不可分，主动和勤奋是自古以来学习方法的核心。这样的学习可以为人生带来极大的快乐。

2. "知之者不如好之者；好之者不如乐之者。"

这段教诲谈到了学习者可能处于三种状态。"知之"是一种最基本的标准，学习者自身产生的内在动力一般，因此知识与学习者之间的联结是松散的，若即若离。当遇到困难时学习者就容易因为感到受挫而放弃努力。"好之"是指学习者由兴趣和好奇心而引发的兴致勃勃的学习状态，热爱学习。这样的人在遇到挑战时是不容易放弃的，会坚持继续学习。"乐之"是学习者的最佳状态，主动刻苦，孜孜不倦。也许在旁人眼里这样的人学得好辛苦，但是学习者自己的感受是快乐的，是在享受努力学习的过程。进入这种状态的人把学习与自己人生意义和方向融为一体，学起来念兹在兹，不会放弃。

处于三种不同状态的学习者所收获的知识、能力和快乐有着很大的差别。

3. "生而知之者，上也；学而知之者，次也；困而学之，又其次也；困而不学，民斯为下矣。"

孔子将人进行主动学习的能力分为四类：生而知之，学而知之，困而学之和困而不学。"生而知之"的人才智突出，不需要太多的努力就能掌握知识；"学而知之"的人好学，有着饱满的求知欲，因此能够取得持续的进步；"困而学之"的人在人生遇到困境时奋起而学，在困顿中积极思考，寻求出路，日进无疆；还有一类"困而不学"的人，即使已经处在困顿之中，仍然不思进取，放弃努力。

生而知之、学而知之、困而学之的人，虽然学习能力有所不同，起点不同，但是最后能够达到的高度可以是一样的。

4. "古之学者为己，今之学者为人。"

为学的目的是，增进自己的学识和为人的水准，不是为了学给别人看的，不是为了炫耀，不是为了唬人。如果学之前和学之后做人的水准没有提高，学就没有意义。为读书明理而学的人，不被周围环境干扰，表现出精神层面的强度，不断提升明道明理之高度。儒家提倡的这种个人内在修为成为实现社会理想的基础。

1 杨立华.北大杨立华教授讲《论语》[Z].喜马拉雅，2023.

5."三人行，必有我师焉。"

想学习的人在哪儿不能学习呢？想学习的人在哪里找不到老师呢？哪怕只有三个人在一起，其中就会有人可以做自己的老师。只要善于发现别人的善，发现别人的卓越之处，而自己不生嫉妒之心，真心欣赏别人的长处，那么在同学、同事、朋友圈里就能够获得很多的学习机会。

6."见贤思齐，见不贤则自省。"

见到身边人的优点就希望自己也能够做到这样；见到身边人的缺点，就反观自己有没有这样的缺点，如此，人就能够随时随地得到长进。即使是看到别人有不好的行为，也可以将其作为对自己的警示，这也是重要的学习。

7."温故而知新，可以为师矣。"

"温"这个字很形象地描绘了对待学习的热度需要适当的稳定，不能"一日曝之，十日寒之"，忽冷忽热会失去学习的连续性，影响学习的效果。

"故"，指已知的知识，已有的认知。学习者如果通过重温已有的知识而推出未知的新的知识，在探究的路上有所发现，有所发明，就不仅仅是一名学习者了，而是成为可以引领学习的人。

8."学而不思则罔，思而不学则殆。"

"学"是指通过观察和效仿的方式接触未知的领域，"思"则是对已经历的观察和获得的认知进行归纳、抽象和理解。当一个人接触到了新的知识，却无法把新的知识带入已知的范畴，对新的东西不知如何安顿，也就难以理解和推出以前没有的认知，因而产生了迷思。就如同一个人到了一个陌生地方，找不到回到熟悉的地方的路，迷路了，这就是"学而不思则罔"。

"思而不学则殆"，则好像一个人总是停留在自己熟悉的地方，缺乏新的学习，即便拥有很强的推演能力，很善于识别道路，也会原地踏步，停滞不前，产生懈怠。

因此，学与思需要并进，对于学习者而言不可偏废。

9."不愤不启，不悱不发，举一隅不与三隅反，则不复也。"

这段教诲论述的是学习者的主动性在教与学的过程中至关重要。"愤"与"悱"是指学生的学习状态。"启"与"发"是指老师的作为。

对于"愤"，朱子解释为"心求通而未能"，形容学生正在努力想搞明白什么道理，这时老师就可以给予启迪、提示思路。"悱"是形容学生"口欲言而未达"的状态，心中感到若有所得，想要说出来但是又找不到恰当的表达，这时老师就给予启发去找到合适的语言。

成语"举一反三"就是出自这段教诲。当老师向学生举例说明了正方形的一个角的性质时，学生能够继续推导出其他三个角的性质，就是说学生在理解了老师给出的示例后能够应用新的理解去解释完整的问题，这是重要的学习能力。

这段教诲是关于学习者的主动性与老师的启发式教育。在为学过程中仅仅依靠外在的约束和压力，学习者是学不好的。作为老师，教的方法应该是为学生自主地努力留出时间和空间的。

第五步：静心沉淀

收获	自我评价	给自己打个分
心智成长	1. 我能理解成长型思维与固定型思维的含义。	
	2. 我能根据自己在不同科目上的情绪表现对自己的思维类型进行分析。	
	3. 我能尝试用成长型思维去看待学习中的挑战和困难，提升自我效能感。	

续表

收获	自我评价		给自己打个分
学习状态	倾听		
	用心参与		
	积极表达		
用我喜欢的方式（文字或绘画）沉淀收获：			

五、活动反思

活动中注意为学生提供安全的心理氛围，可以利用老师的自我剖析，分享自己曾经遇到困难时也逃避过，这是人之常情。接纳学生曾经或者当下的逃避心理，减少学生心里的自责，从而使之更有力量进行自我成长。

成长型思维的培养不是一蹴而就的，发现自己在哪些方面存在固定型思维是改变的第一步。每个人都在某些方面存在一定程度的固定型思维，这是正常的，要在活动中向学生阐明这一观点。接纳自己有固定型思维，接纳自己有时候做不到。对于成长保持着"不怕慢，就怕站"的态度，鼓励学生每次进步一点点。

对于学生来说，成长型思维的培养与老师是否用成长型思维来与他互动有很大关系。如果老师不相信学生可以成长和改变，认为"他就这样了"，那么，学生就很难发展出成长型思维。对于老师来说，培养自己的成长型思维，是帮助学生养成成长型思维的关键。

互动活动三：把我的注意力拉回来

一、活动目标

1. 我能够认识到拥有良好的注意力会事半功倍。

2. 我能接纳自己的注意力现状，通过练习来培养良好的注意力，助力学习。

二、引领问题

1. 你观察过上课时班里同学的注意力都有什么状态吗？

2. 一般而言，我自己的注意力都有些什么状态？

3. 当我全神贯注的时候，对学习的效果产生了什么影响？

4. 当我走神时，对我的学习效果产生了什么样的影响？

5. 我的注意力能得到提高吗？如何提高呢？

三、活动准备

❖ 轻音乐片段若干

❖ 经典心理学传球实验视频《计算穿白色衣服的人员一共传了几次球》

❖ 活动卡"感知我的注意力"

四、活动过程

第一步：感受注意力

1. 请同学们观看视频《计算穿白色衣服的人员一共传了几次球》并保持安静，数一数穿白色球衣运动员的传球次数。（注意：提示学生观看过程中保持安静，在心里默数传球次数，无论发现了什么都不能发出任何声音。因为视频中会出现一只穿行的黑猩猩，部分同学发现黑猩猩时会发出声音，可能影响活动的效果。）

2. 请同学们思考：回忆自己刚刚看视频数数的状态，用一个词语来形容这种感觉，老师写在黑板上。

3. 知识分享

（1）为什么我们会有视而不见，听而不闻的情况？因为我们的注意力存在一定的广度或者范围，看到或听到的内容只有进入注意的范围内才会被思考和加工。

（2）当我们带着任务有目的地观看视频时，我们的注意力会指向我们的任务，同时忽略视频中很多其他信息。所以，提前给注意力一个目标很关键。如果注意力有指向的目标，又能够把注意力集中在想做的任务上，那么我们学习也好、做事也好，效率就会大大地提高。

第二步：感知我的注意力

1. 举例说明

我们上的每一节课，都是随着课程的节奏和路径到达知识和能力的彼岸。开始上课的时候是起点，如果这堂课能够一路跟随老师的引领，经历老师带领我们经历的体验，下课时到达目的地，这就是理想的学习状态。因为处于理想的注意力状态，因此我们在课堂上没有分心，没有浪费时间。

但是实际上，我们每节课都会有一些时候被身边的人、事、物或者自己其他的思绪带离课堂的这条路，注意力有时偏离课堂，有时又会回到课堂……

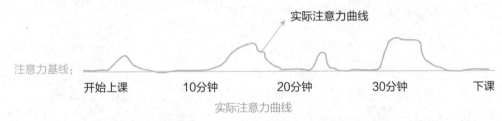

实际注意力曲线

举例：刚开始上课认真听讲，突然想到其他事情，注意力离开课堂，意识到之后继续听课，又想起……又回到课堂……

2. 以刚上过的一节课为例，请同学们在活动卡上用彩笔描绘出自己的注意力曲线。

活 动 卡 感知我的注意力 1

绘制说明：当注意力维持在课堂内容上，绘制线条与基线重合，当注意力离开课堂，大脑里想到无关课堂的内容时，线条偏离基线，当注意力再次回到课堂，线条与基线重合。

绘制刚上完的一节课注意力曲线：

注意力基线

| 开始上课 | 上课 10 分钟 | 上课 20 分钟 | 上课 30 分钟 | 下课 |

3. 思考并分享：

❖ 你对自己的注意力有哪些新发现？

❖ 这样的注意力状态对自己的学习可能产生什么影响？

4. 结合分享举例说明：假设一节课有 5 分钟注意力没有集中在课堂上，那么一天八节课下来，有多少时间被浪费了，是没有跟上课堂节奏的？一周呢？一个月呢？一个学期呢？

一天 5×8=40 分钟
一周 40×5=200 分钟
一月 200×4=800 分钟
一个学期 800×4=3200 分钟
一个学期少听 3200÷40=80 节课！！！

小 结：注意力的集中情况毫无疑问会对学习产生重要的影响。我们不能完全做到控制自己的注意力不跑出既定路线，注意力本身会有一定的波动，但是我们可以通过觉察自己的注意力情况，把自己的注意力拉回来，减少波动的幅度。

第三步：实战演练——把我的注意力拉回来

指导语：

❖ 接下来的三分钟，我们的注意力要集中在自己的呼吸上。

❖ 请同学们找到一个相对舒服的姿势，做一个深呼吸，然后把眼睛轻轻闭上，自然地呼吸。

❖ 开始关注自己自然一呼一吸的状况。

❖ 在关注的过程中，每一次呼气的时候在心里默默地数数，呼一次数一次，数到 10 的时候再倒数回来。

❖ 也许你会发现自己数着数着，不知道自己数到哪里了，这时告诉自己没关系，感谢自己发现了注意力的离开，回来再从 1 开始数。

❖ 继续关注呼吸，默默数数……

1. 请同学们使用彩笔在活动卡上画出自己关注呼吸时的注意力曲线，并分享。

活 动 卡 感知我的注意力 2

绘制说明：当注意力维持在呼吸上，绘制线条与基线重合，当注意力离开呼吸，大脑里想到其他内容时，线条偏离基线，当注意力再次回到呼吸，线条与基线重合。

绘制关注呼吸 3 分钟注意力曲线：

注意力基线 —————————————————————————

    开始关注呼吸   1 分钟   2 分钟   结束练习

---

2. 思考通过今天的活动有哪些收获：

❖ 你对自己的注意力有哪些新的发现？

❖ 你对注意力的重要性有什么新的认识？

❖ 对于如何调节自己的注意力有哪些心得体会？

小 结：我们很难掌控自己的注意力，让它一直保持在某件事上；但是，如果在每一次注意力离开时我们能发现它逃跑并把它拉回来，这就是在集中注意力。接纳自己的注意力现状，就像我们跑步一样，无论跑得多慢，都没关系，只要我们持续练习，就一定会比之前跑得快，跑得远。

通过关注呼吸，我们把自己的注意力一次次地拉回到呼吸上。那么当我们做其他事情时，也可以通过练习"没关系，把自己的注意力拉回来"，使我们分心的时间越来越少，专注的时间越来越多。

第四步：静心沉淀

收获	自我评价	给自己打个分
心智成长	1. 我能够认识到良好的注意力会事半功倍。	
	2. 我能接纳自己的注意力现状，通过练习来培养良好的注意力，助力学习。	
学习状态	倾听	
	用心参与	
	积极表达	

用我喜欢的方式（文字或绘画）沉淀收获：

五、活动反思

"把我的注意力拉回来"可以作为一个调节注意力的策略，在班级里时常用这句话提醒学生"把注意力拉回来"。如果能够在平时上课前，鼓励学生"一分钟关注呼吸，把注意力拉回来"，通过长期的训练，对于学生培养专注力将会有很大的帮助。

互动活动四：加速记忆的魔法城堡

一、活动目标

1. 我知道常见的几种记忆规律。

2. 我能在规律的指导下，形成自己的记忆方法。

3. 我能够根据不同的材料，选择不同的记忆方法，改善学习效果。

二、引领性问题

1. 我在学习需要记忆的内容时，常常会怎样做？效果如何？

2. 人的记忆力能够提高吗？如何提高？

3. 如何把记忆的方法应用于日常学习，帮助我提高学习效率？

三、活动准备

❖ 每人一张 A4 纸

❖ 词语卡片或多媒体词卡

❖ 活动卡"记忆规律伴我学习"

四、活动过程

第一步：记忆比拼

1. 老师依次出示词汇清单上面的词汇卡片，请同学尽可能记忆（如有多媒体词卡则同样操作）。

词汇卡包括：鲜花、阳光、西瓜、钱包、钱、毛巾、围巾、警察、小偷、警车、苹果、学生、自行车、老师、橙子、善良、黑板、牙刷、浴室。

2. 展示结束，请同学们将头脑里记住的词语写在白纸上。

3. 同学们分享自己记忆的词汇，以及自己是如何记住这些词语的。

4. 思考：为什么有些词语容易被记住？为什么有的同学记住的词汇多？有的少？

第二步：记忆魔法为我所用

1. 开头、结尾内容记得较牢——首因效应、近因效应

> 例如一篇课文有几个段落，我们发现，往往第一段记得最牢，最后几句话也印象深刻。

结合学生记忆情况，解释这一记忆背后的心理规律原理：记忆材料在系列位置中所处的位置会影响记忆效果。常见的有首因效应和近因效应。

思考：这一规律可以应用在哪些科目或任务的学习中？如何应用？

应用提示：分散记忆学习，改变记忆材料的位置顺序。例如一篇长课文，分几次背诵。第二次背诵时，可以先背诵中间段落。

2. 有联系的内容记得牢——有意义学习

> 当我们把钱、钱包、小偷、警察、警车放在一起记忆时，这几个词语因为内在的联系，使单独的词语被赋予了更多的意义，好像连成一张网，彼此之间形成连接，不容易忘记。

再次出示词语，请同学们用自己的方式为词语之间建立联系，可以用编故事的方式再次记忆所有词汇，感受两种记忆效果的差异。

3. 重复的内容记得牢——骗过海马体

海马体与人的长时记忆有关。海马体好似长时记忆的门卫，决定哪些内容会进入长时记忆。能够进入长时记忆的往往都是"性命攸关"的大事。当我们在重复的时候，海马体会误认为它很重要，所以会让重复的知识进入长时记忆。重复次数为 150% 时效果最好。假如我们背一段课文，背了 6 遍记住了，这时最好再背 3 遍记忆效果最好，不容易忘记。

4. 背完的内容很快就忘记了——艾宾浩斯遗忘曲线

记忆伴随着遗忘，这是正常现象。遗忘的速度先快后慢，并呈现如下规律。

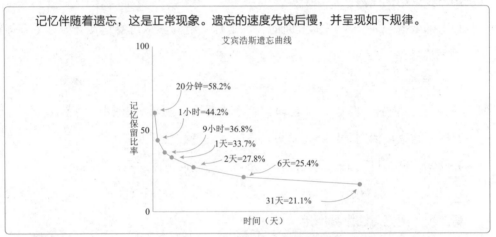

艾宾浩斯遗忘曲线

5. 请结合以上两点记忆规律，为自己背记单词或者某一内容设计计划表吧。

活 动 卡 记忆规律伴我学习

请结合以上两点记忆规律，为自己学习需要记忆的内容，比如背记单词、数学公式、化学周期表等，设计一个科学方法计划表：

内容 学习时间	第一次学习 月 日	复习 1 月 日	复习 2 月 日	复习 3 月 日	⋯⋯
单词					
公式					
⋯⋯					

第三步：静心沉淀

收获	自我评价	给自己打个分
心智成长	1. 我能知道常见的几种记忆规律。	
	2. 我能在规律的指导下，形成自己的记忆方法。	
	3. 我能够根据不同的材料，选择不同的记忆方法，改善学习效果。	
学习状态	倾听	
	用心参与	
	积极表达	
用我喜欢的方式（文字或绘画）沉淀收获：		

五、活动反思

方法只有被使用时才会有效。方法的使用也需要练习。本互动活动更多停留在"知"的层面，对于"行"的层面，教师日常教学时，要有意识地引导学生用记忆的规律指导自己的学习，相信这些记忆的规律会在一定程度上提升学生的学习兴趣、改善学生的学习效果。

互动活动五：微习惯助力大梦想

一、活动目标

1. 我能初步了解一些"习惯养成"背后的脑科学知识。

2. 我能通过分析知道自己以往制订的计划难以执行的原因。

3. 我能学习利用微习惯的方法制订一个学习计划。

二、引领问题

1. 你曾经有过培养好习惯方面的成功体验吗？

2. 你有没有想培养一种习惯但总是不能培养成功的经历？

3. 为什么养成一个好的习惯这么难？

4. 如何养成一个好的习惯？

5. 养成好的学习习惯要注意哪些问题？

6. 你可以先选定哪些最想要培养的微习惯来实现自我成长？

三、活动准备

❖ 活动卡"微习惯养成记录单"

❖ 学习资料"微习惯培养策略"

四、活动过程

第一步：培养习惯的苦恼

1. 引导：

你也许曾经在每个学期初，内心都暗下决心，本学期要好好学习，并默默列出本学期要执行的学习计划，例如：我要专心上课！我要背完单词表！我要把课本里的古诗背得滚瓜烂熟！我要先完成作业再看电视！这些计划到了学期中、学期末，进行得如何呢？

2. 请同学们思考并回答以下问题：

❖ 我曾经想过要养成什么习惯，并且为此给自己制定了计划？

❖ 现在是否养成了这些习惯，这些计划落实得如何？

❖ 如果成功了，请分享你的经验。

❖ 如果没成功，请分析其中的原因。

第二步：习惯养成背后的脑科学

1. 好习惯的养成要遵循大脑学习的规律。在习惯养成方面，大脑中有两个区域起重要作用。

区域	前额叶	基底核
功能	与许多高级认知功能相关。例如，在抽象规则的认知、工作记忆、注意力调控，以及行为的计划和策略、思维和推理等功能中起着关键性的作用。	其主要功能为自主运动的控制。它同时还参与记忆、情感和奖励学习等高级认知功能。
特点	能力强，能做重要决策。但没力气，又繁忙，一旦任务量比较复杂，就应接不暇，无法及时分配任务。	力气足、勤快，擅长做重复的事情，从不厌烦。但只要前额叶不分配任务它就不做。

2. 我们在养成一个习惯时，需要前额叶和基底核的互相配合。基于以上对前额叶和基底核的了解，请思考我们应该如何利用前额叶和基底核的特点来制订学习计划，养成学习习惯？

第三步：微习惯养成5步法

1. 学习微习惯养成5步法。

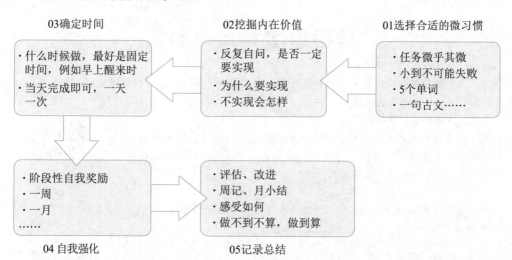

2. 根据以上微习惯养成5步法，使用活动卡做计划，并记录、总结。

活 动 卡 微习惯养成记录单

我看重的微习惯内容（比如：每天下午5：00开始花五分钟背单词）
微习惯描述：

训练时间		实际完成情况记录 （是——√，否——×）	抒发一下感受
第一周	星期一		
	星期二		
	星期三		
	星期四		
	星期五		
	周小结		自我激励：
第二周	星期一		
	星期二		
	星期三		
	星期四		
	星期五		
	周小结		自我激励：
总结：			自我奖励：

第四步：微习惯培养的三个策略

同学们学习以下资料。

学习资料 微习惯培养策略

1. 微量开始、超量完成

每天都超量会带来巨大进步和成就感。越是成功，你会越忍不住超额完成，超额既让任务量缩减，也让成就感增加。

2. 服从计划、不好高骛远

如果目标是每天一分钟，即使今天已超额一个小时，明天也依然以一分钟要求自己。否则会因达不到一小时的量而失望，反而不利于坚持。取得成功的原因莫过于成功本身，每次完成任务时体会完成时的成就感。

3. 一次养成一个微习惯

当不再有抵触情绪；完全认同行为和身份；行动时无须考虑；不担心遗漏的时候；一个微习惯养成之后，再开始下一个。

第五步：静心沉淀

收获	自我评价	给自己打个分
心智成长	1. 我能初步了解一些"习惯养成"背后的脑科学知识。	
	2. 我能知道自己以往制订的计划难以执行的原因。	
	3. 我能学习利用微习惯的方法制订一个学习计划。	
学习状态	倾听	
	用心参与	
	积极表达	
用我喜欢的方式（文字或绘画）沉淀收获：		

五、活动反思

习惯的养成从来都不容易，尤其对青少年而言。微习惯的特点在于任务内容"微小"，可以利用碎片时间进行。微习惯重在执行和坚持。在养成习惯的过程中，秉持"做不到时不算，做到了算"的理念，有助于计划执行。如果在本活动内容结束后，老师能够在学生具体落实微习惯的过程中，以周或月为单位跟进执行情况，及时地给与鼓励，讨论执行中的问题并加以改进，相信会为学生成为善学者铺垫一个培养良好习惯的基础。

互动活动六：过好我的一天

一、活动目标

1. 我能理解并学会使用"时间管理四象限"法则对自己手头上的事情进行"轻重缓急"的排序。

2. 我愿意尝试将"时间管理四象限"法则这一工具运用到自己的学习生活中。

二、引领问题

1. 我平时是不是总是感觉时间不够用？时间都去哪儿了？

2. 我能够区分事情的轻重缓急吗？

3. 我是如何安排自己的学业和日常生活中的各项事情的？

4. 我能够做到要事优先吗？

5. 我打算如何用"时间管理四象限"法则帮助自己改善今后每天的时间安排？

三、活动准备

❖ 活动卡"寻找生活中的大石头"

❖ 根据分组数量准备若干套实验工具，每套工具里边包含桶、石块、碎石、细沙、水。（下图作为参考，可灵活替换。）

（需要根据准备的工具和步骤提前实验，对实验比例、过程风险、结果呈现等提前预估，尤其是两种实验结果的鲜明对比，从而确保在课堂上更好地引导学生体验、感知和理解。）

四、活动过程

第一步：时间之桶装什么？

1. 实验1：桶可以理解为一整天的时间，大石头、碎石、细沙和水依次指大小不同的事件。怎么装才能装得更多？

❖ 在桶中装满碎石（或者装满细沙）。

❖ 再试图装入石块，但装不进去。

2. 实验2：看看这个桶能不能装更多的东西？

（1）把石块一一放进桶中，当桶里再也放不下一块石头时停下来。

提问：此时桶里是不是再也装不下什么东西了？

（2）抓一把碎石，把碎石放在装满石块的桶表面，慢慢摇晃，然后再抓一把，直到把一小桶碎石全装进大桶。

提问：现在桶里是不是再也装不下什么东西了？

（3）抓一把细沙，缓缓地倒在桶的表面，慢慢地摇晃桶。

提问：现在桶装满了吗？

（4）拿起一小桶水，慢慢地倒进桶里，一小桶水也倒进去了。

3. 思考：这两个实验对你有什么启示？

第二步：寻找我生活中的大石头

活 动 卡　寻找生活中的大石头

把自己一天、一周或者一段时间内需要完成的所有事情，不管大小，不管重不重要，全部列在下面，并标上序号。

序号	日常事情	序号	日常事情
1		13	
2		14	
3		15	
4		16	
5		17	
6		18	
7		19	
8		20	
9		21	
10		22	
11		23	
12		24	

1. 请开始填写活动卡。

2. 同学们浏览一下自己填写的日常活动清单，看看哪些事物分别是石块、碎石、细沙和水？

3. 老师要注意引导：什么对同学们来说是真正重要的？

第三步：工具学习——轻重缓急四象限

1. 引导：有效的时间管理需要我们首先区分清楚事件中的石块、碎石、细沙和水，并且总是把石块放在第一位。我们用四个字来概括时间管理，就是辨别事情的"轻、重、缓、急"。事情的轻重缓急并不是绝对和完全割裂的，有时是动态变化的。

2. 分析

❖ 偏重石块一类事务的人：懂得管理时间。属于真正有效率的人，他们善于审时度势，能够抓住问题的关键，当机立断并防患于未然。尽管有时也会有燃眉之急，却能将各类事件尽量安排合理。因此，这类人显得有远见、有理想、守纪律、自制力强，生活平衡有规律。

❖ 整天忙于处理碎石型事务的人：时间分配没有界限，对计划完成的事没有截止时间点，所以每件事似乎都没按时完成，总处在忙碌中。时刻有压力感，总在处理危机、收拾残局，因此心力交瘁。

❖ 偏重沙子一类事务的人：喜欢将一些不轻不重的事情优先安排，或者说这类特点的个体认为小事更重要。这类人通常缺乏自制力，行为目标不长远。

❖ 偏重水一类事务的人：喜欢把一些轻松的事务安排在第一位，偏重于松散地管理时间。

3. 如果可以重新安排，你会如何调整你的时间？请按照时间管理四象限法则修正自己的事件优先级。

时间管理四象限

第四步：静心沉淀

收获	自我评价	给自己打个分
心智成长	1. 我能理解并学会使用时间管理四象限法则对自己手头上的事情进行轻重缓急的排序。	
	2. 我能将时间管理四象限法则这一工具运用到自己的学习生活中。	
学习状态	倾听	
	用心参与	
	积极表达	
用我喜欢的方式（文字或绘画）沉淀收获：		

五、活动反思

实验环节可能会因为道具的材质、大小等原因出现不同的实验结果，也有可能会因为玩耍分散同学们解决问题的注意力。因此，请提前熟悉实验，并注意把控课堂节奏感，引导同学们回归"要事优先""分得清轻重缓急"的主旨上来。帮助同学们学习时间管理方法，从而把学习和能力培养目标落实到每一天的具体行动中，来锻炼自己的能力。

家校共育——"家长课堂"小活动

♥ 让孩子会学习，从思维模式开始

做合格的家长不是"生而知之"的，更多的情况是名副其实的"困而学之"，是需要认真思考和学习的。我们无法代替孩子思考，也不应该，其实也不可能。不同阶段，孩子的成长会遇到不同的问题。作为家长也会遇到如何陪伴孩子健康成长的挑战，最好是与孩子共同成长。

在家里，成长型思维与固定型思维有着隐形的存在。可以参考每章互动活动中提到的成长型思维训练方法，在夫妻之间练习一下。在家长比较熟悉如何辨识两种思维方式之后，可以与孩子一起就家庭生活、孩子的学习等进行乐趣横生、开诚布公的分析练习。

拓展活动：觉察生活中的成长型思维与固定型思维，并尝试改变固定型思维。

日期	事件（挑战、困难）	想法	成长 / 固定（√/○）	思维模式变一变（我还可以这样想）

♥ 让孩子更专注，从不打扰开始

学校在刻意培养孩子的注意力。在家里，家长无论是对自己还是对孩子，也可以增强这方面的意识。当孩子在做创造性的游戏、手工，或做作业和学习时，不要去打扰，让家里也能够成为让孩子安静而专注的物理空间和心灵空间。

♥ 让孩子习惯好，从微习惯开始

要想让孩子养成微习惯，最好的方法是和他一起行动。家长如果有兴趣参与，不把自己排除在外则更好。当我们自己也增加了微习惯的体验，才能够体会习惯养成的不容易，对于孩子没有很快养成习惯的情况更容易理解和包容，同时可以和孩子一起探讨自己在执行计划时遇到的困难，取得进步时的心得体会，这是很有益处的亲子话题，能增进理解，深化感情。

蒲公英的教学做

♥ 项目式课程

每个周五下午，全校师生会一起进行项目式课程。学生分成10—20人的小组，自主选定课题。课题基本都具有跨学科特点。通过每周循序渐进地进行查询资料、实地调研、外出参观、实验观察、访谈、讨论等，最终完成图文并茂的项目报告，参加年级答辩，经过投票选出优质项目参加全校答辩会。所有学生都参加现场问答。

♥ 课堂延伸

学校每年举办科学节、艺术节、体育节、读书人的节日、采摘节、博物馆之旅、探游北京、夏令营、社会和科学知识竞赛等课堂延伸活动，使学生更加充分地释放主动学习的热情。现仅以社会知识竞赛为例加以说明。

比赛分为初赛和决赛，在初赛，全校所有同学都参与，还会邀请同学们出题。每一年的竞赛现场，同学们热情洋溢，力争夺冠。比赛过程中设置现场互动答题环节，同学们在观赛过程积极参与现场互动答题，热情高涨。

♥ 阅读时光

每天下午4：30—5：10是全校师生雷打不动的阅读时间，除了一名巡视教师以外，全校师生静心，人手一本自主选择的书。学校图书馆向全校师生全天开放。每学期全校师生进行好书推荐、读书分享、阅读之星评比。

♥ 滴水穿石

从2006年开始，学校每周会在校园门廊的电视墙上滚动播放5条小知识，每周的内容由各个教研组提供。每周5条知识看似很少，但是学生在校3年积累下来，可以拓展几百条课外知识。

第十章

慧眼辨网——
是非之心，智之端也

～ 访古探今 ～

♥ 现实中的困惑

❖ 我喜欢刷各种短视频，感觉网络世界真是又大又神奇，但是会不知不觉花掉很长时间，事后又后悔。

❖ 听说有些短视频里面的内容不可信，真是这样吗？该如何判断哪些内容可信，哪些内容不可信呢？

❖ 网络游戏给我带来很多快乐，让我很有成就感，而且结交到很多朋友。但是每到周末一玩起来就控制不住自己。事后想想自己也很懊恼。

❖ 有时候因为玩游戏会跟父母发生争执，但是又不知道该怎样改变现状。

❖ 我对网络交友很好奇，在网络上结识新朋友甚至是不同国家的人让我感觉很激动，可是又听说网络交友不安全。

❖ 有不认识的陌生人在社交软件如 QQ 和微信上加我为好友，我是不是可以加呢？

❖ 我在网上认识的朋友邀请我线下见面，我是不是应该赴约呢？

❖ 有些同伴在网上遇到坏人，威逼利诱他们传送不雅照片，有的甚至提出无耻的性要求。这时应该怎么办呢？

♥ 值得思考的问题

❖ 网络给青少年带来了什么益处？有什么弊端？

❖ 如何在海量的网络信息中筛选、甄别和判断，找到更加可靠的信息？

❖ 网络交友需要坚持哪些原则来保护自己，避免受伤害？

❖ 遇到网络胁迫利诱或受到被侵犯的威胁，必须做什么？

❖ 网络游戏给我们带来了哪些快乐和不快乐的事？

❖ 网瘾对个人成长有哪些影响？

❖ 什么是心流？

❖ 网络游戏的开发运用了哪些心理机制？

❖ 还有哪些活动可以替代网络游戏给内心带来满足感、成就感？

♥ 经典永流传

❖ 恻隐之心，仁之端也；羞恶之心，义之端也；辞让之心，礼之端也；是非之心，智之端也。人之有是四端也，犹其有四体也。——《孟子·公孙丑上》

❖ 恻隐之心，人皆有之；羞恶之心，人皆有之；恭敬之心，人皆有之；是非之心，人皆有之。恻隐之心，仁也；羞恶之心，义也；恭敬之心，礼也；是非之心，智也。仁义礼智非由外铄我也，我固有之也，弗思耳矣。——《孟子·告子上》

❖ 人贵剖判，心下令其分明。善理明之，恶念去之。若义利，若善恶，若是非，毋使混淆不别于心。——《朱子语类·卷十三》

❖ 学者工夫，只求一个是，天下之理，不过是与非两端而已。从其是则为善，徇其非则为恶。——《朱子语类·卷十三》

❖ 子曰："女奚不曰，其为人也，发愤忘食，乐以忘忧，不知老之将至云尔。"——《论语·述而》

♥ 相关心理学知识

1. 心流（flow）

心理学家米哈里·契克森米哈赖定义心流为一种将个体注意力完全投注在某活动上的感觉，涉及人的内在精神世界的稳定。当一个人的技能和所遇到的挑战达到最优平衡的时候最有可能体验到心流。[1]

米哈里·契克森米哈赖说："我们对生命的体验是由许多塑造体验的力量汇集而成的。每股力量都会留下愉快或者不愉快的感受。"而在有些时候人可以不被莫名其妙的力量牵着鼻子走，感到能够主宰自己的生命，控制自己的行动，这种难得的时刻使我们感到欣喜，会产生一种最优体验。创造心流的最大意义在于我们能够通过掌控自己的意识，获得对自己整个人生的掌控感。心流在人的大脑高速运转时使思想的指向性变得清晰，注意力集中，心理能量聚焦，这使人感到深刻持久的幸福。[2]

并不是所有的心流都是健康的，有的心流属于垃圾心流，比如过度沉迷于

1 米哈里·契克森米哈赖. 心流 [M]. 张定绮，译. 北京：中信出版社，2017.
2 赵昱鲲. 哈佛积极心理学 45 堂课 [Z]. 喜马拉雅.

电子游戏。这些心流体验虽然让人注意力集中，但是它们不能给个体留下持续的满足感和对生活的掌控感[1]。大量的外部信息涌入神经系统，会使人的意识和思维更敏锐，但是也会使意识系统失去原有的秩序，带来焦虑和烦躁。心流是一种对抗这种失控感的心理体验，值得创造的心流是指有助于人的身心健康的成长体验。

值得思考的是，两千年前孔子形容自己"发愤忘食，乐以忘忧，不知老之将至"，从心理学角度理解，这番描述就是极其健康的心流状态。健康的心流有助于培养一个更坚强、更自信的自我，给人带来成就感，提高人的幸福感。

2. 游戏障碍（gaming disorder）

世界卫生组织在 2018 年修订的《国际疾病分类》（ICD-11）第 11 草案中，将游戏障碍的定义为一种游戏行为模式（数字游戏或视频游戏），其特征是参与游戏的人对游戏失去控制，赋予游戏比其他活动更高的优先级，以至于游戏在个人兴趣和日常活动中占主导地位，并在发生负面后果的情况下仍然持续或更进一步。

当一个人被诊断为游戏障碍时，说明他的行为已经导致个人、家庭、社交、教育、职业或其他重要方面受到了严重损害，并且通常至少已经持续了 12 个月。[2]虽然很多儿童青少年沉迷游戏的程度还达不到游戏障碍的程度，但是将游戏障碍写进《国际疾病分类》为社会、学校和家庭提供了一个判断标准和警示。

3. 多巴胺（dopamine）与内啡肽（endorphin）

大脑的主要功能细胞被称为神经元，它们通过突触，借助电子信号和神经递质传递信息。1957 年，多巴胺首次被确定为人脑中的一种神经递质。虽然多巴胺不是唯一参与奖赏过程的神经递质，但大多数神经科学家认为它是最重要的神经递质。

多巴胺的主要作用不是让人们在获得奖励后感到快乐，而是驱动人们产生获得奖励的动机。它促进了"想要"，而不是"喜欢"。多巴胺被用来衡量一种行为或药物的成瘾可能性。如果一种药物或者行为使大脑奖赏回路释放的多巴

1　克里斯托弗·彼得森. 打开积极心理学之门 [M]. 侯玉波，王非，译. 北京：机械工业出版社，2016.

2　世界卫生组织. 国际疾病分类（ICD-11）[Z]. 2018

胺越多，释放速度越快，就越容易使人上瘾。[1] 这与电子游戏成瘾的机制有相同之处。

内啡肽是另一种传递思维和情感的重要神经递质，是一种由身体和大脑产生的激素。当身体和大脑负荷过重时，就会释放出内啡肽阻止疼痛信号[2]。比如运动之后获得的欣快感就是一个典型的身体释放内啡肽的例子。与多巴胺相比，内啡肽有较低的成瘾性，且与长期的幸福和满足感相关。

4. 是非之心，智之端也

《孟子·公孙丑上》提出"恻隐之心，仁之端也；羞恶之心，义之端也；辞让之心，礼之端也；是非之心，智之端也"。在这里孟子对仁义礼智中的"智"的描述是这样的："是非之心，智之端也。"这句话毫不含糊地表达了一个观点，那就是明辨是非是人的最高智慧。

5. 仁义礼智，我固有之

孟子对人性深刻的哲学思考记录于 2300 多年以前。他说："仁义礼智非由外铄我也，我固有之也，弗思耳矣。"仁义礼智不是外人给予我的，是我本来就具有的人格特征，只是不曾探索罢了[3]。这与积极心理学对人格的理解有同样的视角。

~·❤·❤~ **主题思辨** ~·❤·❤~

1."网瘾"与未被满足的心理需求

网络本身只是一个工具，使用者可以通过这个工具达成善与恶、好与坏、美与丑等种种目的。当青少年的"网瘾"表现出病态、消极、危险的趋势时，这不是孩子的错，需要反思的是学校、社会和家庭。网瘾的产生与这三个角色的失职高度相关。这些失职，不仅仅在对青少年接触网络的控制上，也在广泛的社会环

---

1 安娜·伦布克. 成瘾——在放纵中寻找平衡 [M]. 赵倩，译. 北京：新星出版社，2023.
2 约翰·瑞迪，埃里克·哈格曼. 运动改造大脑 [M]. 浦溶，译. 杭州：浙江人民出版社，2013.
3 杨伯峻. 孟子译注 [M]. 北京：中华书局，2018：259.

境、教育理念、教育方法的层面上。

　　青少年手机成瘾和矫正专家高秋凤教授认为，青少年手机沉迷只是表现形式，而沉迷的原因往往是在现实生活中的学业和人际关系上遇到了困难。因此网瘾常常成为青少年寻找寄托、陪伴、自我意识的临时归宿。不进行综合治理，病态的网瘾问题是得不到解决的。作为学校，首先要看到青少年身心成长过程中没有被满足的需求，从这里入手，并且联合家庭与社会的力量去解决。

　　2. 网络依赖与自我认知

　　据统计，2020 年我国未成年网民达到 1.83 亿人，互联网普及率为 94.9%，高于全国互联网普及率（70.4%）。根据《2020 年全国未成年人互联网使用情况研究报告》显示，手机是未成年网民的首要上网设备，使用比例达到 92.2%。随着手机、电脑设备的普及，中国青少年首次接触网络游戏的年龄日趋低龄化，其中 6 至 14 岁是青少年接触网络游戏的主要时期。[1]

　　青少年成为网民不是坏事，但是长时间沉迷于社交媒体、短视频和游戏会对心理造成严重的负面影响。青少年的自我认知能力正在形成的过程中，在自我情感、认知和行为方面的理性思考尚不成熟，形成网瘾的危险趁虚而入。学生容易陷入虚幻的、不真实的世界，与身边的真实世界产生隔离。一项针对美国 6595 名 12 至 15 岁青少年的研究认为，每天在社交媒体上花费时间超过 3 小时的青少年面临着双倍的患抑郁和焦虑症状的风险。过度和无法控制的社交媒体使用，与青少年出现睡眠问题、注意力问题和被排斥感等情况也是高度相关的。[2]

　　培养学生的媒介与信息素养（Media and Information Literacy，MIL），提高学生理性参与网络生活的能力已经迫在眉睫。这个过程与青少年自我认知的形成是融为一体的。

　　3. 信息素养与全人教育

　　2015 年联合国教科文组织将媒介与信息素养定义为一系列能力，使个人能

1　中国互联网络信息中心共青团中央维护青少年权益部 .2020 年全国未成年人互联网使用情况研究报告 [Z]. 2017.

2　同上

积极地参与并从事各种个人、职业和社会的活动。[1]2021 年中央网络安全和信息化委员会发布的《提升全民数字素养与技能行动纲要》，对数字素养的定义是"数字素养与技能是数字社会公民学习工作生活应具备的数字获取、制作、使用、评价、交互、分享、创新、安全保障、伦理道德等一系列素质与能力的集合"。[2]

因此，媒介与信息素养属于学校进行全人教育的重要内容。对青少年而言这不仅仅是被动地戒除网瘾，也是逐渐获得清醒的自我认知，主动融入有意义的个人、职业和社会活动。媒介与信息素养的培养不是头痛医头、脚痛医脚的权宜之计，而是针对现实的严峻需求提出的命题，是一种名副其实的生活教育，对青少年人生观与价值观构建具有长远的意义。

4. 是非与智慧

不同程度上网络成瘾的青少年，在分辨是非方面存在着深层的困惑，他们心智的积极力量处于脆弱的状态，心灵像是一片未经耕耘的荒地，杂草丛生，覆盖了本质。

孟子在《孟子·告子上》提出："恻隐之心，人皆有之；羞恶之心，人皆有之；恭敬之心，人皆有之；是非之心，人皆有。恻隐之心，仁也；羞恶之心，义也；恭敬之心，礼也；是非之心，智也。仁义礼智非由外铄我也，我固有之也。"在这里孟子提出了"四端"说，他认为每个人生来都是带有仁义礼智的善端，这是人之所以为人的四种基本的心理行为。

孟子又进一步在《孟子·公孙丑上》提出"非之心，智之端也"，是指价值意义上的对与错，而不是知识意义上的对与错。[3]孟子谈到明辨是非是最高的人生智慧，这个观点正好有助于引导青少年慧眼识网。

正如朱熹在《朱子语类·卷十三》中关于是非的专门思辨："人贵剖判，心下令其分明。善理明之，恶念去之，若义利，若善恶，若是非，毋使混淆不别于心。"一个人的内心只有具备了剖析和分辨是非和善恶的能力，厘清是与非、善与

---

1 联合国教科文组织.全球媒介与信息素养评估框架：国家状况与能力 [Z]. 2015：22.

2 中华人民共和国国家互联网信息办公室.提升全民数字素养与技能行动纲要 [Z]. 2021.

3 宋志明.人民日报大家手笔："仁义礼智"古今谈 [N].人民日报，2015-02-02（16）.

恶的边界，才能有健全的人格。[1]

上述从青少年的自我认知、人性的品格特征、辨析是非的能力等方面进行的分析，直接触及网络成瘾综合征的病根。通过修行养智，网瘾的负面体验可以转化成为青少年发展积极心理品质的契机。

5. 前额叶与情绪稳定性

大脑中的前额叶负责帮助人控制自己的情绪、做计划和决断。由于青少年的前额叶尚未发育完善，因此青少年的情绪不稳定，加上青少年对很多新鲜事物抱有天然的好奇心和想要试一试的心态，这就更加需要老师和家长引导青少年通过在一件件具体的事情中不断练习对于是非问题的思考和分辨，培养思辨能力，发展积极正向的情绪，逐渐提高社会适应力。

6. 网络依赖与替代方案

很多青少年表现出过分依赖网络时，他们的心往往是带伤的，也是充满渴望的。这正是他们成长过程中的基本心理需求没有得到满足的表现，包括关系需求、能力感需求、自主需求。当青少年从成长环境中能够获得足够丰富的资源来满足心理需求时，网络依赖所占据的重要性自然会逐渐降低。这对家长和老师的陪伴提出了要求，同时也提醒我们，帮助孩子在家庭和学校环境中找到替代网络依赖的其他类型的满足心理需求的方法，对防止或者缓解孩子网络成瘾是有效的。

综上所述，本章设计了三个互动活动："慧眼识真长智慧"通过探讨媒介与信息素养帮助青少年初步树立评估信息可信度的意识；"网络交友中的是与非"引导青少年谨慎对待网络交友，初步形成在网络世界中自我保护的原则和策略；"网游不神秘"聚焦在网络游戏设计与开发中使用的心理机制，一起探讨如何在现实生活中找到替代方法，也能够得到网游带来的心理感觉，而且更合理、更健康。

---

1 宋志明. 人民日报大家手笔："仁义礼智"古今谈 [N]. 人民日报，2015-02-02（16）.

～•《 延伸阅读 》•～

♥ 推荐书籍

《真的不是孩子的错：一个"戒除网瘾"专家的家教体悟》
贾容韬，中国妇女出版社，2003 年

孩子成长出现了令人担忧的偏差，真的不是孩子的错。面对日新月异的社会变革，家长在教育孩子方面一定要成为成长型思维的学习者。这本书是一位来自家庭教育第一线的"家长型专家"的家教实践和体悟，值得引起更多父母的关注和参考。

《网络是只替罪羊》
赵春梅，许雷霆，安徽教育出版社，2011 年

本书通过十个与网络有关的犯罪案例，在作者对孩子、家长、学校和心理医生进行深度访谈所获得的大量素材的基础上，以及通过在访谈过程中的观察和思考探讨了网络犯罪真正的原因，对每一个案例做了专业的心理解析。在学生沉迷网络的情况下，学校、家庭、社区都应该反思是否有教育上的疏忽，而不是简单地将责任推给网络。实际上，网络只是一个工具，它的好坏取决于人们如何使用它。这本书的角度引导人们对青少年网瘾的思考更加贴近本质。

《心流：最优体验心理学》
米哈里·契克森米哈赖，中信出版社，2017 年

米哈里·契克森米哈赖在 30 年前提出了心流的概念，作者系统阐述了心流理论和进入心流状态的条件，从日常生活、休闲娱乐、工作、人际关系、人生意义等各方面，阐述如何进入心流状态。对心理学爱好者和研究者来说，《心流》是理解积极心理学不可或缺的理论素材。对大众读者来说，这更是一

本提升幸福感的行动指南。

《失控的真相》
迈克尔·帕特里克·林奇，中信出版社，2017 年

在信息泛滥的时代，知识变得无处不在，然而真相与谎言在互联网中交织，知识与观念混为一谈，情绪宣泄掩盖了事实分析。互联网的世界让我们更容易看到彼此的观点，但同时也制造了浮躁的气息。本书作者呼吁，我们要从现在开始提高自己对知识与信息的甄别和理解能力，不仅知道"是什么"，也要多问"为什么"。我们应该注意防范隐私的泄露以及互联网上的数字霸权。我们要随时跳出藩篱，拾回理性，因为我们不是数字人，而是拥有智慧的真实人类。

《网络心理学》
玛丽·艾肯，中信出版社，2018 年

本书通过大量的真实案例，为你揭开网络时代无处不在的隐形行为设计开关。网络空间集合了新奇、刺激、喜悦、痛苦、不安等各种元素，无论是我们内在的心理状态还是外在的行为模式，都已经潜移默化地被改变了。通过阅读本书你会明白，虚拟恋爱、网络欺凌、电子上瘾、极度自恋、网络焦虑……这些现象为什么越来越普遍地发生在我们身上，以及怎样才能在网络时代保持清醒，保护自己不被操控。

《脱"瘾"而出：如何让孩子放下手机》
高秋凤，中国人民大学出版社，2023 年

作者根据自己多年的心理咨询及青少年手机成瘾预防与干预的从业经验，结合大量的真实案例，运用心理学、社会学等理论和方法，全面、系统地总结了青少年手机成瘾的成因、预防和干预的方式与方法。对家长和老师在现实生活和教学中解决青少年手机成瘾等问题，给出了有力的支撑。家长和老师参照书中的案例和解决问题的方法，并结合自身的实际情况，也可以总结出自己独

特的方法，帮助孩子走出手机成瘾的困局。

♥ 推荐影视

《互联网时代》

本片是 2014 年上映，由央视制作的十集纪录片，以互联网对人类社会的改变为基点，从历史出发，以国际化视野和面对未来的前瞻思考，深入探寻互联网时代的本质，思考这场变革对经济、政治、社会、人性等各方面的深远影响。该作品旨在引导全社会更准确、全面地认识和理解互联网，更深刻地思考互联网，有准备地迎接一个新时代的到来。

《网络谜踪》

该片于 2018 年于中国上映。工程师大卫·金一直引以为傲的 16 岁乖女儿玛戈特突然失踪。前来调查此案的警探怀疑女儿离家出走。不满这一结论的父亲为了寻找真相，独自展开调查。他打开了女儿的笔记本电脑，从社交软件开始寻找破案线索。大卫必须在女儿消失之前，沿着她在虚拟世界的足迹找到她。

──♥·♥·♥── 传道授业解惑 ──♥·♥·♥──

互动活动一：慧眼识真长智慧

一、活动目标

1. 我能意识到不同来源的信息的可信度会不同。

2. 我能列举一些判断信息可信度的方法，并尝试在生活中应用。

二、引领问题

1. 上网搜索信息似乎并不难，但是很多内容是假的、错误的，真是这样吗？

2. 如何在海量的网络信息中筛选和判断，找到可靠的信息？

3. 哪些因素会影响到信息的可信度？

4. 人们为什么会发布可信度低的信息？

三、活动准备

❖ 活动卡"慧眼识真长智慧"

❖ 活动卡"学以致用——辨识信息来源"

❖ 学习资料"从信息来源评估信息可信度"

四、活动过程

第一步：小组学习

 **学习资料** 从信息来源评估信息可信度

1. 关注来源

❖ 信息是由哪个主体发布的？是个人、组织还是政府部门？是为谁写的？发布这个信息的目的可能是什么？发布的时间？

❖ 作者是否提供了所引用的信息和观点的来源？

❖ 这个信息发布之前经过哪些单位的审查和验证吗？

❖ 信息里面有任何作者自己的偏见吗？

一般情况下，关注来源在很大程度上能够帮助读者判断信息的相对可信度。

2. 举例说明

发生时间	信息来源
几分钟之内	社交媒体：对事件进行报道，信息可能不全、有错误、存在偏见。 信息由个人发布。
几小时以内	新闻网站/电视/广播：对事件有更新的、被证实的信息和观点。 信息由记者发布。
第二天	每日报纸/政府公开的数据库/行业数据库：有更多更新的、被证实的信息和观点。 信息由记者发布。
几周以后	网络杂志/博客文章：通过采访得到更多与事件相关的信息。观点很新，但是可能会存在偏见，需要关注其是否提供了观点所依据的信息来源。 信息由个人或私人团体发布。
几个月之后	学术刊物文章：经过充分研究且客观分析。大多数情况下，在信息发表之前会经过同行评审。有参考的信息来源。 信息可能由该领域的专家撰写。
几年之后	书籍：对话题有深入研究和事后的反思，由学术文章汇编而出。 信息可能由该领域的专家撰写。

第二步：实例练习

1. 你的信息来源是哪里？想一想，在一周七天中：

❖ 你主要通过哪些方式来获取信息？比如报纸、电视、新闻、社交或短视频平台等。

❖ 哪种方式是你获取信息的最主要的方式？使用频率如何？这种方式大概每天占据你多长时间？

❖ 如果让你用打分（0—10）来评估依赖这种方式获取的信息的可信度，你会打多少分？为什么？请写在活动卡上。

2. 是非之心，智之端也

❖ 请举例说一说你认为网络世界里的"是"和"非"是什么？

❖ 判断以下信息的真与假，为它们的可信度打分，并说说判断依据。请写在活动卡上。

案例一：

微信群里转发的通知——"紧急通知：从外省来了100多个外地人，现已经到了咱们市，有的地方已经丢了20多个，解剖了7个小孩的胸部，拿走器官！凡是在街上转来转去的陌生人，开面包车，收粮食的车都要注意！为了孩子，转发吧！大家注意了！"

案例二：

2023年8月，有网友在社交媒体上发布一则消息："把身份证、手机和银行卡等物品放在一起可能会消磁。因为手机工作时发出的高频电磁波所产生的强磁场会把信用卡、IC卡及二代身份证内的磁性芯片磁化，使所记录的信息紊乱，从而失效。"

案例三：

某网友在视频网站发布了一则视频：视频中几辆电动车和女驾驶员倒在地上，表情痛苦，交警在旁边，视频中没有双方的对话。网友搭配的文字是："交警辅警抓电动车不带头盔，有个女的没戴头盔想走，被交警推倒在地上，腿骨折了。我想说的是，跑都跑了，你推别人干嘛，这样很容易受伤。"

---

3. 小组讨论，判断信息的可信度可以有哪些判断依据？

4. 完成后，公布三个案例消息的真实性：三个案例发布的都是虚假消息。案例一中的消息明显违背常识；案例二中提及的身份证消磁是不可能的，身份证内置入的芯片采用无线射频技术，不会被消磁；案例三中的视频经交警大队证实，视频中该名交警正在扶起不慎摔倒的电动车驾驶人，不是暴力执法。

5. 结合以上练习说一说你对"是非之心，智之端也"这句话的感受和理解？

活动卡 慧眼识真长智慧		
来源信息来源	使用的频率	可信度打分（1—10）

	可信度打分（1—10）	为什么
案例一		
案例二		
案例三		

你对"是非之心，智之端也"这句话的感受和理解：

第三步：学以致用

请在小组内评估以下信息的可信度，并按照信息可信度对其进行排序，最不可信的信息来源排序为 1，以此类推。信息可信度相同的可标注同一个数字。排序时可参考以下问题：

❖ 信息是由哪个主体发布的？是个人、组织还是政府部门？为谁写的？发布这个信息的目的可能是什么？发布的时间？

❖ 作者是否提供了所引用的信息和观点的来源？

❖ 这个信息发布之前有经过哪些单位的审查和验证吗？

❖ 信息里面有任何关于作者自己的偏见吗？

活动卡 学以致用——辨识信息来源	
信息	排序
1. 中科院某专家发表在国际顶级期刊上的关于癌症的最新研究。	
2. 一位养生达人，发表的未经科学验证的养生观点。	
3. 某位年轻的旅行博主在旅行过程中的所见所闻。	

续表

信息	排序
4. 隔壁王大妈在抖音上看到一位网红博主发布的关于疫情期间美国人在超市抢购食物的消息。	
5. 某知名杂志的记者在走访全国各地几家职业学校，采访那里的老师和学生之后写作并且发表的关于中国职业学校现状的报道文章。	
6. 某官方媒体发布的最新的关于杭州亚运会的报道。	
7. 某大学一位长期从事研究农村教育的教授通过去乡村学校实地调研，采访学生、老师和学校领导，收集数据，写作和出版最新的关于农村教育的书籍。	

第四步：静心沉淀

收获	自我评价	给自己打个分
心智成长	1. 我能意识到不同来源的信息的可信度会不同。	
	2. 我能列举一些判断信息可信度的方法，并尝试在生活中应用。	
学习状态	倾听	
	用心参与	
	积极表达	
用我喜欢的方式（文字或绘画）沉淀收获：		

五、活动反思

这个互动活动初步打破了学生对网络和短视频的不全面的认识，帮助学生意识到不同来源的信息的可信度是不同的。在课程实施过程中学生非常积极地参与。在"学以致用"环节，学生对评估信息来源和信息可信度进行了初步的练习。老师需要在日常的点点滴滴中继续强化这个能力。

互动活动二：网络交友中的是与非

一、活动目标

1. 我能谨慎对待网络交友，学会分辨其中的是非。

2. 我能初步形成网络自我保护策略。

二、引领问题

1. 你有过网络交友的经历吗？结果怎样？

2. 在网络交友的过程中，你都产生过什么样的心情呢？

3. 你有过担心吗？为什么？

4. 如何分辨网络交友中的人是否值得信任？

5. 遇到这类问题，你是不是需要寻求一下同伴对此的想法呢？

6. 遇到这类问题，你是不是最好与你信任的成年人一起探讨一下呢？

7. 网络交友有哪些陷阱？

三、活动准备

❖ 活动卡"网络交友面面观"

四、活动过程

第一步：网络交友大调查

同学们思考以下几个问题：

❖ 你使用频率最高的交友软件是哪款？

❖ 你在软件里的好友是由哪些人（家人、朋友、同学、老师、一起玩游戏的陌生人等）构成的？占比如何？

❖ 在现实生活中，我们的朋友听得见、看得着，但是在网络上，我们只能隔着屏幕幻想。既然如此，为什么我们还会选择网上交友？

第二步：网络交友课堂剧

案例：丽丽是一名七年级女生，在同学和老师的眼中，她一向沉默、内向，不喜欢说话，容易让人忽略她的存在。有一天，她在用 QQ 跟同学聊天的时候，忽然有人加她为好友。接受对方的邀请后，他们开始聊天。对方每天都给她发消息，随着彼此越来越熟悉，丽丽也对网友越来越好奇，网友恰巧提出了周末见面的要求。要不要和网友见面呢？如果你是丽丽的好朋友，请帮她出出主意吧。

1. 思考：你觉得丽丽应该去见网友吗？为什么？

2. 思考：如果丽丽去见网友，可能会发生哪些情况？针对不同情况，你有哪些可能的应对方法？请写下来。

3. 请在组内讨论并且把小丽去见网友可能会遇到的不同情况表演出来。

4. 小组讨论：总结和归纳关于网络交友自我保护的原则和方法。

5. 全体分享

❖ 一个小组发言

❖ 其他小组补充

❖ 形成一个"自我保护策略表"，——记下

活动卡 网络交友面面观

1.如果丽丽去见网友，可能会发生哪些情况？针对不同情况，你有哪些可能的应对方法？
　（1）
　（2）
　（3）
　（4）
　（5）
2.小组讨论：总结和归纳关于网络交友自我保护的原则和方法。

序号	自我保护策略表

第三步：静心沉淀

收获	自我评价	给自己打个分
心智成长	1.我能谨慎对待网络交友，学会分辨其中的"是非"。	
	2.我初步形成了网络自我保护策略。	
学习状态	倾听	
	用心参与	
	积极表达	
用我喜欢的方式（文字或绘画）沉淀收获：		

五、活动反思

在这个过程中，要让学生自己总结和概括网络交友中的是与非，引导学生掌握保护自己的策略，更重要的是让学生在网络交友中形成底线意识。在活动过程中，老师要保持一定的敏感度，在课堂上观察学生对待网络交友的态度，老师应根据学生的情况来具体考虑和分析是否应该在课下给予学生更多关注，进一步了解这些学生目前网络交友的情况。

互动活动三：网游不神秘

一、活动目标

1. 我能够全面客观地认识网络游戏对个人的影响，并且知道如何正确地对待网络游戏。

2. 我能够了解沉迷网络游戏背后的主要心理原因，找到并且尝试实践满足心理需求的替代方法。

二、引领问题

1. 玩网络游戏究竟是好事还是坏事？

2. 游戏都有哪些类型？

3. 不同类型的游戏各有什么利弊？

4. 你喜欢玩游戏中的哪些体验？

5. 你不喜欢玩游戏时的哪些体验？

6. 游戏满足了你的哪些心理需要？

7. 玩游戏和学习之间有关联吗？举例说明。

8. 如何既能学习好，又能游戏玩得好？

9. 在现实生活中，除了玩游戏，还有哪些能够满足自己心理需求的办法？

三、活动准备

❖ 网瘾少年王刚的相关视频（可选取片段展示）

❖ 解读游戏上瘾的心理机制的视频，如《科学实验告诉你，为什么玩游戏会上瘾》（可选取片段展示）

❖ 人文清华视频《彭凯平：导读〈心流〉什么是人生最佳的体验》（可选取片段展示）

❖ 活动卡"网游不神秘"

❖ 活动卡"更丰富的、助我成长的创造心流的办法"

❖ 学习资料"游戏开发的心理机制"

四、活动过程

第一步：头脑风暴

1. 相信有些同学喜欢玩游戏，对玩游戏有一种难以割舍的感觉。大家来形容一下玩游戏时的感觉吧！

2.思考玩游戏给自己带来了哪些开心的体验和哪些不开心的体验，并写进活动卡。

3.写完之后找学生做分享，老师在黑板上板书提炼学生的回答。

第二步：思考游戏人生

观看网瘾少年王刚的相关视频，并思考以下问题，完成活动卡。

❖ 用一个词语形容王刚的游戏人生。

❖ 王刚从打游戏中获得了什么？又失去了什么？

第三步：游戏中的心理机制

观看解读游戏上瘾心理机制的视频并阅读学习资料"游戏开发的心理机制"，了解游戏开发时涉及哪些心理机制，完成活动卡。

学习 资料 游戏开发的心理机制

1. 多巴胺

多巴胺的主要作用不是让人们在获得奖励后感到快乐，而是驱动人们产生获得奖励的动机。它促进了"想要"，而不是"喜欢"。多巴胺被用来衡量一种行为或药物的成瘾可能性。比如一种药物或者行为使大脑奖赏回路释放的多巴胺越多，释放速度越快，这种药物就越容易使人上瘾。[1]这与电子游戏成瘾的机制有相同之处。"网络游戏能刺激大脑的奖赏中枢，促进多巴胺等神经递质的释放，增加玩家的欣快感以致产生依赖，最终导致脑结构变化而成瘾。"[2]

2. 老虎机机制[3]

研究发现使用老虎机的赌博者能够通过不断提高技术来收获满足感。想要不断精进技术是成瘾的要素之一。这被称为技术成瘾（technological addictions），这种成瘾机制被称为老虎机机制。

网络提供了不断更新的声光电技术，上网者通过上网不但可以完成学习或工作任务，而且能从技术提高中获得另一种满足和奖赏。网络成瘾者可以通过逐渐娴熟运用网络技术获得心理满足，并借此逃避生活中的困难。网络游戏的挑战性让它具有技术成瘾的效力。

青少年往往想要获得较高的自尊感，网络游戏正好为他们提供了这样的平台。作为"网络一代"，青少年无疑有更多的网络知识，年轻又赋予了他们更加敏捷的身手，在视觉、听觉和键盘操作上，他们较之成人具有明显的优势，因而更容易从网络技术中获得满足。

第四步：找到满足自己心理需求的替代方法

1　安娜·伦布克.成瘾——在放纵中寻找平衡 [M].张倩，译.北京：新星出版社，2023.

2　贺金波，郭永玉，向远明.青少年网络游戏成瘾的发生机制 [J] Chinese Journal of Clinical Psychology，2008，16（1）：46-48.

3　同上

1. 观看导读《心流》的视频，说说什么是心流？请用几个形容词来描述心流体验。

2. 在日常生活中，你有过心流的体验吗？玩游戏时的专注可以被称为心流吗？什么是垃圾心流？

3. 通过以上探究，我们了解了游戏设计背后其实都是瞄准了人们的心理需求。我们玩游戏时获得的满足感、自主感、能力感、关系感、成就感，在现实生活中还可以通过什么方式来获得？请学生把能想到的替代方法都写下来。

4. 在这个环节很多学生都会积极记录自己能想到的一些替代方法。如果看到学生写不出来替代自己心理需求的方法时，需要特殊关注，并单独引导学生。写完之后邀请几位学生做分享，教师在黑板上写下学生能想到的所有方法。

活 动 卡 "网游" 不神秘

1. 头脑风暴——玩游戏给你带来了什么？

开心的：在网上能交到朋友……	不开心的：投入的时间较多……

2. 思考游戏人生

（1）用一个词语形容王刚的游戏人生。

（2）你认为王刚从游戏中获得了什么？又失去了什么？

获得：_____

_____

失去：_____

_____

3. 观看视频，了解在游戏开发的过程中，游戏利用了哪些心理机制使人们上瘾。请把自己的想法记下来。

序号	心理机制

4. 除了玩游戏，你还有哪些可以满足自己心理需求的方法?

1._____

2._____

3._____

4._____

5._____

6._____

第五步：拓展活动

接下来两周，请学生尝试记录自己都使用了哪些替代网络游戏的方法以及使用之后的感受。在周末时与家长一起讨论。两周后请把活动卡带到班里，全班交流分享。

活 动 卡 更丰富的、助我成长的创造心流的办法		
日期	我的方法	我的感受

第六步：静心沉淀

收获	自我评价	给自己打个分
心智成长	1. 我能够全面客观地认识网络游戏对个人的影响，知道如何正确对待网络游戏。	
	2. 我能够了解沉迷网络游戏背后的主要心理原因，找到并且尝试实践满足心理需求的替代方法。	
学习状态	倾听	
	用心参与	
	积极表达	
用我喜欢的方式（文字或绘画）沉淀收获：		

五、活动反思

网络游戏这个话题离学生生活非常近，能够很自然地引起学生的兴趣、思考和共鸣。在上课过程中可以邀请尽量多的学生，特别是平时不怎么参与课堂的学生加入进来。以学生的心理需求为核心和出发点来思考网络成瘾问题，鼓励学生与家长一起探讨和行动。只有找到满足心理需求的适宜的替代方法，才可能减少对网络游戏的依赖。老师需要在两周后收回拓展活动卡，在课上安排分享的时间，带领学生走出第一步。对于效果不明显的学生，课后需要继续跟进。班主任也需要配合此项内容开展班会活动。

～•❤️～ 家校共育——"家长课堂"小活动 ～❤️•～

❤️ 孩子的心理需求被满足了吗？

家长面对沉迷网络游戏的孩子，要避免指责孩子，先接纳孩子的现状，因为这不是孩子的错。家长要有足够的耐心去倾听和理解孩子沉迷网络游戏的原因，比如体验了归属感、成功感、自我控制感等，进而发现自己有可能存在的一些疏忽之处，从而给孩子足够的高质量的陪伴。

❤️ 家长的媒介与信息素养如何？

父母可以对自己的信息来源可信度进行一个系统的反思，以提高自己的信息素养，这样可以对孩子进行更加理性的引导，使孩子在信息时代不致迷路，而成为受益者。

❤️ 家庭网络使用规则如何定？

时间有节制：父母可以与孩子一起制定家庭网络和社交媒体的使用规则。比如平时和周末可以使用网络学习和娱乐的时间，饭桌上不用手机，睡前 1 小时不用电子产品，等等。

安全有策略：父母可以跟孩子讨论如何在社交媒体平台保护自己的隐私信息。

当孩子出现在网络平台盲目交友的倾向时，与孩子一起讨论自我保护的办法，并且落实。

♥ 满足心理需求的其他途径何在？

父母应该关注孩子的关系需求、能力感需求、自主需求，与孩子一起寻找更多的途径来满足孩子成长中的心理需求。比如通过体育活动、亲近自然、参观博物馆、学习艺术技能、读书、下棋、看电影、旅游等，使孩子能够暂时远离电子产品，并逐步摆脱对网络或网游的过度心理依赖。

蒲公英的教学做

♥ 问题树和生命树

这是一种引导青少年自主分析问题和寻找结论的方法，以问题树表达所面对的问题，甚至是痛点，以生命树表达解决问题的思维和措施。

"生命树"是一种跨文化的对积极心理的表达，其意义和图像有着悠久的历史，富有深刻的哲学和心理学内涵。在印度、欧洲、阿拉伯等文化里都存在生命树的形象和释义，赋予生命树的含义多与因果相关。

校本成长课中设计了一个问题树分析法，用树干、枝叶、树根和果实分别代表问题的表象、根源和后果。但是把问题树与生命树连接到一起并不是老师们的设计，而是学生的创作。事实上，是所谓的"问题学生"的创作。

一个学校的教育案例：有几十个学生参与了一场与外校学生的混战。对此，老师没有直接大加批评，而是启发学生们用问题树分析法梳理自己的言行和心理。"你为什么要打架？""你考虑过后果吗？"这些刚刚打了架的学生们其实是有自己想法的。借着问题树分析法，他们画了一棵干枯暗淡的树：它的根可谓盘根错节，每一个分叉代表学生们承认的不良情绪、不良追求、错误认知等；树冠的枝枝权权分别代表不良的后果；而在树的上方，学生们写上了三个字——问题树。在这棵问题树旁边，学生们又画了一棵颜色清新的生命树。树根叙述着良好的感受和行为，树冠叙述着美好人生的各种体现和感受。一位学生在这两棵树中间，写下了"如果让你选择"。显然，这是学生们在创作两棵树以后不由自主地扪心自问，问得很自然，也很有分量。

从此，"问题树和生命树"成为每一位学生在校三年中都要经历的学习活动。它并不是所谓的"问题学生"的专有工具。客观上，每个人，不论男女老少，不论地位高低，都会在个体生命的不同阶段，有意无意地思考自己的问题树和生命树。觉醒的生命力对每一个生命过程而言都是令人振奋的。因此，虽然问题不一样，但是问题树和生命树这个工具可以属于每一个人，惠及每一个人。

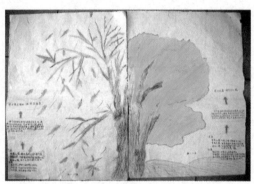

学生在活动中自主描绘的问题树与生命树

成长的生涯规划——
人无远虑，必有近忧

～♥～ 访古探今 ～♥～

♥ 现实中的困惑

❖ 青少年考虑未来职业是不是太早了？

❖ 我对很多事情都特别感兴趣，这些兴趣可以成为职业吗？

❖ 社会上都有哪些职业呢？

❖ 我对各行各业都充满好奇，但是又不了解这些行业究竟是做什么的。

❖ 真想知道我这样的人适合从事什么样的职业！

❖ 现在的学习跟我未来的职业有什么关系呢？

❖ 很多人学历不高不是也照样找到工作了吗？

❖ 找到自己感兴趣的职业之后，现在可以为从事这个职业做什么准备吗？

❖ 对于未来的学习和职业，我没有太多想法。可以只听父母的安排吗？

❖ 我的考试成绩不是很理想，未来就业会有什么出路呢？

♥ 值得思考的问题

❖ 职业是什么？

❖ 世界上有多少种职业？

❖ 我现在的兴趣和未来的职业之间可能有什么关系呢？

❖ 职业选择与个人的人生价值追求之间有什么关系？

❖ 学业路线和职业之间的关系是什么？

❖ 我的特长很明显，但是短板也很突出，这和职业选择怎么关联呢？

❖ 青少年时期，我可以为未来的职业做什么准备？

♥ 经典永流传

❖ 子曰："人无远虑，必有近忧。"——《论语·卫灵公》

❖ 子曰："君子谋道不谋食。耕也，馁在其中矣；学也，禄在其中矣。君子忧道不忧贫。"——《论语·卫灵公》

❖ 曾子曰："士不可以不弘毅，任重而道远。"——《论语·泰伯》

❖ 非学无以广才，非志无以成学。——诸葛亮《诫子书》

❖ 博观而约取，厚积而薄发。——苏轼《稼说送张琥》

❖ 子曰："后生可畏，焉知来者不如今也？"——《论语·子罕》

❖ 子在川上曰："逝者如斯夫！不舍昼夜。"——《论语·子罕》

❖ 临渊羡鱼，不如退而结网。——《汉书·董仲舒传》

❖ 子曰："工欲善其事，必先利其器。——《论语·卫灵公》

❖ 合抱之木，生于毫末；九层之台，起于垒土；千里之行，始于足下。——《道德经》

❖ 子以四教：文，行，忠，信。——《论语·述而》

❖ 古之欲明明德于天下者，先治其国；欲治其国者，先齐其家；欲齐其家者，先修其身；欲修其身者，先正其心；欲正其心者，先诚其意；欲诚其意者，先致其知，致知在格物。物格而后知至，知至而后意诚，意诚而后心正，心正而后身修，身修而后家齐，家齐而后国治，国治而后天下平。——《大学》

❖ 穷则独善其身，达则兼善天下。——《孟子·尽心上》

♥ 相关心理学知识

1. 自我实现（self-actualization）和超越

职业启蒙教育把青少年的自我认知带到了一个更为深刻的层面。"需要层次理论"是人本主义心理学的主要创始人亚伯拉罕·马斯洛的思想结晶。他把人的需要按照层次由低到高分为：生理、安全、归属与爱、尊重、自我实现和超越。"自我实现和超越"位于人的需求的金字塔顶端。马斯洛把"非常优秀而健康的人，坚强的人，有创造力的人，纯洁的人，明智的人"作为研究对象，发现"自我实现者无一例外都献身于一项身外事业"，他们专心致志地从事某项他们非常珍视的事业，"工作与欢乐的分歧在他们身上已经消失了"。这些人以某种方式献身于寻找那种固有的"终极的价值，这些价值像需求一样在起作用"，马斯洛称之为"超越性需求"。[1]

自我实现的方式虽然有很多种，但是通过职业实现自我在社会中的价值是

---

1 亚伯拉罕·马斯洛．人性能达到的境界 [M]．曹晓慧，等译．北京：世界图书出版公司，2018：38-48.

最常见的方式。马斯洛提出个人趋向自我实现的八条途径，涉及充分地、活跃地、无我地体验生活，在生活中做出成长的选择而不是畏缩的选择，倾听自己的呼声，反躬自问承担责任，不断实现自我潜能，意识到心灵经历高峰体验的时刻等。[1]

2. 人无远虑，必有近忧

"人无远虑，必有近忧"出自《论语·卫灵公》。意思是说一个人如果没有长远的考虑，一定会有眼前的忧患[2]。这体现了古人系统思考和长远规划的意识，与职业生涯规划的内在逻辑和本质不谋而合，是青少年需要熟知并理解的传统智慧。

3. 金斯伯格职业选择理论

根据艾丽·金斯伯格的观点，人们在选择职业的过程中会经历几个不同的阶段：幻想阶段（fantasy period）、尝试阶段（tentative period）和现实阶段（realistic period）。尝试阶段涵盖整个青春期，处于这个阶段的青少年在做职业选择时开始考虑一些现实情况，比如职业的要求、自己的能力和兴趣、自身的价值和目标。[3]

4. 霍兰德人格类型理论

心理学教授、美国著名职业指导专家约翰·霍兰德提出的人格类型理论，认为特定的人格类型与特定的职业可以进行完美匹配。如果人格与职业的对应性很高，那么个体会更加喜爱自己的职业，从职业中获得的成就感和价值感也会更高，其职业道路自然也会更加稳定。相反，如果人格与职业的匹配度较低，那么会造成个体对职业的满意度相对较低，从而可能导致工作的不稳定。[4]

霍兰德认为人格类型可分为研究型（I）、艺术型（A）、社会型（S）、企业型（E）、传统型（C）、现实型（R）等六个维度。每个人的人格都是这六个维度不同程度的组合。

1　罗培音. 论马斯洛自我实现观——基于马克思主义自我实现观 [D]. 四川师范大学，2024.

2　杨伯峻. 论语译注 [M]. 北京：中华书局，1980.

3　罗伯特·费尔德曼. 发展心理学——人的毕生发展（第 6 版）[M]. 苏彦捷，译. 北京：世界图书出版公司，2013：552.

4　同上

～♥← 主题思辨 →♥～

1. 职业启蒙教育与青少年

我国 2012 年修订的《中小学心理健康教育纲要》中对职业生涯规划提出了明确的要求："把握升学选择的方向，培养职业规划意识，树立早期职业发展目标。"职业启蒙教育是青少年的必修课。"人无远虑，必有近忧"这句话说明了青少年时期开始思考职业生涯规划的必要性。近些年国家在优化和完善职业教育方面投入很多，期待培养出更多精通专门技术的工程师和高级技工。这为青少年的职业生涯规划创造了新的机会。

然而，现在的青少年无论是在城市还是在乡村，对未来的职业选择普遍缺乏清晰的意识，处于困惑和被动的状态。初中阶段也正是青少年自我认知发展的重要阶段，顺势将其与职业启蒙教育相结合，青少年就可以在认识自己和了解职场的互动过程中，把发挥自己的积极品质优势作为方向，为未来在不断变化的社会大环境中找到立足点做准备。

人格理论提供了重要的生涯辅导理念：把个人特质和适合这种特质的工作联合起来，强调生涯探索，强调对自我能力、兴趣、价值以及职业的探索，以拉近自我与职业的距离，有利于创造积极愉快的职业生涯。[1]

系统的职业启蒙教育涉及三个部分：自我探索、职业探索、能力探索。这个过程需要得到全社会的支持，为青少年开放资源，带他们领略真实的职场世界。

2. 职业启蒙教育与 AI 时代

AI 时代到来的脚步提早加快了青少年职业启蒙教育的步伐。2023 年初美国 OpenAI 公司发布的 ChatGPT 让人们再次猛然意识到 AI 时代对现代职场意味着什么。当机器人除了体力劳动以外还可以执行很多复杂的任务时，比如图像识别、数据分析、自然语言生成、推理、运算、甚至决策等，使得人类的就业前景与危机并存，既面临空前挑战，也预示着新型职业的涌现。

1　罗伯特·费尔德曼.发展心理学——人的毕生发展（第 6 版）[M].苏彦捷，译.北京：世界图书出版公司，2013：552.

当人类越是接近 AI 时代时，人类文明的结晶——心理学就越是凸显其重要性，因为这门科学探索的是人之所以为人的本质。当人失去了人之所以为人的根基，是抵御不了 AI 的冲击的。在这个层面上加以反思，AI 带来的挑战使得职业启蒙教育的目标更加明确，就是培养身心健全的人。学校需要立即行动起来，将青少年的职业启蒙教育纳入目标更加清晰的轨道中，才能与时俱进。

3. 职业启蒙教育与君子之道

职业启蒙教育并不是直接与学习职业技能挂钩，不能简单地就职业谈职业。青少年正处于价值观构建的重要阶段，职场又是人们实现自身价值的重要场所，二者之间的内在联系需要及早地体现在对青少年的引导中，既要关注青少年当下的心智成长，也要着眼于为社会输送能够通过职场积极成就人生的人。中华文化中充满着对成为君子的人生追求，这一传统如何在当代青少年心里生根发芽呢？

君子之道注重人的精神世界的成长和对生命的价值追求。孔子在《论语·卫灵公》中说"君子谋道不谋食，君子忧道不忧贫"，意思是说君子要谋求让天下安定的道，而不仅仅是谋求满足自己的物质需求。在新兴产业高歌猛进并不断淘汰旧有的生产方式的今天，两千年前的这句话仍然振聋发聩，启迪我们看清楚个人职业与社会的关系。北大著名学者钱理群教授的一席话与《论语》隔空呼应。他说："在我看来，真正的精英应该有独立自由创造精神……要有自我的承担，要有对自己职业的承担，要有对国家、民族、社会、人类的承担。"[1]

对大多数初中阶段的青少年而言，自觉地从国家与人类的角度考虑问题为时尚早，但是可以播种下这种精神取向，让其进入青少年的心田。

4. 职业启蒙教育与优势发现

职业生涯规划是我们一生都在不断做的事，它建立在我们不断突破对自己认知边界的基础上。发挥自己的优势是通往职业生涯目标的阻力最小的路，青少年时期正是有意识地发现自己的特点与优势的开始，因此这个内容应视为初中阶段职业生涯教育的组成部分。

1　钱理群 . 北大教授：大学里绝对精致的利己主义者 . https://gaokao.eol.cn/bei_jing/dongtai/201705/
t20170503_1512255.shtml，2017-05-03

优势不是指具体的知识、技能和手艺，而是指人在做事时的思维方式和隐含其中的品格特点。比如，一个学生画画不错，笔画流畅，构图新颖，支撑这些技巧的是学生的兴趣以及其在观察能力、审美能力等方面的品格优势。正是这些品格优势使得这位学生在画画时自主、专注、讲求质量、进步快、心情愉悦。因此，职业启蒙教育的长远效能体现在如何引导学生发现自己的优势，激发出使用自己潜能的热情。这种效能不仅惠及学生当下的状态，也延伸到学生今后的学习生活和成年后的职场生涯。

综上所述，本章设计了五个互动活动。互动活动一"三百六十行"运用生活中的例子帮助学生了解不同的职业，打开视野；互动活动二"行行出状元"帮助学生树立积极的职业价值观，引导学生认识到职业没有贵贱之分，所有的职业都需要我们拥有一些共通的积极品格；互动活动三"我的职业兴趣彩虹"利用六环岛兴趣测试引导青少年开始关注自己的职业兴趣，思考个人兴趣和职业选择的关联；互动活动四"职业选择里的家国情怀"通过学习讨论，帮助学生认识到很多人选择职业的缘由都承载着中华传统中的家国烙印；互动活动五"学业有路，我心有数！"引导学生把未来的职业生涯和自己当下的心智成长联系在一起，制定可行的阶段性小目标，发挥内驱力，付诸行动。

～❤❤ 延伸阅读 ❤❤～

♥ 推荐书籍

《构建自我与未来——中学生生涯手册》
王建鹏，陈位，电子工业出版社，2017 年

本书是一本经过长期一线教学实践后，结合时代特点和教育部要求，针对中学生生涯教育推行过程中的重点和难点问题而编写的教材。本书从自我建构理论出发（我要成为的人），结合时代行业职业的变革挑战（社会需要的人），摸索出一套自我认知、外部探索、目标确定、个人管理、规划与行

动的方法体系。透过真实的生活实践，让学生在做中学习，感悟职业生涯的内涵。

《职业百科：走进社会的理想工作指南》
英国 DK 出版社，电子工业出版社、中国工信出版集团，2017 年

本书涵盖了 400 多种职业，并针对每个职业和工作做了全面的介绍，包括通往这份工作的路径选择、想要获得成功所需的各项技能，以及长期的职业前景。作为一本内容简练的综合性职业指南，书中的建议既实用，又具启发性。

《我在故宫修文物》
萧寒，广西师范大学出版社，2017 年

本书第一次将镜头对准了故宫的文物修复师们，他们用一辈子医治历代大师被岁月腐蚀的作品。他们是钟表匠、青铜匠、摹画工、木器工、漆器工……书中以口述的形式撰写了 12 位顶级文物修复师对历史、对人生的回顾和感悟。

《成为更好的自己——生涯规划实战体验手册》
王胜会，廖满媛，王胜媛，孙兆华，清华大学出版社，2020 年

这是一本职业生涯规划个人成长的修炼笔记、操作手册。通过精心设计的 18 个生涯规划游戏学习职业生涯规划知识，探索职业生涯目标、定位和未来，实现未入职场而成竹在胸。本书既适合职业生涯教练、培训师、研发顾问、就业指导师和职场咨询师等研发课程与授课时使用，也适合企业新员工和应届毕业生自我提升时使用，还适合教育机构进行职业启蒙教育时作为参考。

《中华人民共和国职业分类大典》
国家职业分类大典修订工作委员会，中国人力资源和社会保障出版集团，2022 年

随着科技和经济发展的日新月异，新的产业、行业和职业也层出不穷。我国 2022 年完成了最新版的《中华人民共和国职业分类大典》的修订，并将我国职业

归为 8 个大类，66 个中类，413 个小类，1838 个细类（职业）。此职业分类大典是教育机构进行职业启蒙教育时必不可少的工具书。

♥ 推荐影视

《了不起的匠人》

这个治愈系匠心微纪录片系列于 2016 年开始上线，摄制组远赴大陆各地、香港、台湾、日本等亚洲地区，拍摄了 20 位亚洲匠人的手艺生活。这些匠人境遇不同，但是都拥有难能可贵的匠心，告诉人们匠心对于当代人的价值。[1]

《乐业中国》

这个职场纪录片系列于 2021 年上线，2023 年收官，讲述了"中国职场人跨越山海、机缘邂逅自己理想的职业，并在职业中找到人生乐趣，实现自我价值的真实故事"。纪录片激励国人在巨变的时代迎接挑战，寻求自我，追求梦想。

《对，这也是工作》

这个微纪录片系列于 2023 年上映，探索了 100 种新职业。作者认为，我们的人生不该是一个梯子，它应该是一个广场，自由选择要去的远方。

～•❤•↞ 传道授业解惑 ↠•❤•～

互动活动一：三百六十行

一、活动目标

我能打开视野，识别很多类型的职业。

1　参考百度 AI 智能回答。

二、引领问题

1. 职业是什么？

2. 你能说出多少种职业？

3. 你见到过哪些职业场所？它们有什么特点？

4. 如果没有人从事这些职业会发生什么情况？

5. 认识职业为什么很重要？

三、活动准备

❖ 活动卡"我的职业大百科"

❖ 学习资料"关于职业分类"

四、活动过程

第一步：接龙——"学校里的职业"

1. 我们每天都生活在学校，学校里很多老师和师傅为我们每天的生活和学习提供支持。请每位同学想想平时在学校里会看到哪些职业？依次接龙。后面的同学请不要重复前面同学提到过的职业。

小 结：通过刚刚的职业接龙活动，大家会发现就连我们非常熟悉的学校环境中也有很多不同类型的职业，社会上存在的职业就更多了。

2. 接下来问大家一个问题：小偷是不是个职业？职业是什么？请大家尝试给职业做个定义。

3. 请学生进行查阅、交流、归纳，提炼核心观点，给职业下一个定义。参考定义："人们在社会中所从事的作为主要生活来源的合法工作。"

第二步：一包馍片里的职业

这是大家平时加餐经常吃的馍片，请以小组为单位头脑风暴一下，这包馍片从原材料制作到送到学生手中都会涉及哪些职业？请学生写下自己能想到的所有的职业。

第三步：小组交流

1. 每人在小组中展示自己能想到的所有的职业。

2. 阅读学习资料《关于职业》，并进行组内讨论：除了这些职业，社会上还有哪些职业？

活 动 卡 我的职业大百科
1. 职业的定义：
2. 学校里的职业：
3. 一包馍片里的职业：
4. 社会上还有哪些职业：
5. 感慨一下：

学 习 资 料 关于职业分类[1]

什么是职业？
是指不同行业和组织中存在的一组类似的职位。职业是独立于个人而存在于某个行业或机构中的。

究竟有多少职业？
对职业数量有明确结论的官方报告，大约30年前已经存在了12,700多种不同的职业。现在统计结果有20000—30000个职业。大约95%的劳动人员集中在约400种职业中。

---

1 中华人民共和国人力资源和社会保障部. 中华人民共和国职业分类大典 [Z]. 2022

职业体系

第一大类 国家机关、党群组织、企业、事业单位负责人

1-01-00-00 中国共产党中央委员会和地方各级党组织负责人

1-02-01-00 国家权力机关及其工作机构负责人

1-02-02-00 人民政协及其工作机构负责人

1-02-03-00 人民法院负责人

1-02-04-00 人民检察院负责人

1-02-05-00 国家行政机关及其工作机构负责人

第二大类 专业技术人员

2-01-01-00 哲学研究人员

2-01-02-00 经济学研究人员

2-01-03-00 法学研究人员

2-01-04-00 社会学研究人员

2-01-05-00 教育科学研究人员

2-01-06-00 文学、艺术研究人员

2-01-07-00 图书馆学、情报学研究人员

2-01-08-00 历史学研究人员

2-01-09-00 管理科学研究人员

2-01-10-00 数学研究人员

2-01-11-00 物理学研究人员

2-01-12-00 化学研究人员

2-01-13-00 天文学研究人员

2-01-14-00 地球科学研究人员

2-01-15-00 生物科学研究人员

2-01-16-00 农业科学研究人员

2-01-17-00 医学研究人员

2-01-99-00 体育研究人员

第三大类 办事人员和有关人员

3-01-01-01 行政业务办公人员

3-02-03-02 消防抢险救援员

第四大类 商业、服务业人员

4-01-01-01 营业员

4-01-01-02 收银员

4-01-02-01 推销员

4-01-02-02 出版物发行员

4-01-02-03 服装模特

4-01-03-01 采购员

4-01-03-02 收购员

4-01-03-03 中药购销员

4-01-04-01 鉴定估价师

4-01-04-02 拍卖师

4-01-04-04 租赁业务员

4-07-14-01 殡仪服务员

4-07-14-04 尸体整容工

第五大类 农、林、牧、渔、水利业生产人员

5-01-01-02 啤酒花生产工

5-01-01-03 作物种子繁育工

5-01-01-04 农作物植保工

5-01-02-01 农业实验工

5-01-02-02 农情测报员

5-01-03-01 蔬菜园艺工

5-01-03-02 花卉园艺工

5-01-03-03 果、茶、桑园艺工

5-01-03-04 菌类园艺工

5-01-04-01 天然橡胶生产工

5-01-05-01 中药材种植员

5-01-05-02 中药材养殖员

5-01-05-03 中药材生产管理员

第六大类 生产、运输设备操作人员及有关人员

6-01-01-01 钻探工

6-01-01-02 坑探工

6-01-01-03 物探工

6-01-01-04 采样工

6-01-01-05 水文地质工

6-01-01-06 海洋地质取样工

6-01-01-07 海洋土质试验工

6-01-02-01 大地测量工

6-01-02-02 摄影测量工

6-01-02-03 地图制图工

6-01-02-04 工程测量工

第七大类 军人

7-00-00-00 军人

第八大类 不便分类的其他从业人员

8-00-00-00 不便分类的其他从业人员

做出职业决策，需要了解的内容包括：

❖ 工作任务

❖ 技术技能（各种电脑软件操作技能）

❖ 知识

❖ 技能

❖ 能力

❖ 工作活动

❖ 工作环境

- ❖　职业准备度
- ❖　教育背景
- ❖　兴趣
- ❖　工作风格
- ❖　价值观

第四步：静心沉淀

收获	自我评价	给自己打个分
心智成长	我能打开视野，识别很多类型的职业。	
学习状态	倾听	
	用心参与	
	积极表达	
用我喜欢的方式（文字或绘画）沉淀收获：		

五、活动反思

整体来看，这个互动活动激发出学生对更多职业主动进行观察的兴趣，也会相应地提出一些关于职业的各类问题。请学生分享自己家长的职业也很有激励作用。班主任也可以在班级开展与未来职业相关的主题班会、黑板报制作等活动，继续帮助学生拓展对职业的认识。

互动活动二：行行出状元

一、活动目标

1. 我能意识到社会上的每一种职业都能实现人生价值——职业只有分工不同，没有高低贵贱之分。

2. 我知道人们从事的职业虽然多种多样，但是都需要具有一些共通的品格素养。

二、引领问题

1. 我们的社会为什么需要不同类型的职业？

2. 什么叫"好职业"？

3. 你知道什么关于"行行出状元"的真人真事或者故事吗？

4. 如何才能称职地担当起一份职业？

5. 结合上节课的学习资料，举例说明不同职业各自需要哪些能力？

6. 人们从事的职业虽然不同，但是都需要哪些共通的品格素养？

三、活动准备

❖ 央视《职场第一课》系列视频之《马宏达 | 刮腻子刮出世界冠军 一份属于 00 后的王者荣耀》

❖ 报道"95 后"公益墙绘师刘志诚相关事迹的视频

❖ 活动卡"行行出状元"

四、活动过程

第一步：理解职业

1. 观看视频《马宏达 | 刮腻子刮出世界冠军 一份属于 00 后的王者荣耀》并且在小组内讨论和分享以下问题：

❖ 请说说你对"刮腻子"这份职业有哪些新的认识和了解？

❖ 设想一下要做好这份职业所需要的技能有哪些？

❖ 要做好这份职业，需要哪些品格素养？

2. 观看报道"95 后"公益墙绘师刘志诚相关事迹的视频，并进行小组讨论：

❖ 请说说你对墙绘师这份职业有哪些新的认识和了解？

❖ 设想一下要做好这份职业所需要的技能有哪些？

❖ 要做好这份职业，需要哪些品格素养？

第二步：找共性

1. 请结合"刮腻子"和墙绘师案例，以及小组的讨论，概括总结不同的职业都需要哪些共通的品格素养？

2. 思考：请选择一个你们小组成员比较了解的职业（科学家、医生、记者、老师、你父母的职业等等），想想做好这份职业都需要哪些品格素养？

3. 班级就职业需要的"共通的品格素养"进行分享，并总结自己受到的启发。

活 动 卡　行行出状元

1. 你对"刮腻子"这份职业的新认识和了解：

2. 要做好这份职业所需要的技能：

3. 要做好这份职业需要的品格素养：

---

1. 你对墙绘师这份职业的新认识和了解：

2. 要做好这份职业所需要的技能：

3. 要做好这份职业需要的品格素养：

---

1. 概括总结不同的职业都需要得共通品格素养：

2. 请选择一个你们小组成员比较了解的职业（科学家、医生、记者、老师、你父母的职业等等），做好这份职业都需要哪些品格素养？

3. 班级就职业需要的"共通的品格素养"进行分享。这对你有什么启发？

第四步：静心沉淀

收获	自我评价	给自己打个分
心智成长	1. 我能意识到社会上的每一种职业都能实现人生价值——职业只有分工不同，没有高低贵贱之分。	
	2. 我知道人们从事的职业虽然多种多样，但是都需要具有一些共通的品格素养。	
学习状态	倾听	
	用心参与	
	积极表达	
用我喜欢的方式（文字或绘画）沉淀收获：		

五、活动反思

学生对刮腻子世界冠军马宏达、公益墙绘师刘志诚的视频非常感兴趣，并且受到很大启发。看完视频需要着重对学生进行进一步的引导，刮腻子"刮"出了什么？墙绘师给家乡带来了什么？学生的总结会深化学生学习的效果。

互动活动三：我的职业兴趣初探

一、活动目标

1. 通过兴趣彩虹，我能初步梳理出来自己的三大兴趣。

2. 通过六环岛霍兰德职业兴趣测试，我能初步了解自己的职业兴趣。

二、引领问题

1. 你在平时的生活中最喜欢做的事情有哪些？

2. 你在学校的学习中对哪些科目或者话题特别有兴趣？

3. 有哪些事情你不用别人催就很愿意去做？

4. 你曾经在做什么事情时特别投入？

5. 你相对比较了解的职业有哪几个？

6. 看到别人做什么工作时你会感到羡慕？

7. 你觉得自己可能适合哪个类型的职业？

三、活动准备

❖ 活动卡"六环岛霍兰德职业兴趣测试"

❖ 活动卡"我的兴趣彩虹"

❖ 活动卡"六环岛招聘会"

❖ 学习资料"霍兰德职业兴趣测试结果分析"

四、活动过程

第一步：我的兴趣彩虹

我们在生活和学习中会有很多兴趣。相信这些多姿多彩的兴趣，会把生活变得像彩虹一样美丽。我们一起来探索一下自己的兴趣吧。

1. 完成活动卡"我的兴趣彩虹"。

活 动 卡　我的兴趣彩虹

1. 空闲时你最喜欢做什么？
2. 你最喜欢上什么课？
3. 你有机会逛街时喜欢进什么店？
4. 你最喜欢哪项体育运动？
5. 你最喜欢和同伴聊什么？
6. 进入图书馆或者进入书店，你会拿起什么杂志来读？（比如：科技、军事、文学、运动、动漫、服装、园艺、建筑等。）
7. 当你做什么的时候，你会专注得忘记了时间，不希望被打扰，不希望被停止，只想一个劲儿地做下去？
8. 如果有人问："你对什么最感兴趣？"你会怎样回答呢？
9. 现在，你能总结出目前自己最突出的三大兴趣了吗？ ① ② ③

2. 跟同桌分享"我的兴趣彩虹"。

3. 邀请一些同学向全班介绍自己同桌的兴趣彩虹。

第二步：霍兰德职业兴趣测试

少年时的兴趣很可能成为未来职业选择的基础。很多时候职业兴趣就是由我们日常生活和学习中的兴趣发展而来的。我们一起来做个测试，了解一下我们职业的兴趣可能是什么。

1. 请完成"六环岛霍兰德职业兴趣测试"活动卡。

假设你获得了一次免费度假游的机会，有机会去下列六个岛屿中的一个。唯一的要求是，你必须在岛上待满至少一年的时间。请不要考虑其他因素，仅凭自己的兴趣，按1、2、3的顺序挑出你最想前往的三个岛屿，将大写英文字母标在下面。

第一岛屿（R）

自然原始的岛屿。岛上的自然生态保持得非常好，有很多野生动物。居民以手工建厂，自己种植花果蔬菜，修缮房屋，打造器物，制作工具，喜欢户外运动。

第二岛屿（I）

深思冥想的岛屿。有多处天文馆、科技博览馆及图书馆。居民爱好观察，追求学习和崇尚真知，常有机会与来自各地的哲学家、科学家、心理学家等交换心得。

第三岛屿（A）

美丽浪漫的岛屿。充满了美术馆、音乐厅、街头雕塑和街边的艺人，弥漫着浓厚的艺术文化气息。居民保留了传统的舞蹈、音乐与绘画，许多文艺界的朋友都喜欢来这里寻找灵感。

第四岛屿（C）

现代化的岛屿。岛上建筑十分现代化，是进步的都市形态，在完善的市政管理、地政管理和金融管理下建立工厂。岛民们个性冷静，保守，处事有条不紊，善于组织规划，细心高效。

第五岛屿（E）

显赫富足的岛屿。居民善于企业经营和贸易，能言善道，经济高度发展，处处是高级酒店、饭店、俱乐部、高尔夫球场。来访者多是企业家、经理人、政治家、律师等。

第六岛屿（S）

友善亲切的岛屿。居民个性温和，友善，乐于助人，社区均自成一个密切互动的服务网络。人们重视互助合作，重视教育，关怀他人，充满人文气息。

2.阅读霍兰德职业兴趣测试结果分析。

学习资料 霍兰德职业兴趣测试结果分析[1]

R——实用型（Realistic）——喜欢动手操作

总体特征：个性平和稳重，看重物质，追求实际效果，喜欢实际动手进行操作实践。

喜欢的活动：愿意从事事务性活动，如户外劳作或操作机器，而不喜欢待在办公室里。

喜欢的职业：总体来讲，喜欢与户外、动植物、实物、工具、机器打交道的工作内容。如农业、林业、渔业、野外生活管理业、制造业、机械业、技术贸易业、特种工程师、军事工作。

1 里尔登.职业生涯发展与规划 [M].北京：中国人民大学出版社，2010.

I ——研究型（Investigative）——喜欢动脑思考

总体特征：自主独立，好奇心强烈，敏感，并且慎重，重视分析与内省，爱好抽象推理等智力活动。

喜欢的活动：喜欢独立的活动，比如独自去探索、研究、理解、思考那些需要严谨分析的抽象问题，独自处理一些信息、观点及理论。

喜欢的职业：总体来讲，喜欢以观察、学习、探索、分析、评估或解决问题为主要内容的工作。如实验室工作人员、物理学家、化学家、生物学家、工程师、程序设计员、社会学家。

A ——艺术型（Artistic）——喜欢创新创造

总体特征：属于理想主义者，具有独创的思维方式和丰富的想象力，直觉强烈，感情丰富。

喜欢的活动：喜欢创造和自我表达类型的活动，如音乐、美术、写作、戏剧。

喜欢的职业：总体来讲，喜欢"非精细管理的创意"类和创造类的工作。如音乐家、作曲家、乐队指挥、美术家、漫画家、作家、诗人、舞蹈家、演员、戏剧导演、广告设计师、室内装潢设计师。

S ——社会型（Social）——喜欢服务他人

总体特征：洞察力强，乐于助人，善于合作，重视友谊，热情关心他人的幸福，有强烈的社会责任感，总是关心自己的工作能对他人及社会做多大贡献。

喜欢的活动：喜欢与别人合作的活动，帮助别人解决困难。

喜欢的职业：总体来讲，喜欢帮助、支持、教导类工作。如牧师、心理咨询员、社会工作者、教师、辅导员、医护人员、其他服务性行业人员。

E ——企业型（Enterprising）——喜欢掌控影响

总体特征：为人乐观，喜欢冒险，行事冲动，对自己充满自信，精力旺盛，喜好发表意见和见解。

喜欢的活动：喜欢领导和影响别人，或为达到个人或组织的目的而说服别人，成就一番事业。

喜欢的职业：喜欢那种需要运用领导能力、人际能力、说服能力来达成组织目标的职业。如商业管理者、市场或销售经理、营销人员、采购员、投资商、电视制片人、保险代理、政治运动领袖、公关人员、律师。

C ——常规型（Conventional）——喜欢规则秩序

总体特征：追求秩序感，自我抑制，顺从，防卫心理强，追求实际，回避创造性活动。

喜欢的活动：喜欢固定的、有秩序的活动，如组织和处理数据等。愿意在一个大的机构中处于从属地位，并希望确切知道工作的要求和标准。

喜欢的职业：总体来讲，喜欢有清楚的规范和要求的、按部就班、精打细算、追求效率的工作。如税务专家、会计师、银行出纳、簿记、行政助理、秘书、档案文书、计算机操作员、飞行员等。

第三步：六环岛招聘会

1. 请霍兰德职业性格测试首字母相同的同学聚集到一起组成一个新的小组。

2. 小组讨论

❖ 结合第六章各自在品格优势分析中的结果，分析本小组成员都有哪些共性的兴趣特点和积极品格优势。

❖ 和其他小组相比，本组有什么显著的不同特点？把它们记录下来。

3. 小组演示

如果你们组集体去应聘汽车 4S 店的销售经理，你们应该如何陈述自己的优势？

每个小组由一位同学代表向公司招聘负责人（HR）介绍本组优势，说服人力资源经理录用本组。关拟出自我推荐草稿。

活 动 卡 六环岛招聘会
1. 兴趣中的共性
2. 品格优势中的共性
3. 和其他小组相比，本组有什么显著的不同特点？
自我推荐草稿：

第四步：静心沉淀

收获	自我评价	给自己打个分
心智成长	1. 通过兴趣彩虹，我能初步梳理出来自己的三大兴趣。	
	2. 通过六环岛霍兰德职业兴趣测试，我能初步了解自己的职业兴趣。	
学习状态	倾听	
	用心参与	
	积极表达	
用我喜欢的方式（文字或绘画）沉淀收获：		

五、活动反思

六环岛霍兰德职业兴趣测试是一个非常有用的工具，但是任何一个测试都仅仅作为参考。需要向学生强调任何兴趣和优势只有经过训练之后才能成为能力，薄弱的方面也可以通过后天的努力进行弥补。职业兴趣也不是一成不变的，会随着外部环境、学业、经历的变化而变化。兴趣是处于发展状态的。如果这个活动强化了学生们思考相关问题的意识，就会促进学生对发现和发展自己的兴趣和优势给予更多的关注。

互动活动四：职业选择里的家国情怀

一、活动目标

1. 我能了解前辈英雄邓稼先的成长、求学经历和职业选择的故事。

2. 我能认识到每个人的职业选择与国家的命运与发展互为影响。

二、引领问题

1. 你听说过中国"两弹一星"上天的故事吗？

2. 你听说过"两弹一星"元勋邓稼先吗？

3. 你能说出至少两条中国关于家国情怀的著名古训吗？

4. 职业选择跟国家的大环境有什么关系？

5. 职业选择与民族的命运有什么关系？

三、活动准备

❖ 央视《国家记忆》系列视频之《两弹一星元勋 邓稼先》（可选取片段展示）

❖ 活动卡"君子的谋道忧道"

❖ 活动卡"我与职业的故事"

❖ 学习资料"'两弹一星'元勋"

四、活动过程

很多青少年之所以对某个职业产生了兴趣或反感，可能是因为受到了自己亲身经历的影响，也可能受到了家长、老师、某本书、某部电影、某个人物、某个新闻事件等的影响。这个过程中是有学生自己的故事的，值得我们听到，也值得我们思考。很多人产生职业兴趣的缘由都承载着中华传统中的家国烙印，彰显着为国为民的情怀。

第一步：前辈英雄邓稼先的故事

1. 阅读学习资料"'两弹一星'元勋"。

学习资料 "两弹一星"元勋 [1]

"两弹"中的一弹是原子弹，后来演变为原子弹和氢弹的合称；另一弹是导弹。"一星"则是人造地球卫星。

20世纪50年代、60年代，中国面对严峻的国际形势，为抵制帝国主义的武力威胁和核讹诈，以毛泽东同志为核心的第一代党中央领导集体，根据当时的国际形势，为了保卫国家安全、维护世界和平，果断地作出了独立自主研制"两弹一星"的战略决策。

大批优秀的科技工作者，包括许多在国外已经有杰出成就的科学家，以身许国，怀着对新中国的满腔热爱，响应党和国家的召唤，义无反顾地投身到这一神圣而伟大的事业中来。

他们和参与"两弹一星"研制工作的广大干部、工人、解放军指战员一起，在当时国家经济、技术基础薄弱和工作条件十分艰苦的情况下，自力更生，发奋图强，依靠自己的力量，突破了核弹、导弹和人造卫星等尖端技术，取得了举世瞩目的辉煌成就。

1999年，中共中央、国务院及中央军委制作了"两弹一星"功勋奖章，授予于敏、王大珩、王希季、朱光亚、孙家栋、任新民、吴自良、陈芳允、陈能宽、杨嘉墀、周光召、钱学森、屠守锷、黄纬禄、程开甲、彭桓武，追授王淦昌、邓稼先、赵九章、姚桐斌、钱骥、钱三强、郭永怀等(按姓氏笔画排序)23位为研制"两弹一星"作出突出贡献的科技专家。

---

2. 观看视频《两弹一星元勋 邓稼先》，并完成活动卡"君子的谋道忧道"

3. 思考：你的职业目标除了兴趣，还有什么缘由吗？

活动卡 君子的谋道忧道

1. 观看《两弹一星元勋 邓稼先》，谈谈影片里有哪些让你受到触动的瞬间？

2. 邓稼先的成长和求学经历如何影响了他的职业选择？

3. 在邓稼先的故事里，他的职业选择与当时国家的大环境有什么关系？

4. 结合邓稼先的故事，说说你对"君子谋道不谋食，君子忧道不忧贫"有着怎样的理解？请认真思考并用自己的话作出解释。

1　参考"两弹一星"的百度百科介绍。

第二步：我与职业的故事

通过纪录片我们看到邓稼先的职业选择让我们的国家更加强大。虽然我们目前还没有正式从事过任何职业，但是在成长过程中我们肯定有很多闪过头脑的关于未来职业的想法，尤其是进入这一章的学习以来，我们有很多机会对自己的职业选择有所思考。现在我们一起通过回忆、记录和分享来对这个话题做一个初步的探讨。

活 动 卡　我与职业的故事
你曾经或者现在对哪个职业最感兴趣？（可以多于一个）
职业 1： 1. 请回忆一下想到这个职业你脑海里浮现的画面是什么？ 2. 这个职业让你感觉到心动的地方是什么？ 3. 你对这个职业感兴趣的原因是什么？是你的亲身经历？某本书？某部电影？某个人？某个新闻？……
职业 2： 1. 请回忆一下想到这个职业你脑海里浮现的画面是什么？ 2. 这个职业让你感觉到心动的地方是什么？ 3. 你对这个职业感兴趣的原因是什么？是你的亲身经历？某本书？某部电影？某个人？某个新闻？……
在大家分享的过程中，你又想到了什么？又有哪些新的发现和启发？

第三步：提炼、反思、讨论

邀请学生做分享，同时老师在黑板上做记录，梳理影响到学生想法的因素，如家长、亲身经历、某本书、某部电影、某个人物、某个新闻，等等。

在大家分享的过程中，你又想到了什么？又有哪些新的发现和启发？

第四步：静心沉淀

收获	自我评价	给自己打个分
心智成长	1. 我能了解前辈英雄邓稼先的成长、求学经历和职业选择的故事。 2. 我能认识到每个人的职业选择与国家的命运与发展互为影响。	
学习状态	倾听	
	用心参与	
	积极表达	
用我喜欢的方式（文字或绘画）沉淀收获：		

五、活动反思

这个互动活动中最重要的资源是前辈英雄邓稼先的真人真事，需要留足时间让学生了解。引导学生联想自身是如何对某个职业产生兴趣的，并且引导学生开始建立把自己的小梦想与国家的大梦想联系起来的意识。这个阶段要避免说教，尽可能地鼓励学生用心感受。

互动活动五：学业有路，优势引航

一、活动目标

1. 我能发现自己的积极品格优势，看到自己未来的多种可能性。

2. 通过描绘自己的学业路线图，我能合理确定当下的目标。

二、引领问题

1. 什么是积极品格优势？

2. 我的优势在哪里？

3. 我可能会适合什么类型的职业？

4. 我目前的学业路线有哪些可能性？

5. 对于自己描绘出来的学业路线，我应该怎样发挥自己的优势？

三、活动准备

❖ 央视视频《时代追梦人 张俊成：从北大保安到中职校长》（可选取片段展示）

- ❖ 活动卡"品格优势是宝藏"
- ❖ 活动卡"千里之行，始于足下"

四、活动过程

第一步：发现优势宝藏

1. 快速重温一下第六章学习过的积极心理品格优势。

> 积极品格优势
> 一、智慧：好奇心、好学、创造力、思维力、洞察力
> 二、勇气：勇敢、坚韧、正直、活力
> 三、人道：爱、善良、人际智力
> 四、正义：公平、公民精神、领导力
> 五、节制：宽恕、谦逊、自我规范、审慎
> 六、超越：希望、感恩、欣赏、幽默、灵性

2. 请同学们结合第六章已经做过的"发现我的品格优势"，评估一下现在的自己是如何发挥了自己最显著的品格优势。

活 动 卡 品格优势是宝藏	
积极品质名称	我现在在学习上和生活中是如何运用我的这项优势的？

第二步：初识学业路线图

观看视频《时代追梦人 张俊成：从北大保安到中职校长》并思考以下问题。

- ❖ 视频中北大保安张俊成在求学的道路上都运用了自己身上的哪些优势？
- ❖ 张俊成的学业路线是怎样的？

第三步：描绘我的学业路线图

1. 思考过去和当下

- ❖ 自己是从什么时间开始上的学，从什么学段开始的？
- ❖ 目前到哪个阶段了？
- ❖ 我计划继续学习到什么学段？那时我大概多大年龄了？

将同学们提到的关键词罗列在黑板上，或者邀请一位同学分享，其他同学补充。

2. 思考未来

❖ 中考结束后，我可能走向哪里？

3. 请同学们在活动卡上按照由远及近的方式用不同颜色画出自己可能的学业路线图。

4. 在此过程中老师要注意观察。对于一些没有清晰想法、缺乏信心的同学要及时关注，可以采用"还可以怎么样"的方式追问学生，引导学生路一定是要往前走的。

5. 思考：如果不用担心自己目前的成绩或者在学习上遇到的暂时的困难，你最理想、最想走的学业路线是什么样的？请用一句话说说你在学业上的"使命宣言"。

6. 邀请同学们给大家介绍自己的学业路线并且分享自己的"使命宣言"。

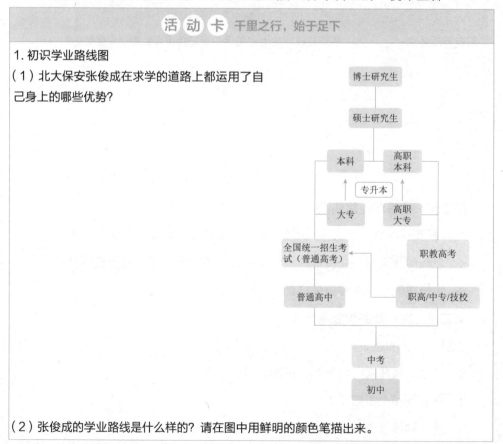

活动卡 千里之行，始于足下

1. 初识学业路线图

（1）北大保安张俊成在求学的道路上都运用了自己身上的哪些优势？

（2）张俊成的学业路线是什么样的？请在图中用鲜明的颜色笔描出来。

2. 描绘我的学业路线图

（1）回想过去和当下

自己是从（   年）（   岁）开始上的学，现在（   年级）了。已经上了（   年）学了。

（2）思考未来：

根据我现在的情况，中考结束后，我可能走向哪里？请尝试描绘自己的学业路线图。请在图中用鲜明的颜色笔画出来。

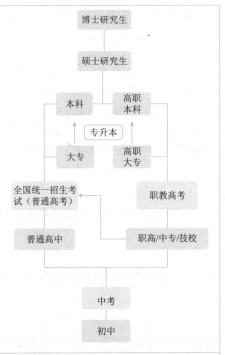

3. 如果不用担心自己目前的成绩或者在学习上遇到的暂时的困难，你最理想、最想走的学业路线是什么样的？请用一句话说说你在学业上的"使命宣言"，写在大箭头里。

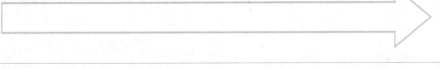

第四步：千里之行，始于足下

同学们思考并讨论以下问题，完成活动卡。

❖ 你对"千里之行，始于足下"这句话的理解是什么？还有什么古训也是说明同样的道理？

❖ 每个学期的学习和生活都给我们提供了很多机会来发挥我们的五大品格优势，想一想这学期你计划如何最大化地发挥你的优势呢？

❖ 新的一学期，你计划选择参加哪些课题（兴趣小组或者课后服务）？说说你为什么会选择它们？

❖ 你期待学期末的时候从这个课题里面收获什么知识和能力？

❖ 在这些活动中，你的六大品格优势中的哪些优势会得到充分发挥？你计划如何发挥它们？

❖ 目前在学习上，最让你感觉到为难的三个痛点是什么？

❖ 你能够怎样更加充分地发挥你的六大品格优势，扭转你在学业上的痛点？请结合你在第九章学习到的"微习惯"方法。

❖ 学校里还有哪些机会可以帮助你发挥你的品格优势？你计划如何发挥？

活 动 卡 千里之行，始于足下
1. 你对"千里之行，始于足下"的理解：
2. 想一想这学期你计划如何最大化地发挥你的优势：
3. 你计划选择参加哪些课题（兴趣小组或者课后服务）？你为什么会选择它们？
4. 你期待学期末的时候从这个课题里面收获什么知识和能力？
5. 在这些活动中，你的六大品格优势中的哪些优势会得到充分发挥？你计划如何发挥它们？
6. 目前在学习上，最让你感觉到为难的三个痛点是什么？ 
7. 你能够怎样更加充分地发挥你的六大品格优势，扭转你在学业上的痛点？请结合你在第九章学习到的"微习惯"方法。
8. 学校里还有哪些机会可以帮助你发挥你的品格优势？你计划如何发挥？

第五步：静心沉淀

收获	自我评价	给自己打个分
心智成长	1. 我能发现自己的积极品格优势，看到自己未来的多种可能性。	
	2. 通过描绘自己的学业路线图，我能合理确定当下的目标。	
学习状态	倾听	
	用心参与	
	积极表达	
用我喜欢的方式（文字或绘画）沉淀收获：		

五、活动反思

通过这个活动，学生们是否能够建立起基本的学业路径概念？能否开始对自己将来的学业发展产生初步且迫切的思考？很多学生在画学业路径图的时候担心自己考不上高中，所以给自己设置上高中和不上高中的路线。一定引导学生去画一条自己最理想、最想走的路，而不是担心自己目前的成绩或者暂时遇到的困难。要帮助学生确定学业"使命宣言"。

为了完成自己在学业上的"使命宣言"，要引导学生利用和发挥自己在学习上的优势，把学习上的劣势和痛点进行转换。老师在此过程中注意观察，对于个性化问题及时记录，并给予针对性反馈，提供具体支持。

家校共育——"家长课堂"小活动

♥ 做孩子认识职业的引导师

家长可以在日常生活中跟孩子多分享自己的工作内容、心情、成长、贡献等，向孩子介绍自己的终身学习状况、兴趣、能力特长以及下一步计划等。有条件的家长在寒暑假时也可以带孩子去自己工作的场所，在现场帮助孩子感受生动的职业人状况。

家长还可以跟孩子一起观看本章推荐的优质的纪录片、电影和短视频。观看结束之后，有意识地跟孩子讨论一下片子中涉及到的职业话题。比如：

- ❖ 你看到什么？你想到什么？你还有什么问题？
- ❖ 你对职业有哪些新的认识和了解？
- ❖ 要做好这份职业所需要的品质和能力是什么？

♥ 做孩子家国情怀的引导师

父母和家人的家国情怀对孩子能产生耳濡目染的滋养。在日常的言谈举止中，在周末和寒暑假的活动中都有很多这样的机会。带孩子参观博物馆、纪念馆、故居时，家长可以抓住机会对孩子进行点点滴滴的正向引导。一起观看关于国家英雄的影视片也是非常有意义的。

～♥～ 蒲公英的教学做 ～♥～

♥ 《职业启蒙教育》校本课程

学校非常重视学生的职业启蒙教育，开发了《职业启蒙教育》校本课程，由三部分组成：课程 + 引进来（职业生涯分享）+ 走出去（企业参观和见习）。这个过程得到了企业和公益机构的大力支持。学校开展的"探问教育"项目是"请进来"的重要方式之一。很多不同行业的专家热情地给学生带来生动的、精彩的职业生活分享，内容广泛，话题前沿。

"探问教育"——我和生物多样性

💜 人生七十年

学校专门为八年级学生组织了主题为"人生七十年"的生涯教育剧场体验活动，引导学生们根据自己的兴趣来模拟组建公司，设计公司标识和章程。把操场假想为一座未来城市，所有学生在城市里开展活动。学生组成了 35 个公司，自主模拟体验了 14 个社会职业。在时光隧道的推动下，他们在此度过人生七十年的岁月，其中包含成家立业、创造财富、喜怒哀乐、生老病死等过程体验。活动旨在帮助学生拨开眼前的迷雾，探索职业生涯，明确人生方向和目标，体味生命意义，获得更多学习和成长的动力。

💜 劳动教育

学校坚持实践陶行知先生"生活即教育"的教育理念，一直把劳动教育融合在学生在校生活的方方面面，学生承担打饭，洗碗，打扫宿舍、班级和学校公共区的卫生，种菜，到食堂后厨择菜等任务。

学校相继开展了木工、扎染、布艺缝纫、造纸、陶艺、金属画、营养与烹饪等一系列劳动课程，由美术老师、志愿者、毕业生、园艺师、食堂的师傅、非遗传人等授课。学生体会到劳动的辛苦与快乐，意识到"一粥一饭当思来之不易，一丝一缕恒念物力维艰"，懂得珍惜他人劳动成果，学会尊重、平等地对待各行各业的劳动者，并且发现自己的兴趣和做事的特点。

帮厨 – 学习备菜

布艺缝纫

志愿服务劳动（高年级学生帮助低年级学生）

致谢

本书是群创过程的产物，是教学做合一的结晶。

研发与写作由蒲公英社会工作者和心理咨询师团队承担。第一章由邓伟华、李时来和杨葳负责；第二章由杨葳和段孟宇负责；第三章由邓伟华和李时来负责；第四章由张均辉负责；第五章由李时来和杨葳负责；第六章由李时来负责；第七章由张均辉、邓伟华和李时来负责；第八章由段孟宇负责；第九章由杨葳和邓伟华负责；第十章由段孟宇和张均辉负责；第十一章由段孟宇和邓伟华负责。戴玉峰和巢东蕊老师认真精细的工作在图书审校和完善过程中也发挥了重要作用。李时来负责了写作过程的统筹。段孟宇负责了一系列外联工作。邓伟华负责了稿件格式统一化的工作。银燕制作了书中的一些图表。全体教职员工一直都是学生心理健康教育工作一线的积极参与者和构建者。这本书饱含着同仁们的真知与不懈努力。

特别感谢首都师范大学特聘教授、博士生导师岳晓东老师，长期专注于传统文化与创新思维研究、图·像思维理论提出者张学栋老师，北京市优秀教师、北京工业大学耿丹学院社工专业负责人张静副教授，以及徐浩渊博士，四位专家在此书编写过程中给予了无私指导、建议和启发！

感谢阿里巴巴公益基金会为《青少年心理健康教育研修坊手册》的前期研发所提供的支持，使得蒲公英对青少年心理健康教育方面经验的梳理得以起步。

在阅读过程中，如果您发现有不妥之处，敬请联系我们。也期待听到您的思考与建议。有您的参与，这本书一定能更好地服务于广大青少年与教师，为青少年心理健康成长贡献一份力量！

我们在路上。

北京蒲公英中学教育研究中心

2024 年 4 月